JN204042

主体的・対話的に深く学ぶ
算数・数学教育

コンテンツとコンピテンシーを見すえて

小寺隆幸［編著］

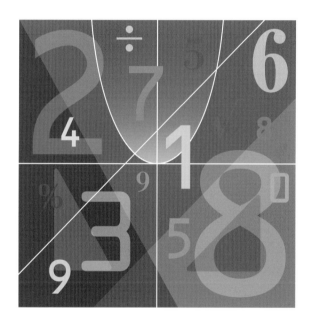

ミネルヴァ書房

は じ め に

　これからを生きる子どもたちのための算数・数学教育はどうあるべきだろうか。子どもたちが「自分の価値を認識し，相手の価値を尊重し，多様な人々と協働しながら，よりよい人生とよりよい社会を築いていく」（中央教育審議会（以下，中教審）答申2016年12月）ために，数学教育の果たすべき役割は何だろうか。

　中教審が指摘するように，これからの時代はグローバル化や情報化，技術革新などによる大きな変化の中で，「定められた手続を効率的にこなしたりすることにとどまらず，…（中略）…どのような未来を創っていくのかを考え，主体的に学び続ける」ことが求められるのは確かだろう。とりわけ日本の子どもたちの数学の「学力」は高いにもかかわらず，生活や社会で使おうとはしない子どもたちが多い現状を鑑みると，「何を知っているか」から「何ができるようになるか」へ指導の重点を移すという中教審の考えは頷ける面もある。

　だが目先の活用に目が行けば，人類の文化として数学を学ぶことが疎かにされかねない。「人格の完成を目指す教育」（教育基本法）の一環として，活用力だけではなく，長い視野で，子どもたち自身の発達に寄り添い，彼ら自身の世界を視る目や判断する力を豊かに育む数学教育でありたい。

　中教審の提起する「主体的・対話的で深い学び」はそのためにこそ必要なのである。それは授業の形や方法をアクティブにすることではない。何よりも子どもの興味を喚起し，考える価値のある教材を核に授業を創ることである。その教材を媒介に，自己と，仲間と対話しながら，一人ひとりが自分の中に数学を創りあげていく。さらに人類の文化としての数学にふれることで，また数学を用いて現実世界を視る体験をすることで，学びは深まり，数理的思考力も育まれていく。今求められているのは，教える内容（コンテンツ）と，その中で育まれる資質・能力（コンピテンシー）を見すえて授業を創ることである。

　本書のもう一つの目的はデンマークの数学教育を通して日本の数学教育を振り返ることにある。私たちは2011〜13年度科研費研究「PISA の数学的リテラシー論の分析と日本の数学教育への批判的摂取について」（研究代表者：小寺，分

担研究者：井上・伊禮・小田切・浪川）の中で，PISAの理論的指導者ニス（Niss, M.）に会うためにデンマークを訪ね，あわせていくつかの授業を見学することができた。そこで子どもたちが生き生きと学び，数学の教室に民主主義が根付いている様子に感動させられた。その授業の中で，ニスの数学的コンピテンシー論が重要な役割を果たしていた。ニスは，2000年ごろ，教室内の学力格差が問題になる中で，それぞれの子どもの中に働いている数学的能力を見出し伸ばすためのツールとして，数学的コンピテンシーの理論を創造した。それが2009年の「共通目標」（学習指導要領）に組み込まれ，今，各学校に定着している。

　日本でも数学の学力や意欲の格差が拡大し，自己肯定感と他者への信頼が損なわれている。数学の教室は，子どもたちを競争させる場ではなく，自分も相手も認め合う場でありたい。そのために，一人ひとりの数学的コンピテンシーを評価し伸ばそうとするデンマークの取り組みに学ぶことも多い。

　最後に本書の構成を概観しておこう。

　序章では，中教審答申および新学習指導要領について，若干の検討を加えた。

　第Ⅰ部は数学教育の理論的考察を深めることを目的としている。そこでは，数学教育の現状と目的，数学的リテラシー論の系譜と意味，日本における数学的リテラシーの展開と課題，コンピテンシー概念の分析と数学教育における意味，数学の「教授学」などが論じられている。

　第Ⅱ部は授業実践を通して考察を深めることを目的としている。数学の系統性を問い直す中で構想された多様な子どもたちが参加できる授業の試み，わり算の方法を子どもたちが協同で考える授業，分数を素材に数学の深いつながりを感動的に学ぶ授業，研究者のように探求し発表する中で思考力を育む授業，実験を行い現実と数学を往還する中で問いを深める授業である。

　第Ⅲ部はデンマークの数学教育を紹介している。ニスの数学的コンピテンシー論とそれに基づく実際の授業を紹介し，さらにデンマークにおけるコンピテンシー論についての考察を加えた。資料としてデンマークの「共通目標」の抜粋を掲載した。各学校で教育課程を創る際の参考になることを願っている。

小寺隆幸

目　次

はじめに

序　章　主体的・対話的に深く学ぶ算数・数学教育のために
　　　　──新教育課程の意義と課題 ………………… 小寺隆幸…I

　1　「人格の完成をめざす」ことと算数・数学教育 ……………………… I

　　（1）中央教育審議会答申の概要 …… I
　　（2）「人格の完成」と「資質・能力の育成」…… 2
　　（3）世界をより深く認識するための算数・数学 …… 4
　　（4）論理的系統性の重視と「活用」…… 6

　2　これからの算数・数学教育のために ……………………………… 7

　　（1）現実事象を数理的にとらえることの重視 …… 7
　　（2）算数・数学の学習過程実現に伴う課題 …… 8
　　（3）新学習指導要領の内容について …… 12
　　（4）これからの算数・数学教育にむけて …… 13
　　（5）主体的・対話的で深い学び …… 14

第Ⅰ部　日本の算数・数学教育に何が求められているのか

第1章　民主的な社会とともに歩む
　　　　算数・数学教育 …………………………………… 長崎栄三…21

　1　算数・数学を学ぶ子どもたち …………………………………… 21

　　（1）算数・数学の得点 …… 21
　　（2）算数・数学を学ぶ意欲や意義に関する意識や自信 …… 22

　2　算数・数学を取り巻く社会 ……………………………………… 23

　　（1）社会の変化に対応するコンピテンシーやスキル …… 23
　　（2）試験という障壁 …… 24
　　（3）男女平等 …… 25

3　算数・数学教育にかかわる数学の変化……………………………………26

（1）社会で活きる数学的リテラシー……26

（2）現実世界とかかわりを持つ数理科学……27

4　算数・数学教育の目的………………………………………………………28

（1）教育の目的……28

（2）算数・数学教育の目的——人間形成的目的，実用的目的，文化的目的……29

5　算数・数学教育の目標………………………………………………………30

（1）人が生涯に渡って算数・数学を活用する力を身に付ける

　　　——算数・数学の方法を身に付ける……31

（2）対話により算数・数学を創る営みを通して民主的な社会を形成する

　　　力を身に付ける……33

第2章　数学的リテラシー論の源流と現在

　　　——世界の動向と日本の課題………………清水美憲…36

1　フィンランドで何が起こったか，世界で何が起こっているか……37

2　「数学的リテラシー」概念の来歴……………………………………………38

（1）単純な計算技能の習得を超えて

　　　——ニューメラシーから数学的リテラシーへ……39

（2）成人に必要な数学的リテラシーとは何か……40

（3）目標としての「数学的リテラシー」の意味……42

3　学校数学における資質・能力論と数学的リテラシーの育成……44

（1）学校数学への問い……44

（2）数学的プロセスへの焦点化……46

（3）教育課程における数学的方法への着目……47

（4）教育課程における「数学的方法」の位置……50

4　プロセス志向の数学カリキュラムに向けて………………………………51

第3章　21世紀の数学的リテラシーに向けて

　　　——日本での試みから………………………浪川幸彦…55

1　日本における「数学教育問題」……………………………………………55

（1）2つの問い——出発点……55

（2）問への「答」としてのリテラシー……56

2　科学技術の智プロジェクト………………………………57
（1）プロジェクトの概要……57
（2）科学技術の智プロジェクト「数理科学専門部会報告書」……58

3　OECD・PISA 調査………………………………………59
（1）OECD・PISA 調査とは……59
（2）OECD・PISA の数学的リテラシーの定義……59
（3）「問題解決」としての数学的リテラシーの限界……60

4　中等教育，特に高等学校教育の改革…………………………61
（1）PISA ショック──数学を含む「言語能力の育成」へ……61
（2）数学的活動の重視──アクティブ・ラーニングの先導的導入……61
（3）「数が苦」から「数楽」へ……62
（4）「数学」と「学校数学」との乖離──2 番目の問いへの答……63

5　他分野への広がり………………………………………63
（1）大学教育の質保障……64
（2）教科内容学……64

第4章　コンピテンシーの多面性と算数・数学教育に
　　　　とっての意味………………………松下佳代…67

1　コンピテンシーの系譜と多面性……………………………68
（1）コンピテンスとコンピテンシー……68
（2）経営分野でのコンピテンシー概念……70
（3）DeSeCo のコンピテンス概念とキー・コンピテンシー……71
（4）コンピテンシーの多面性……74

2　算数・数学教育におけるコンピテンシー……………………75
（1）数学的リテラシーとコンピテンシー……75
（2）算数・数学教育に固有のコンピテンシー
　　　──ニスらのコンピテンシー・モデル……78

3　コンピテンシー批判への応答…………………………………79
（1）コンピテンシーへの批判……79
（2）批判に応えていくために──むすびにかえて……81

v

第5章 算数・数学の授業を豊かにする「教授学」
──「主体的・対話的で深い学び」の強調の前に
……………………………………………増島高敬…86

1 算数・数学をいかに教えるのか
　　──斎藤喜博と遠山啓の論に学ぶ…………………………………86
　（1）授業の研究を「科学」に──斎藤の論(1)……86
　（2）同じ教材でも子どもが違えば授業の方法や展開も変わる……88
　（3）遠山による授業についての検討……89
　（4）授業の形態──斎藤の論(2)……91

2 自由の森学園での授業から(1)
　　──「積分」「指数関数と対数関数」………………………………93
　（1）積分の授業の入口……94
　（2）対数・対数関数の授業の入口……96

3 自由の森学園での授業から(2)──確率の導入……………………98
4 中学校・高校の授業の「教授学」を！……………………………101

第Ⅱ部　対話と協同の授業をつくる

第6章 「多様化」時代の算数・数学の授業づくり
──算数・数学は系統的か？……………小田切忠人…105
1 多様な子どもたちの授業参加………………………………………105
2 系統学習・系統的カリキュラム……………………………………106
3 「算数・数学が系統的である」という授業の実際…………………107
4 そもそも算数・数学は系統的か？…………………………………109
5 学習達成が多様な児童・生徒が学び合う授業……………………110
　（1）÷2位数の筆算……110
　（2）因数分解……113

6 学習の進展と進行……………………………………………………115
7 発達観・学力観・教授学習観の転換を……………………………119

第7章　「わり算」を仲間とともに学び合う授業
　　　　……………………………………………………山野下とよ子…121

　1　授業の構想………………………………………………………………121

　2　等分除の意味とかけわり図……………………………………………123

　　（1）モンキー君の登場と等分除……123
　　（2）かけ算とのつながり……126

　3　答えの求め方から筆算形式の学びへ………………………………128

　　（1）タイル操作で答えを求める……128
　　（2）筆算形式を学ぶ……130
　　（3）商2けた，3けたの筆算へ……132

　4　包含除とかけわり図……………………………………………………134

　　（1）包含除のわり算との出会い……134
　　（2）2つのわり算とかけ算の三用法……136

　5　現実世界の課題を共同で考え合う授業を…………………………137

第8章　数学の認識の深化とアイデンティティ形成
　　　　──分数の授業やカリキュラムを考えながら…井上正允…141

　1　分数の意味をめぐって…………………………………………………142

　2　×（÷）小数・分数の難しさ…………………………………………145

　3　授業：分数再考①　分数からユークリッドの互除法へ…………146

　4　授業：分数再考②　互除法を連分数で可視化する……………149

　5　中学3年生はどう学んだか？…………………………………………152

　6　算数・数学のつながりをつくる……………………………………155

第9章　研究者のように探究し伝え合う授業
　　　　──高校1年の課題学習「正多面体」……青木慎恵…158

　1　RLAの実践………………………………………………………………158

　　（1）第1時：RLAのオリエンテーションと正多面体についての学習……159
　　（2）第2時：正多面体の特徴をつかみ，自ら課題を見つける活動……160
　　（3）第3・4時：探究活動……162

　　（4）第5時：ポスターセッション……163

　　（5）授業後の生徒の感想……165

　2　コンピテンシー論からの考察………………………………………169

第10章　数学を学ぶ意味を実感する《実験数学》の授業
　　　　――「問い」を持たせる「2進数で遊ぼう！」とその発展課題
　　　　………………………………………………伊禮三之…172

　1　アクティブ・ラーニングをめぐる議論…………………………………172

　2　数学的問題解決の図式…………………………………………………175

　3　数学的問題解決の図式の逆と「2進数で遊ぼう！」の授業について
　　………………………………………………………………………176

　4　第1時「2進数で遊ぼう！」……………………………………………177

　5　第2時「3進数では？――2進数を発展させる」……………………179

　6　生徒の感想文にみる変容………………………………………………183

　7　数学と現実世界との交流の中で対話的に考える授業を………185

第Ⅲ部　対話を軸に数学的コンピテンシーを育てるデンマークの教育

第11章　デンマークの教育とニス（Niss, M.）の
　　　　数学的コンピテンシー論……………………小寺隆幸…189

　1　数学への意欲や関心が高いデンマークの子どもたち……………189

　2　デンマークの教育………………………………………………………191

　　（1）デンマークの教育制度……191

　　（2）近年の改革とそれへの批判……193

　3　「コンピテンシーと数学学習」（KOM）プロジェクト…………194

　　（1）数学教育が直面していた課題……194

　　（2）KOMプロジェクト……197

　　（3）数学的コンピテンシー……198

　　（4）学問としての数学……201

（5）数学教育での活用……202

第12章　デンマークのカリキュラムと授業を通して「主体的・対話的で深い学び」を考える
……………………………………小寺隆幸…204

1　デンマークの「共通目標」…………………………………………204

（1）数学教育の目的……204
（2）カリキュラムの内容……206
（3）授業をどうつくるか……210

2　デンマークの授業から学ぶ（8年生の授業）…………………212

（1）授業の様子……212
（2）この授業を振り返って……214

3　「主体的・対話的で深い学び」を創る手がかりとして…………218

第13章　デンマークにおけるコンピテンシー議論の発展と「競争国家」での教育の役割………………鈴木優美…223

1　デンマークの教育の特性とその目的………………………………223

（1）国民学校の目的……223
（2）市民性教育と陶冶……224
（3）専門家であること VS ひとりの人であること……226

2　デンマークにおけるコンピテンシー概念の受容と発展…………228

（1）コンピテンシー概念と陶冶……228
（2）コンピテンシー概念と教育，および生きること……228
（3）求められるコンピテンシーを育てるには……230

3　高等学校の目的と自然科学への期待………………………………230

（1）高等学校の教育の目的……230
（2）2005年の高等学校改革と今後の改革……232

4　近年のメディアでの若者をめぐる議論と日本への示唆…………234

（1）教育をめぐる近年の動き……234
（2）競争国家の始まり……234
（3）社会民主党のテーゼの変質と教育への期待……236

（4）プレッシャーとストレスにさらされる若者……238
（5）政治的なツールによって高等教育にも降りかかる効率化……239
（6）日本への示唆……239

巻末資料
　デンマーク　2009年共通目標　数学科（訳：鈴木優美）……………243

序 章

主体的・対話的に深く学ぶ算数・数学教育のために
——新教育課程の意義と課題——

小寺　隆幸

　"「何を知っているか」にとどまらず「何ができるようになるか」を！"という言葉に象徴される新教育課程への移行が始まっている（完全実施は幼稚園は2018年，小学校は2020年，中学校は2021年から。高校は2022年から学年進行）。活用はもちろん大事である。しかし，それを重視するあまり，能力を引き出すための教育になることを危惧する。教育の目的は「人格の完成を目指す」（教育基本法第一条）ことであるが，「資質・能力の育成」はそれとどう関係するのだろうか。第1節ではその問いにかかわって数学を学ぶ意味について，第2節では数学の新教育課程の検討を通してこれからの数学教育について若干の考察を行い，主体的・対話的に深く学ぶ数学教育を考えるための問題提起としたい。

1　「人格の完成をめざす」ことと算数・数学教育

（1）中央教育審議会答申の概要

　最初に中央教育審議会（以下，中教審）が2016年12月に出した答申「幼稚園，小学校，中学校，高等学校及び特別支援学校の学習指導要領等の改善及び必要な方策等について」の内容を簡単に要約しておこう［（　）内に答申のページ数を示す］。

　中教審は，子どもたちの学力は「改善傾向にある」が，「人生や社会とのつながりを実感しながら，自らの能力を引き出す」ことや，「学習を活用し，生活や社会の課題解決に主体的に生かす」ことが不十分であるとする（p. 6）。そして今後，「複雑で予測困難」な時代の中で，「解き方があらかじめ定まった問題を効率的に解く」だけでなく，「主体的に学び続けて自ら能力を引き出し」，

I

「キャリア形成を促し，社会の活力につなげる」ことを求める（pp. 10-14）。

　そのために，まず「何ができるようになるのか」（育成を目指す資質・能力）をおさえ，その育成のために「何を学ぶか」（指導内容），「どのように学ぶか」（子供たちの具体的な学び）を考えて教育課程を創るべきであるとする。そして資質・能力を次の3つの柱でとらえている。

　　ア　何を理解しているか，何ができるか（生きて働く「知識・技能」の習得）
　　イ　理解していること・できることをどう使うか（未知の状況にも対応できる「思考力・判断力・表現力等」の育成）
　　ウ　どのように社会・世界と関わり，よりよい人生を送るか（学びを人生や社会に生かそうとする「学びに向かう力・人間性等」の涵養）（p. 28）

　そしてこれらを育成するために，「アクティブ・ラーニング」の視点を据えた「主体的・対話的で深い学び」（p. 26）に授業を変えていくとともに，発表，グループでの話合い，パフォーマンス評価なども取り入れて学習を評価することを提起する（p. 63）。また学校経営ではカリキュラム・マネジメントを確立し，教育課程の編成・実施・評価・改善のPDCAサイクルを確立するとともに，資質・能力育成のための教科横断学習を組織化することを求めている（p. 23）。

　このように今改訂は，「教育目標（コンピテンシー）－教育内容（コンテンツ）－指導方法（アクティブ・ラーニング）－学習評価（パフォーマンス）－経営（マネジメント）の強い一体化」（梅原，2018，p. 162）をめざした資質・能力重視（コンピテンシー・ベース）の改革である。

（2）「人格の完成」と「資質・能力の育成」

　この「資質・能力」（中教審はそれをコンピテンシーと規定している）は，2006年の教育基本法改正で「教育目標」として明記された。それが今回の改訂で教育課程に全面的に導入されたのである。言うまでもなく，戦後教育は，1947年教育基本法が掲げた「人格の完成をめざす」ことを目的としてきた。2006年の改正でもその言葉は残っているが，第一条を「人格の完成を目指し，平和で民主的な国家及び社会の形成者として必要な資質を備えた心身ともに健

康な国民の育成を期して」と変えることで，国家にとって「必要な資質を備えた」国民の育成という面を前面に出している。そして第二条で「必要な資質」として様々な「態度」「能力」を列挙し，それを伸ばすことを「教育の目標」とした。自立した個人がめざす「人格の完成」の内実を国が規定したのである。

　さらに翌年，学校教育法第三十条2に，基礎的な知識及び技能の習得，これらを活用して課題を解決するために必要な思考力，判断力，表現力その他の能力の育成，主体的に学習に取り組む態度を養うことが明記された。学力規定は教育学的な研究課題だが，その一つの見解が法律に示されたのである。

　この法改正の上に今回の教育課程改革があるが，上記規定の三番目が「学びに向かう力・人間性等の涵養」に変えられている。その「人間性等」とは，「感情や行動を統制する能力，思考過程を捉える力（メタ認知），多様性を尊重する態度，協働する力，持続可能な社会づくりに向けた態度，リーダーシップやチームワーク，感性，優しさや思いやりなど」とされている（答申，p. 28）。これ自体は市民にとって必要な資質だが，PISAのコンピテンシー論では核とされる省察性や批判的思考が欠けていることは大きな問題である（第4章参照）。またここには産業界の意向も反映されている。2015年2月の産業競争力会議で，産業界は「他者と協働しながら価値の創造に挑み，未来に切り開いていく力を身につけた人材」を求めている（八木，2017）。

　この「資質・能力」の育成は「人格の完成をめざす」ことと同義ではない。「人格の完成をめざす」ことは，自立した個人の尊厳のためであり，国家・社会の形成者の育成に包摂されるものではない。1947年教育基本法制定時に文部省も，「個人を単なる国家の手段と考えれば人格の完成は無意味」であり，「人格の完成は国家及び社会の形成者の育成ということの根本にあり，それより広い領域をもつ」と考えていた（文部省内教育法令研究会，1947，p. 59）。

　今回の教育課程改訂に向けて文部科学省が組織した有識者会議の座長を務めた安彦忠彦も，個々の人間を「自由な主体」ととらえ，「誰もが平等に手段視されない自律的・独立的在り方」と，「自由な価値判断・意思決定が保障される自主性・主体性」を尊重することが人格を考える基本にあると指摘する。そして資質・能力重視の観点が，人間にとって部分的手段である「能力」を重視

し，「人格」の形成という全体的目的を正当に位置付けていないことを批判する。人格が尊重されず，子どもは学習意欲を引き出され，操作される対象として扱われかねないというのである（安彦，2014，pp. 103-104）。

「人格の完成をめざす」ことは，子どもたち一人ひとりをかけがえのない自由な主体として尊重し，その自律的な発達を何よりも重視することである。もちろん，彼らの自立のために，資質や能力を育むことも大事である。しかし，学びが目先の資質や能力育成に切り縮められてはならない。

（3）世界をより深く認識するための算数・数学

冒頭に掲げた“「何を知っているか」にとどまらず「何ができるようになるか」を”という言葉も，知の軽視と実用主義に陥りかねない危うさを持っている。確かに，少なからぬ中学生や高校生が，受験のために断片化された数学の知識・技能を暗記する学習に追われ，将来それを生活や仕事で使おうと考えない現状は深刻だが，「活用」を接ぎ木することで打開されるものではない。

「高校で女の子にサイン，コサインを教えて何になるのか」と2015年8月に鹿児島県知事が発言し批判を浴びた。だが，その背景に学ぶ意味を実感させられない数学教育の現状があることも確かである。その対策として，「三角関数が存在しなければ携帯電話もない」などと社会での活用を示しても，それは専門家が考えることで自分には関係ないと思う高校生は多い。

数学を学ぶ意味を子どもたちが実感するのは数学を使う場面だけではない。その数学を学ぶ過程で，自分が成長した，世界をより深く視ることができた，人類の文化につながったと思えることが大切なのである。

三角関数の授業を，例えば「観覧車の高さはどう変化するか」，という子どもたちの身近な問いを出発点に始めてみよう。その後，三角関数の概念を一歩一歩自分のものとすることで，つかみどころがない変化がとらえられていく。それは世界を視る目が深まったと感じる過程でもある。そこで教師が三角関数を見出すまでの人類の歩みや「ほとんどすべての関数はサイン波の重ね合わせで表現できる」というフーリエ（Fourier, J.）の考えの革命的な意味を，グラフソフトを用いて視覚的に示しながら熱く語ってみよう。人類が現実世界を認

識する上で三角関数がどのような意味を持っているのか，それが現在の科学技術にどう応用されているのか，そのことを教師の姿を通して垣間見るだけで，自分が今，奥深い文化の入り口に立っていると感じるだろう。

　小学生の算数の学びも，買い物などの実用のためだけのものではない。一年生がたし算を学ぶ過程は，ものの合併という具体の世界から，タイルなどの半具体物の操作を経て，抽象的な数の演算の世界を獲得していく過程である。それは十進位取り記数法が組み込まれた文化を身につけることであり，さらに，意識しながら計算することを通して，思考を論理的にコントロールする力を育むことである。計算ができてうれしいと感じるのは，点数のためではなく，自分の力がついた，賢くなったと感じるからである。

　ドベス（Debesse, M.）は小学生の精神活動を支配する基本的観念として，数，空間，時，因果の観念をあげ，「知るということは記憶によって事象を蒐集することではなく，多くの知識を組織化すること」であり，「それは現実についての最初の論理的理解様式を，そして世界についての概念的近似像を与えてくれるもの」で，「知識の獲得は事物間の関係把握のための知的訓練や判断力，推理力の形成と渾然一体となっている」と指摘する（ドベス，1982, p. 124）。

　浪川幸彦らは数学を，複雑な現実から概念を抽象し，その本質を明確にし，その上で現実の持つ複雑性を回復するために諸概念を体系的に結びつけ一個の有機体として再構成するものととらえている（「科学技術の智」プロジェクト数理科学専門部会，2008, p. 2。本書第3章も参照）。

　子どもたちが数学を獲得することも，完成された知識体系の受容ではなく，自分なりに概念をとらえ，組織化し，自分の認識の枠組みに組み込み，現実世界をより深く論理的に理解することであり，「数学する」ことなのである。

　ブラジルのダンブローシオ（D'Ambrosio, U.）は，数学教育には，現実問題への数学の応用という実用的観点とともに，世界を理解するという思弁的観点があり，それは外界の現象を模写する思考のモデルおよび言語からなる大きな知識体の一部分として数学を学ぶことであると考える（ダンブローシオ，1980）。数学者の山口昌哉も数学を学ぶ意味を自問し，「数学は世界のすがたを個々の人がその心のなかで描くのに役立つ」と言う（山口，1985, p. 56）。

このように，数学は，他の学問と同様，世界をどのように認識するかにかかわり，その意味で人格形成に寄与する。遠山啓は数学教育を通して培われるものを「術・学・観」と分析し，数学も含めた総合学習で「観」を育むことを提起した（遠山，1976，pp. 244-265）。それは教えるものではなく，学問・文化にふれる中で子どもたちが自己形成するものである。

（4）論理的系統性の重視と「活用」

日本の数学教育は伝統的に，数学を数学として論理的・系統的に学ぶことを重視してきた。そこにどのように現実世界の文脈を組みこめばよいのだろうか。

指数関数を例に考えてみよう。生活者として銀行のローンを考える際にも，市民として経済成長が引き起こす地球環境問題や福島原発事故後の放射線量の変化を考える際にも，指数関数の素養は欠かせない。しかし現行の関数カリキュラムでは，中学1年比例，2年一次関数，3年二乗比例，高校1年二次関数，2年指数関数と学年ごとに段階的に関数を学び，高校2年の指数関数は全員の共通教育とはされていない。しかも現行教科書の指数関数の指導は形式的な定義と数学的操作に終始し，その利用として$\sqrt[5]{16}$と$\sqrt[7]{64}$の大小を比べる問題はあっても，金利や半減期など現実世界とかかわるテーマは扱われない。

欧米では，「成長」という単元名で，生物や経済の成長の文脈で指数関数概念を抽出し，数学として構成する授業も行われている。しかし日本では数学の論理的積み上げを重視し，高校数学教科書もその立場で書かれている。他方，「数学活用」の教科書では，金利などのトピックが扱われ，数学への興味を高める工夫がなされているが，そこから指数関数を系統的に学ぶようにはなっていない。

この問題を考える上で細尾萌子が紹介するフランスでの議論は興味深い（細尾，2017）。フランスでは伝統的に教養とは「体系的な学習で会得される非職業的・一般的な知識の構造・ネットワークであり，物事を判断し行動する拠り所になる」と考えられ，それを育むのが中等学校の役割とされてきた。ただ実態は教科内容の伝達となっていると批判され，また産業界や保護者からは「仕事や生活の問題を主体的に解決する力が必要」という声があがる中で，2005年

教育基本法に義務教育段階の基礎学力としてコンピテンシーが明記された。

　それに対し「コンピテンシーは具体的な問題を解決する力であり，それに基づく教育は知の断片化を伴う」という批判がなされ，中等教員組合も「教養軽視」であると改革に反対した。しかし，子ども中心主義の新教育をめざすフレネ学校などの教師たちは，古典的教育は抽象的な教科内容の伝達で上位の子を伸ばすエリート主義であるとして改革を支持した。結局，妥協案として，2013年に教育基本法が改正され，教養とコンピテンシーが併記されたのである。

　この議論を他山の石とすれば，日本の数学教育の課題は，数学教育の内容や系統（コンテンツ）を，子どもたちや市民が直面する問題を判断し行動する拠り所にするという視点から見直し，豊かにすることであり，それを学ぶ過程に判断力・活用力などのコンピテンシーの育成を組み込むことだろう。その観点で，次に数学の新教育課程についてみてみよう。

2　これからの算数・数学教育のために

（1）現実事象を数理的にとらえることの重視

　今回の改訂全体の理念には今まで見てきたような疑問がぬぐえないとしても，数学についての改訂は，現実世界とのかかわりや数学的活動を重視する現行学習指導要領をさらに一歩前に進める積極面を持つ。高校の新学習指導要領を中心に見ておこう。

　目標は「数学的な見方・考え方を働かせ，数学的活動を通して，数学的に考える資質・能力を育成する」とされ，その資質・能力は 3 つの柱で示される。

　⑴概念や法則の体系的理解。数学化，数学的解釈，表現・処理の技能。

　⑵論理的そして統合的・発展的に考察する力，表現する力。

　⑶活用する態度，判断する態度，評価・改善する態度や創造性の基礎。

　数学で技能といえば計算力などを考えがちだが，⑴で数学化サイクルの全過程を回る力こそ育むべき技能としていることは重要である。これは PISA の数学的リテラシーの新定義（第 3 章第 3 節参照）に対応している。

　さらに「内容の取り扱い」の中に「日常の事象や社会の事象を数理的に捉え，

数学の問題を見いだし，問題を自立的，協働的に解決し，学習の過程を振り返り，概念を形成するなどの学習の充実を図る」ことが加えられた。現実世界の問題解決の過程で抽出された概念をもとに新たな数学を創るという島田茂の考え（島田，1977）ほど明示的ではないが，図0-1「算数・数学の学習過程のイメージ」の左のサイクルで閉じるだけでなく，そこで見出された概念をもとに新たな数学を創る右のサイクルが始まる可能性を示している。従来は習得サイクルと探究サイクルが切り離され，数学を学ぶ段階では教師の教えが軸とされていたことからすると大きな改善である。

　各単元でも，「知識及び技能」とともに「思考力，判断力，表現力等」の目標が記されている。例えば数Ⅱの指数関数・対数関数では，「数学的活動を通して，その有用性を認識」することが目標として掲げられ，そのうえで身につける「思考力，判断力，表現力等」が3点記されている。その一つが「日常の事象や社会の事象などを数学的に捉え，問題を解決したり，解決の過程を振り返って事象の数学的な特徴や他の事象との関係を考察したりする」ことである。

　拘束力を持つ学習指導要領は，教える内容項目だけの最小限のものにすべきだと筆者は考えるが，それが「要素主義」と言われるような知の断片化を生み出した面もある。本来，数学と現実事象との関連を考えることは当然のことであり，わざわざ学習指導要領に明記することではないが，そうしなければ動かない現状がある。上記の記述で，前節でみた教科書も改善されるだろう。

　なおこの過程で，数学的解が実際と一致するか否かを実験や観察により検証することは欠かせない。「数学という抽象の世界を経る《回り道》をしても，現実問題の正しい解決に到達できることは，事の本性上数学的には証明できない信念であり，現実問題の直接的解決と一致することを確かめる経験（実験，実測，製作など）によってしか確立しえない」からである（銀林，1984，あわせて本書第10章参照）。「学びに向かう態度」もこの経験を通して育まれる。

（2）算数・数学の学習過程実現に伴う課題
①時間的余裕の確保

　この学習過程を授業で実現する上で，いくつかの課題がある。第一の課題は，

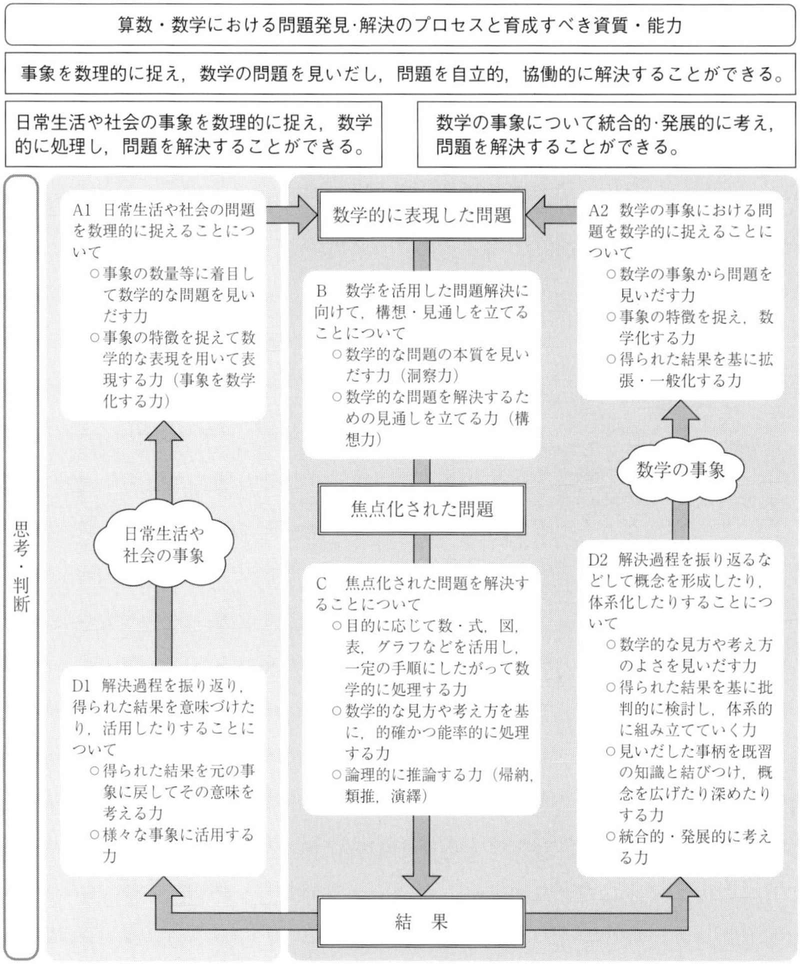

┌───┐
│　　算数・数学における問題発見・解決のプロセスと育成すべき資質・能力　　│
└───┘

┌───┐
│　事象を数理的に捉え，数学の問題を見いだし，問題を自立的，協働的に解決することができる。　│
└───┘

┌──────────────────────────┐　　┌──────────────────────────┐
│日常生活や社会の事象を数理的に捉え，数学│　　│数学の事象について統合的・発展的に考え，│
│的に処理し，問題を解決することができる。│　　│問題を解決することができる。　　　　　　│
└──────────────────────────┘　　└──────────────────────────┘

思考・判断

A1　日常生活や社会の問題
を数理的に捉えることにつ
いて
　○事象の数量等に着目し
　　て数学的な問題を見い
　　だす力
　○事象の特徴を捉えて数
　　学的な表現を用いて表
　　現する力（事象を数学
　　化する力）

数学的に表現した問題

A2　数学の事象における問
題を数学的に捉えることに
ついて
　○数学の事象から問題を
　　見いだす力
　○事象の特徴を捉え，数
　　学化する力
　○得られた結果を基に拡
　　張・一般化する力

B　数学を活用した問題解決に
向けて，構想・見通しを立て
ることについて
　○数学的な問題の本質を見い
　　だす力（洞察力）
　○数学的な問題を解決するた
　　めの見通しを立てる力（構
　　想力）

日常生活や
社会の事象

数学の事象

焦点化された問題

C　焦点化された問題を解決す
ることについて
　○目的に応じて数・式，図，
　　表，グラフなどを活用し，
　　一定の手順にしたがって数
　　学的に処理する力
　○数学的な見方や考え方を基
　　に，的確かつ能率的に処理
　　する力
　○論理的に推論する力（帰納，
　　類推，演繹）

D1　解決過程を振り返り，
得られた結果を意味づけた
り，活用したりすることに
ついて
　○得られた結果を元の事
　　象に戻してその意味を
　　考える力
　○様々な事象に活用する
　　力

D2　解決過程を振り返るな
どして概念を形成したり，
体系化したりすることにつ
いて
　○数学的な見方や考え方
　　のよさを見いだす力
　○得られた結果を基に批
　　判的に検討し，体系的
　　に組み立てていく力
　○見いだした事柄を既習
　　の知識と結びつけ，概
　　念を広げたり深めたり
　　する力
　○統合的・発展的に考え
　　る力

結　果

図0-1　算数・数学の学習過程のイメージ

（出所）　中央教育審議会（2016.3）

時間的余裕をどう生み出すかである。そのためにはカリキュラム全体を通した
指導内容の精選や構造化が必要だったが，今改訂では現行教育課程の内容と枠
組みの維持が前提とされ，十分な時間が保障されていない。しかしこの過程を
回ることが学習過程であると明確にされた以上，工夫して時間を生み出したい。

②従来の数学観の見直し

　第二の課題は，従来の数学観の見直しが問われることである。新学習指導要領は，現実の事象から概念を形成し数学を創る可能性を示唆するが，図0-1の「算数・数学の学習過程」において，左のサイクルから右のサイクルへ進むことは容易ではない。これまでは導入で現実事象を取り上げても，数学的形式を抽出した後は現実の文脈に戻らず，数学の世界の中だけで論理的に展開してきた。

　中学3年の関数を例に考えてみよう。多くの教科書は斜面を転がる球の運動から2乗比例関数を導入するが，教室で実際に実験することはほとんどなされない。そこには，数学は現実事象を対象にするのではなく，$y=ax^2$という形式を対象とし，それから論理的に導かれることを考えるもので，現実事象はその形式を考える契機に過ぎないという数学観がある。しかし関数概念を見出し微積分へと到る過程は，ガリレイやニュートンらによる運動法則の探究の過程だった。現実世界こそが数学の豊かさの源泉である。そこに子どもたちを誘えば，彼らも事象を探ること自体に興味を持ち，それを通して数学を創るとともに，世界を数学の目で視るとはこういうことだと実感しうる絶好の場となる。

　実際に授業に斜面を持ち込み，球を転がすだけで子どもたちの目の色が変わる。予測よりもはるかに速くなることに驚き，データを取り，t秒後の位置や1秒ごとに進む距離の変化を調べ始める。データを単純化し現象的な数学モデル$y=ax^2$を創るだけで終わらず，変化の割合は何を意味するか，1秒後の瞬間の速さはどうすれば求められるか，速さと時間はどういう関係にあるのか，なぜ移動距離が時間の2乗に比例するのか，など多くの問いが生じる。具体的な文脈の中だからこそ様々な概念の意味や相互の関係が見えてくる。その時点ですべてに答えを出すことはできなくても，内包量から微積分へ到る大きな見取り図を教師が示すことで，子どもたちの学びは次へつながる。現実の豊かな事象を深く視ることで，様々な概念を結び付けていくのであり，現実の文脈で数学を考えることは，知の断片化ではなく，総合化の可能性を秘めている。

　この過程で量をどう位置づけるかも改めて検討すべきである。PISAは，現実世界の現象は論理的に構成されているわけではないので数学的な内容を現象

学的に構成することが必要であるという視点から，「量」「空間と形」「変化と関係」「不確実性とデータ」を「包括的アイデア」とした（第2章第2節（3）参照）。一方日本では，今改訂で小学校の領域名から「量」が消えた。だが「量は抽象的な数と具体的な現実の中間にあって，その二つを結びつける半具体・半抽象的なもの」（遠山，1981）で，事象の数学化の際も量の認識が鍵となる。

③「活用力」の評価

　第三の課題は，この学習過程が育成を目指す「活用力」をどう評価するかである。その核心は，現実の複雑な事象に向き合ったときに，何らかの仮説を立て単純化し，数学的モデルを創る力である。それが育ったか否かは，子どもの姿や授業後の振り返りからある程度推し量れるが，それが本当の力として，子どもの中に現実を視る目やとらえる方法が根付いたか否かは長い期間で見なければならない。テストで「活用力」が測れるものではない。

　PISA調査は「活用力」を測るものと一般に考えられているが，PISAも，現実の問題を3日かけて解決したアメリカの8年生クラスを紹介し，「数学的リテラシーを持っているか否かの評価は時間が限られた調査では困難である」と率直に認めている（経済協力開発機構，2004, p. 21）。それでも工夫して調査の枠組みを創ったが，現実の複雑な事象から数学的モデルを創るという最も重要な過程を短時間で問うことはできない。結局何らかの数学化を組み込み，それを前提に処理する能力を問う問題とせざるを得ず，操作的な思考を見ることに偏ってしまう。

　全国学力・学習状況調査も同様である。例えば2018年度中学数学B問題「列車の運行の問題」を例に見てみよう。この出題意図の一つが「事象を理想化・単純化して，その特徴を的確に捉える」力を見ることである（国立教育政策研究所教育課程研究センター，2018）。その力は，子ども自身が仮定を設定し，単純化し，グラフを作り，それを解釈し，実際に検証し，あわなければ仮定を見直す，という実際の取り組みの中で発現するものであり，評価もその中でなされる。しかしこのテストでは，事象の理想化・単純化が与えられ，その解釈が問われるにすぎない。ここで評価されるのは，現実事象から仮説を設定し数

学化する力や意味や根拠を批判的に問う力ではなく，与えられた枠組の中で操作し解釈する力にすぎない（列車の運行から数学的モデルを創る実践については，小寺（1999）を，全国学力調査の操作的思考については小寺（2008）を参照）。

　もちろんこのようなテストにも意味がある。問題は，このテストの成績が「活用力」が育ったというエビデンスを示す指標として PDCA サイクルに組み込まれるため，その成績を上げることが自己目的化され現実事象に向き合う授業創りよりもこの種の問題のドリルが重視されるという倒錯が生じることである。そこで育まれるのは活用力ではなく，「教え込まれたパターンに沿って知識と技能を操作する能力」（中嶋，2017）である。

（3）新学習指導要領の内容について

　あわせて新学習指導要領の内容について，簡単に触れておこう。まず高等学校について見ておく。統計教育が拡充されたことは評価したい。また数学的リテラシーを育てる目的の「数学活用」が廃止され数 A, B, C に分散させられたことも一歩前進とみたい。本来は数学Ⅰ，Ⅱ，Ⅲに数学的リテラシーを育む視点を組み込むべきであり，例えば金利なども数Ⅱの指数関数で扱う方がよいと考えるが，それは今後の課題としたい。数 A, B, C に入ったことで授業で選択される可能性が出てきた。また教科書に載ることですべての高校生の目に触れることだけでも意味がある。

　問題はベクトルの数 C への移行である。玉つきのように押し出され，ベクトルをどう位置付けるかの理念が見られない。次回改訂では，高校の理科総合や物理との合科学習として力学の文脈で学ぶことも含め検討すべきだろう。

　小中学校のカリキュラムはほぼ現状維持だが，素地指導という名目で概念形成過程が分断され，まとまった認識を創りにくい現状は改善されるべきだった。知識が「生きて働く」ものになっていない原因の一つはここにある。例えば2年生で特殊な分数だけを，しかも割合として教えることは却って分数概念形成を阻害する。外延量の指導も1年は個別単位までで2年で普遍単位を扱うとされていること，内包量や比例も5年，6年と細切れにされていることなど問題は多い。中学でも，比例と一次関数や，一次方程式と連立一次方程式などはま

とめて教えるほうがよいという考え方もある。もちろん子どもの実態にもよるので，どちらがよいかは教師の判断にゆだね，学年を超えた組み換えができるフレキシブルなカリキュラムにすべきであった。それも次の改訂の課題である。

（4）これからの算数・数学教育にむけて

　環境問題や少子化などの課題に直面する中で，これからの持続可能な社会を担っていく市民にとって，世界をより深く認識し，自らの判断や行動に生かすために必要な数学の内容と数学的能力をどのようにとらえ，どう育むのか。それは日本の数学教育が，今後衆知を集めて検討すべき大きな課題である。

　例えば現実世界をとらえる上で欠かせない指数関数は，すべての子どもたちの共通教育として中学3年か高校1年で扱うべきではないだろうか。また，高校では有限世界での成長を考える上で重要な意味を持つロジスティック関数も扱いたい。PISAも，15歳の生徒は，「線形的成長，指数的成長及び周期的成長などの概念を認識すべきであり，さらに非形式的でよいからロジスティック的成長についても認識すべきである」と提起している（経済協力開発機構，2004，p. 83）。

　筆者はそのために中学で「タンチョウの授業」を試みた。絶滅しかかったタンチョウが復活を遂げるまでの実際の個体数変化のデータをもとに将来の変化を推定する10時間の課題学習である。生徒と対話しながら，《データ分析⇒仮説の設定⇒指数モデルの構成⇒ロジスティックモデルの構成》と進んだ。そうして構成したモデルが実際のデータをかなりよく近似することに驚き，子どもたちは数学の有効性を実感するとともに，有限な地球での持続可能性を考える視点も獲得した。さらに係数を変えればグラフはどう変わるかという数学的な興味からカオスという新たな数学の入り口に立つこともできた（小寺，2004，2010）。

　カリキュラムを見直すことは，新たな内容（コンテンツ）を加えるとともに，子どもたち自身がそこに到達するための新たな論理の道筋を作ること，そこで核にする能力や思考方法（コンピテンシー）を考えることである。筆者の上記の授業では，離散的変化に限定し，「親が増えれば子も増える」という子ども

のつぶやきから差分方程式を導き，そこに有限な環境という条件を折り込むことでロジスティック関数に到達する道筋を創った。その過程で，仮説を創り単純化すること，差分への注目，フローとストックの関係の理解，局所的変化から大域的変化へという視点，変化を環境や他の変化との相互作用の中で見る力学系の見方，再帰的な式の見方などを豊かに育むことができる。

　従来の関数指導では，このような見方や方法の獲得を指導の中に明確に位置付けてはこなかった。あらかじめ単純化された事象を扱う限りにおいてそれは必要がなかったからである。しかし，それでは定型的な問題は解けても，現実の複雑な課題に直面したとたんに考えるすべを失ってしまう。

　小玉重夫は，これからの教育の課題は「専門的な知識や技能を，市民化された批評的知識へと組み替える」ことであり，「学力の市民化」であると言う（小玉，2013）。今改訂で，日本の数学教育も，現実との関連をより重視する方向に進む。今後，現実の文脈と行き来しながら，市民としての世界観，判断力，批判的思考の形成に寄与する数学教育を創造することが求められている。

（5）主体的・対話的で深い学び

　このように「算数・数学の学習過程」を回ることは，子どもたち自身が現実事象やものと対話し，仲間と対話する中で，豊かな現実と行き来しながら数学を創り，数学の世界に深く入り込むことであり，それこそが数学における主体的・対話的で深い学びである。それは授業をアクティブにすることを自己目的化することではない。静かに教材と対話する授業も必要であり，また「相手を受け入れるパッシブ（受動性）の契機」（田中，2017）も大事にしたい。

　中学1年生と「九九表」を教材に何度も授業をしたことがある。子どもたちは表から様々な規則性を発見し，伝えることに夢中になり，自分と仲間の考えを結びつけるとさらに新たな発見が生まれることを実感し，次のように記した。「色々な考えが出て一人一人違うことがわかりました。」「自由な発想がとても大事なんだと思った。」「人が違うのと同じで考えることも違う。でも違う意見を発表しあい，色々な意見がいっぱい集まり，自分が発表したような気がして嬉しかった。」「自分がわかっているだけではなくクラスのみんなに自分の考え

を発表しないといけないんだと思いました。」（小寺，2006）

　教材や課題の力がこのような子どもたちの活動と思考を生み出した。授業の核になるのは，背伸びをしてでも解きたいという意欲を引き起こす課題，前の学習の理解度にかかわりなく多様に考えられる課題，それを通して単元の学習の意味や内容が見えてくる課題である。そういう課題であれば，数学が得意な子が型にはまった意見しか言わないときに，苦手な子が突拍子もないが本質的な意見を言うこともある。だからこそ授業はダイナミックに進む。そして，多様な視点や発想が大事で，数学は自由に考えてよいこと，一人ではなくいろいろな経験や考え方の人がいるからこそより深い学びができることなどを子どもたちは肌で感じとる。「子どもの知識や意味は，社会的相互作用と『意味の交渉』から結果として生じる」（アーネスト，2015，p. 305）のである。

　そしてこのような学びを通して，他者の尊重と，知識を創る過程に参加しえた自分に対する自信も育まれる。それが子どもの心の中に民主主義の心も根付かせていく。数学教育の目的は「数学における批判的思考を通して民主的公民性を育てる」ことである（アーネスト，2015，p. 319）（第1章参照）。

　このように多様な考え方を大事にすることは，子どもたちを習熟度別に分ける考えとは相いれない。とりわけ小中学校での習熟度別指導は結果として学力差を拡大し，子どもの中に様々な屈折を生み出しており，再検討を求めたい。

　そしてこのような授業における評価は，正解に達したか否かではなく，一人ひとりの考えを認め，クラスの協同の取り組みに位置づけることである。あわせて，その子の思考の中でどのような数学的能力（コンピテンシー）が働いているのかを見極め，それを一歩伸ばす手立てを考え，アドバイスすることが指導の要である。間違えてしまった子どもにも，その過程での考え方や方法を適切に評価し励ますことが自信や意欲を生み，間違いを振り返るというメタ認知的思考を育む。これまでも日本の教師たちはそのような指導を経験的に行ってきたはずである。それを授業の目的に位置付けること，ある内容の理解とともに，ある数学的能力の育成を授業の目的とすることで，授業は大きく変わる。

　デンマークの数学教育の指導者ニス（Niss, M.）は数学がかかわる，あるいはかかわりうる文脈の多様さの中で，数学的な活動に関する知識を持ち，理解

し，それを用い，応用して，自分なりの意見を持つことができることを数学的コンピテンシーがある状態と考え，それを分析して8つの数学的コンピテンシーを抽出した。そして，教える内容と授業の方法とそこで伸ばす数学的コンピテンシーの三つの次元でカリキュラムを構成することを提起し，デンマークで実践している（第4章および第Ⅲ部を参照）。日本でも今，「方法知識あるいは手続き的知識も取り出して，教える内容に位置づける」（子安，2017）ことが提起されており，第2章でも「数学的方法」が取り上げられている。ニスの理論と実践も参考にしながら，日本にあったコンテンツとコンピテンシーを見据えた授業創りを追求していきたい。本書で紹介するいくつかの授業もその試みである。

文　献

安彦忠彦（2014）.『「コンピテンシー・ベース」を超える授業づくり』図書文化社.

中央教育審議会（2016）.「幼稚園，小学校，中学校，高等学校及び特別支援学校の学習指導要領等の改善及び必要な方策等について（答申）」.

中央教育審議会（2016.3）.「教育課程部会算数・数学ワーキンググループ（第4回）配付資料」http://www.mext.go.jp/b_menu/shingi/chukyo/chukyo3/073/siryo/1370395.htm（2018年7月20日閲覧）

ダンブローシオ，U.（1980）.「数学教育の全体的な目的と目標」数学教育国際委員会編，数学教育新動向研究会訳『世界の数学教育―その新しい動向―』共立出版，232-257.

ドベス，M.（1982）.『教育の段階』（堀尾輝久・斎藤佐和訳）岩波書店.

アーネスト，P.（2015）.『数学教育の哲学』（長崎栄三・重松敬一・瀬沼花子監訳）東洋館出版社.

銀林浩（1984）.『算数数学教育の最前線』明治図書出版.

細尾萌子（2017）.『フランスでは学力をどう評価してきたか』ミネルヴァ書房.

「科学技術の智」プロジェクト数理科学専門部会報告書（2008）. https://www.jst.go.jp/csc/mt/mt-static/support/theme_static/csc/img/s4a/s4a01.pdf（2018年3月10日閲覧）

経済協力開発機構（2004）.『PISA2003年調査評価の枠組み』（国立教育政策研究所監訳）明石書店.

小玉重夫（2013）.『学力幻想』筑摩書房.

小寺隆幸（1999）.「現実の事象のモデル化を重視する数学科カリキュラム」日本数

学教育学会編『算数・数学のカリキュラムの改革へ』産業図書，221-239.

小寺隆幸（2004）．『数学で考える環境問題』明治図書出版.

小寺隆幸（2006）．「学習集団を活かした数学の授業」柴田義松編『授業改革をめざす学習集団の実践』中学校編，明治図書出版，61-102.

小寺隆幸（2008）．「批判的な視点を欠いた操作的な『活用』の危険性」『教育』2008年2月号，国土社，28-35.

小寺隆幸（2009）．「学テの実践的批判のために」『教育』2009年2月号，国土社，90-97.

小寺隆幸（2010）．「成長のモデルを中学生はどう構成したか―指数的モデルからロジスティックモデルへ，さらにカオスへ―」『学芸大数学教育研究』第22号，29-40.

国立教育政策研究所教育課程研究センター（2018）．「全国学力・学習状況調査　平成30年度　調査問題・正答例・解説資料について（2018年4月17日）」http://www.nier.go.jp/kaihatsu/zenkokugakuryoku.html（2018年4月閲覧）

子安潤（2017）．「膨張する資質・能力論を教材研究ベースへ再構築する」『人間と教育』第96号，30-37.

文部省内教育法令研究会（1947）．『教育基本法の解説』国立書院.

中嶋哲彦（2017）．「思考のハイジャックと人格の支配」民主教育研究所編『新学習指導要領を読み解く』民主教育研究所，15-35.

島田茂（1977）．『算数・数学科のオープンエンドアプローチ』みずうみ書房.

田中昌弥（2017）．「『アクティブ・ラーニング』後の教育をどう考えるか」民主教育研究所編『新学習指導要領を読み解く』民主教育研究所，54-73.

遠山啓（1976）．『競争原理を超えて』太郎次郎社.

遠山啓（1981）．「量の体系はなぜ必要か」『遠山啓著作集　数学教育論シリーズ6　量とはなにかⅡ』，太郎次郎社，10-23.

梅原利夫（2018）．『新学習指導要領を主体的につかむ』新日本出版社.

八木英二（2017）．「新学習指導要領の『教育課程の枠組みの三つの柱』を考える」民主教育研究所編『新学習指導要領を読み解く』民主教育研究所，36-53.

山口昌哉（1985）．『食うものと食われるものの数学』筑摩書房.

第Ⅰ部

日本の算数・数学教育に何が求められているのか

第Ⅰ部は，これからの日本の算数・数学教育のあり方を考える5つの章から構成される。市民としての数学的リテラシーを育み，また民主主義の基礎を培う算数・数学教育において，新たに提起されているコンピテンシー育成をどうとらえ，主体的・対話的で深い学びをどう実現するのかを考える。

　第1章では，算数・数学教育の現状，社会の変化，数学の変化，算数・数学教育の目的を考察し，これからの算数・数学教育では数学の方法とともに，民主的な社会を形成する力を身につけることが重要であることを提起する。

　第2章では，数学的リテラシー論の源流を振り返りながらその意味を改めて確認し，さらに現在の資質・能力（コンピテンシー）論を受けて，数学的方法に焦点を当てる必要性を提起する。

　第3章では，「科学技術の智プロジェクト」などの数学的リテラシーの考察をふまえ，今後の高等学校教育改革の方向性を提起するとともに，大学教育および教員養成にかかわる新たな動きを紹介する。

　第4章では，コンピテンシー概念の多面性を考察する中で，数学的リテラシーの一要素として数学的コンピテンシーを考えるニス（Niss, M.）の考えの意義と課題を浮き彫りにし，それについての著者の考えを提起する。

　第5章では，教材を核として授業の形態や方法を考えた斎藤喜博の教授論や，子どもの認識の発展と適合するように数学の系統を創るという遠山啓の考えを掘り起こすとともに，中学・高校での授業の試みを紹介する。

第1章
民主的な社会とともに歩む算数・数学教育

算数・数学教育は，人間の生き方や社会のあり方や数学の本性の考え方と，子どもたちの学びについての考え方などを総合して意図的な教育として行われる。ここでは，将来の日本の社会として民主的な社会を前提として，現在の日本の算数・数学教育の課題を，子ども，社会，数学という3つの面から探究し，そして，それらの課題に取り組むために，これからの算数・数学教育が目指す目的と目標について考察する。

1　算数・数学を学ぶ子どもたち

算数・数学教育のあり方を考える原点は子どもにある。現在の子どもたちの学びの状況は，教育全体の再検討を促す。

（1）算数・数学の得点

20世紀末から21世紀初めにかけての日本での学力低下論は激しい社会問題となった。それは，小中高校の週5日制や総合的な学習の導入などによる理数教育の軽視への怒りと，大学進学率の向上に伴う大学生の学力の低下への不安からなっていた。しかし，その後の新たな小中高の教育課程の改訂と大学での教職員の対応の仕方の改善努力，そして，国際調査の結果などで，日本全体としては学力低下論は沈静化しているようである。

経済協力開発機構（OECD）の「生徒の学習到達度調査」（PISA2012）（国立教育政策研究所，2013）や，国際教育到達度評価学会（IEA）の「国際数学・理科教育動向調査」（TIMSS2015）（国立教育政策研究所，2017）の結果によると，最近の日本の小学校4年生，中学校2年生，高等学校1年生は，国際的に

算数・数学の平均得点が高い水準にあることが示され，さらに，日本の過去の平均得点との比較においても大きな差がないことが示された。そして，算数・数学の学力低下論は影を潜めた。

（2）算数・数学を学ぶ意欲や意義に関する意識や自信

　しかしながら，日本の子どもたちの算数・数学における学びの現状が改善されているわけではないことが，これらの国際調査によって改めて示された。中高生の数学を学ぶ意欲や学ぶ意義に関する意識，そして，数学を学ぶ自信を示す自己効力感などが国際的に低い水準にあった。例えば，PISA2012の高等学校1年生の結果からは，数学を学ぶことと将来の職業との関係にかかわる「将来の仕事の可能性を広げてくれるから，数学は学びがいがある」の日本の生徒の肯定的な回答は52％であり，国際平均の77％より25％低く，また，自己効力感にかかわる「新聞に掲載されたグラフを理解する」の日本の生徒の肯定的な回答は54％であり，国際平均の79％より25％低く，いずれも参加国の中でも低い方であった。このような学ぶ意欲や学ぶ意義に関する意識の低さなどの問題は今に始まったことではなく，戦後の日本の教育の大きな問題であることが指摘され続けてきたが改善されないままであった。

　さらに，算数・数学の学びにすべての子どもが参加しているわけではないことも明らかにされている。PISA2012では数学の習熟度がレベル6からレベル1まで6つのレベルに分けられているが，そのうち「直接的な推論を行うだけの文脈において場面を解釈し，認識できる」というレベル2以下の生徒の割合が約4分の1に達している。国内の学力調査でも，その得点分布において，得点の幅が大きく広がっていることにそれは表れている。日本の中高校生は，数学の平均得点では高い水準にあるが，数学を学ぶ意欲や意義に関する意識や自己効力感では問題を抱え，そして，かなりの生徒が数学の探究的な学びに参加していない。

2　算数・数学を取り巻く社会

　算数・数学教育は，その時々の社会の必要にも応えることが期待される。

（1）社会の変化に対応するコンピテンシーやスキル

　社会の急激な変化に対応して，教育も大きな変化が求められるようになったのは1960年代である。1960年代，ユネスコは諸変化の加速などから生涯教育を提唱し，学ぶことを学ぶなどを重視した。その後，ユネスコは1996年の『学習：秘められた宝』において，生涯学習の4本柱として，「知ることを学ぶ」，「為すことを学ぶ」，「共に生きることを学ぶ」，「人間として生きることを学ぶ」を挙げた（ユネスコ，1997）。生涯にわたり学ぶには，固定した内容だけではなく，変化に対応できる方法が必要だと考えられるようになってきた。

　21世紀に入ると，このような社会の変化に対応する教育の目標として，社会で必要とされるコンピテンシーやスキルの重要性が叫ばれ始めた。「コンピテンシー」という概念は1970年代以降に主として経済界で使われ始めたが，21世紀に入り OECD が2003年に「キー・コンピテンシー」を提唱したことで教育界にも広がった。そこでは，コンピテンシーとは，「知識や技能以上のもの」で「特定の状況の中で（技能や態度を含む）心理社会的な資源を引き出し，動員することにより複雑な需要に応じる能力」を含むとされた。そして，OECD は，人生の成功と正常に機能する社会のために必要なキー・コンピテンシーとして，「相互作用的に道具を用いる」（読解力，科学的リテラシー，数学的リテラシーを含む），「異質な集団で交流する」，「自律的に活動する」の3つを挙げ，その中核には批判的思考があるとした（ライチェン・サルガニク，2006）。

　最近では，欧米の経済界などから21世紀型のスキルとして思考の方法や働く方法などが教育に要請されている。そこでは，批判的思考，論理的思考，抽象的思考，創造的思考，分析的思考に加え，コミュニケーション能力，協働的学習能力，ICT 活用能力なども重視されている。これらの流れを受けて，日本でも，「社会人基礎力」，「就職基礎力」などの能力の提案がなされている。

（2）試験という障壁

　一方で，算数・数学の教育課程の改革は，戦前から入学試験などの試験によって阻まれてきた。日本では近代教育が始まった明治期から試験が教育の原動力とされてきた（天野，2007）。そこでは，試験という社会からの強力な圧力によって，教室での学習指導が歪められてしまう。社会が要求する教育の目的が試験で高い得点を取るということになり，それに適合する指導内容や指導方法を取らざるを得なくなる。そこでは，後に考察する教育にとって本質的な多くの目的が軽視されることになる。このような試験の準備からの数学教育の脱却は，20世紀初頭の国際的な数学教育近代化運動の目標の一つでもあった（ペリー・クライン，1972）。日本でも当時の数学教育の指導者の小倉金之助が『数学教育の根本問題』において，「何故に生徒は数学で苦しめられるのか，何故に学校を出れば忘れてしまふのか，何故に数学は殆んど生活と没交渉なのか，何故に学校では能率の上がらない数学を教へるのか」（小倉，1924）と述べ，実世界を重んじること，難問主義を排すること，試験のための数学から脱却することなどを主張していた。このような試験の影響については，日本だけではなく国際的にも，学校で出会う数学が人間を選別する「篩（ふるい）としての数学」という機能を持っていることが言われている（ハウスン他，1987）。

　選抜のための入学試験は，教育における競争の機能に基づく。教育における競争は，卓越性と公平性という2つの価値のトレードオフの関係にあるが，少なくとも現代の人間科学の研究からは，非常に多くの子どもにとってよい影響を残さない，つまり公平性に反することが明らかにされている。20世紀後半からこのような入学時の選抜の問題を解決するために，競争的選抜から教育的接続へという理想が語られてきたが（国立教育政策研究所・文部科学省，2009），それにかかわる利害関係者が多様で動きが取れず状況は変わっていない。さらに，最近では，学力調査でも行政主導で競争が行われるようになってきている。学力調査は教育課程の改善に必要不可欠であるが，それを競争の道具とするのは本末転倒である。算数・数学教育で生涯にわたる能力を身に付けさせるためには，算数・数学教育の内部でできる算数・数学の指導・学習の改善とともに，外部へ向かって入試などの試験のあり方の改善の必要性を絶えず訴えていく必

要があろう。

（3）男女平等

　TIMSS2015によると，日本の小学校4年生も中学校2年生も男女で平均得点に有意差はない。このことはそれ以前のTIMSSでも見られたことである。ところが，PISA2012では，高校1年生で男子の方が女子よりも平均得点が有意に高い。

　このことを考える上で，そもそも日本の教育界において，男女平等という認識が本当に確立しているかを問わねばならない。2016年5月の新聞に掲載された女子高生の心からの問いかけを受けて筆者は次のように記した。

　「今年の5月下旬，女子高生の『勉強してもよいのでしょうか』という投書が新聞に載った（毎日新聞2016年5月24日）。それは次のようであった。『先日，衝撃的な歌を見つけた。女の子は勉強できても愛されないと意味がない，学生時代はばかでいい…という内容だ。…それだけではない。ある中学校長が「女性はキャリアを積むより，子供を産む方が大切」と発言したり，県知事が「女子に三角関数を教えて何になるのか」と言ったり，女子が勉強することに否定的なことを言う人が後を絶たない。…大人たちに問いたい。…私は勉強してもよいのでしょうか。』私たちは，教育者として教育の目的が問われ，さらに私たちの世界の基盤である男女平等という人間の尊厳や権利の認識が人間として問われている。」（長崎，2016）

　このような問題意識で前述したPISA2012の結果を考えてみよう。男女差を生み出す要因の一つとして推測されているのが，TIMSS2015に見られる中学校2年の教師の性別である。日本の女性教師は29％，男性教師は71％である。参加国の中では，男性比率が最も高い。国際平均値は，女性59％，男性41％である。このような女性教師の比率の低さは，それ以前の調査でも明らかにされていた。また，日本学術会議・科学者委員会は2015年に「科学者コミュニティにおける女性の参画を拡大する方策」を提言している。日本では，中学校，高等学校の教師だけではなく，大学の数学科，科学者コミュニティ，算数・数学教育，あるいは算数・数学研究の全体に女性の参加が妨げられている。

3　算数・数学教育にかかわる数学の変化

算数・数学教育にかかわる数学も時代とともに変化している。

（1）社会で活きる数学的リテラシー

　算数・数学教育では21世紀に入り，社会とのかかわりで数学的リテラシーの重要性が叫ばれ始めた。OECD は，2000年から PISA によって，義務教育修了段階の15歳児が持っている知識や技能を実生活の場面でどれだけ活用できるかとして，読解力，数学的リテラシー，科学的リテラシーなどのリテラシーを調べ始めた。PISA2012では，リテラシーの調査問題の構造は，「知識領域（内容），関係する能力（プロセス），状況・文脈」の３つの側面からなっている。そして，数学的リテラシーについては，「知識領域（内容）」は，量，空間と形，変化と関係，不確実性とデータからなり，「関係する能力（プロセス）」は，数学的問題解決の数学的プロセスにおける能力（コンピテンシー）として，定式化（状況を数学的に定式化すること），適用（数学的な概念，事実，手続きを適用し，推論すること），解釈（数学的な結果を解釈，応用，評価すること），からなり，「状況・文脈」は，私的，職業的，社会的，科学的のそれぞれの用途からなっている（国立教育政策研究所，2013）。子どもが社会に出た時に，様々な文脈において数学的に問題解決ができるのかが問われている。

　日本では，2008年に「科学技術の智プロジェクト」の中の数学者や数学教育者が，日本人が心豊かに生きるためにすべての成人が持って欲しい数学的リテラシーを提案した（科学技術の智プロジェクト，2008a。なお第３章参照）。そこでは，数学的リテラシーを，「数学とは」，「数学の世界Ａ：数学の対象と主要概念」，「数学の世界Ｂ：数学の方法」などから説明している。「数学とは」は，数学の基礎は数と図形である，数学は抽象化した概念を論理によって体系化する，数学は抽象と論理を重視する記述言語である，数学は普遍的な構造（数理モデル）の学として諸科学に開かれている，という４つの命題で述べられ，「数学Ａ」は数量，図形，変化と関係，データと確からしさ，からなり，「数

学B」は，言語としての数学，問題解決・知識体系の構築としての数学の方法，からなるとしている。

　これらの数学的リテラシーは，学校を越えて社会で活きる数学の力とは何か，そして，そのような力を育むための，人間の生涯を見通した算数・数学教育とはどうあるべきかを問い掛けている。なお，科学技術の智プロジェクトでは，数学を含めて，生命科学，物質科学などの7つの科学技術の分野のリテラシーが論じられた。その議論を通して，これからの民主的な社会において心豊かに生きるには，科学技術の分野のリテラシーとともに，人間の生き方や社会のあり方や歴史の見方などの人文系のリテラシーも必要不可欠であるとされた。

（2）現実世界とかかわりを持つ数理科学

　日本での学問としての数学の捉え方が，「純粋数学」から現実世界との関係を含めた「数理科学」に変わってきている。日本学術会議は，大学の学部レベルの各学問分野について，その意義，内容などに関して広範囲に検討を進めている（日本学術会議数理科学委員会数理科学分野の参照基準検討分科会，2013）。数学については，これまでの大学の数学は純粋数学に偏りがちであったとして，数学と現実世界の関係を見直して，大学の数学を，数学（純粋数学）に加え，応用数理，統計学をも含めて「数理科学」としている。純粋数学はその契機が数学外部にあったとしても基本は内部の動機で発展していくものであり，応用数理は純粋数学を前提として現実世界を数学的にモデル化して純粋数学を応用していくものであり，統計学は現実世界の問題解決を主眼として数学的なモデルを作成して解決していくものである。このように，「数理科学」は，数学と現実世界の関係を数学的モデルを媒介にして包括的に捉えようとしている。

　さらに，この報告は大学学部の数理科学分野の教育において2つのタイプの能力が養われるとしている。すなわち，これまで養ってきたと思われる数理科学分野に固有の能力とともに，新たにより広い範囲で使える一般的な能力として，数字を批判的にとらえる思考力と感覚，本質を見極めようとする態度，抽象的思考，物事を簡潔に表現し，物事を的確に説明する能力，誤りを明確に指摘する能力，未知の問題に積極的に立ち向かい，冷静に分析し対処していく態

度を挙げている。数理科学の専門的な学習を通して，数理科学に固有な場面で有効な能力と，より一般的な場面で使える能力が養えるとしている。

4　算数・数学教育の目的

　算数・数学教育は，文化としての数学を通して，児童・生徒の発達を促すとともに社会や文化の発展に寄与する意図的な活動である。そして，このような算数・数学教育は，世界観や教育観などを基にして目的が論じられ，その上で，目標，内容，方法，評価からなるカリキュラム（ハウスン他，1987）が論じられる。ここでは，まず教育の目的を考える一般的な枠組みを考察し，そして，算数・数学教育の目的を考察する（長崎・滝井，2007a）。なお，これらは社会や教育者にとっては教える目的であるが，子どもにとっては学ぶ意義を考える材料となる。ここでは，教育の目的すなわち「何のために」を考察し，次節ではその教育の目的に対応して「何を身に付けるのか」という教育の目標を考察する。

（1）教育の目的
　教育は，人間，社会，文化という3つの大きな軸から考えることができる（細谷，1962）。そこで，教育の価値として，人間，社会，文化のそれぞれの継承・発展を取り上げ，そして，それらを目指すものとして，教育の目的を考える。
　教育の目的は，人間，社会，文化という3つの軸を持つことで，大きな3つの目的，すなわち，人間が持っている能力などを育てようとする「人間形成的目的」，社会において使うための知識や能力を育てる「実用的目的」，文化の継承・発展のために文化のよさを知らせる「文化的目的」から語ることができるようになる。もちろん，これらの3つの目的はきちんと分けられるものではなく互いに重なることもある。なお，これらのうち実用的目的の実用の対象となる社会の場面は様々であり，子どもの生活，他教科の学習，より進んだ学習，社会での問題解決，社会の理解，経済活動の手段，自然科学や社会科学での利

用，技術での利用などがあり，とりわけ昔から最も有名な実用的目的は入試のためである。

　教育は，その主体者や主体者が属する社会集団が持つ世界観や教育観を基に，これらの3つの目的のいずれかに重点を置いて行われる（例えば，アーネスト，2015）。学校教育についても，現在の各国の教育の状況や過去の日本の教育の歴史を振り返ってみると，いずれかの目的に重点が置かれているのが分かるであろう。もちろん，公の学校教育は多くの場合，様々な考えの人々がその形成にかかわるのでこれらの3つの目的が混在したものとなる。なお，これら3つの目的のうち初等・中等教育の学校教育を特徴付けるものは，人間形成的目的であることは忘れないようにしたい。なぜならば，この段階の学校教育は，すべての子どもたちが生涯にわたり社会において生きていく力を身に付けさせることが責務だからである。さらに，教育の目的を具体的に考察する際には，将来の社会を念頭に置く必要がある。教育は将来を目指した意図的な活動だからである。現時点での日本の将来の社会像としては，持続可能な社会，民主的な社会，知識基盤社会，グローバル社会，生涯学習社会，高度情報技術社会，自己実現を重視する社会，少子高齢社会などが考えられる。本章では，一人ひとりの人間が大切にされるということで，持続可能な社会を前提として，民主的な社会を念頭に置くものとする。

（2）算数・数学教育の目的——人間形成的目的，実用的目的，文化的目的

　算数・数学教育の目的について，教育の目的を基に考えると，「人間形成的目的」とは，算数・数学を通して人間が持っている能力などを育てようとするものであり，「実用的目的」とは，算数・数学を使うための知識や能力を育てるものであり，「文化的目的」とは，算数・数学のよさを知らせるものである。それぞれの目的は，人間や社会にとっての数学，文化としての数学や算数・数学教育を熟考することで具体的に明らかになる。ここでは，持続可能な社会，そして，民主的な社会を念頭に置いて，算数・数学教育の目的を考えてみよう。

　算数・数学教育の人間形成的目的には，自律的な態度を養う，論理的に考える力を養う，創造的に考える力を養う，数学的に考える力を養う，数理的な判

断力を養う，考え合う力を養う，などがある。

　算数・数学教育の実用的目的には，数，量，図形に関する知識を身に付けさせる，計算力を養う，表やグラフや図で表現し解釈する力を養う，空間の想像力を養う，数学的モデル化の力を養う，問題解決の力を養う，などがある。

　算数・数学教育の文化的目的には，数学の偉大さを知らせる，数学の社会的有用性を知らせる，数学の美しさを味わわせる，数学の楽しさを味わわせる，などがある。

　一見，これらの目的は普遍的のように思えるが，将来の社会像を変数としていろいろと入れ替えてみると具体的な目的の選択や強調の度合いが変わってくることがわかる。ためしに極端な場合として独裁国家の算数・数学教育を考えてみよう。そこでは，人間形成的目的の自律的な態度は否定され，代わりに，忍従的な態度が入れられるのではないであろうか。このことから改めて，数学や教育の本性とは何かを考えさせられることになる。なお，できれば算数・数学のそれぞれの内容についてもどのような目的があるのかを考えておきたい。例えば，算数の三角形の面積公式，数学の二次方程式の解の公式を算数・数学の教育内容とするのにはどのような教育目的があるのだろうか。

5　算数・数学教育の目標

　算数・数学教育の目的を目指すには，具体的に子どもに身に付けさせたい目当てとしての算数・数学教育の目標を設ける。これまでの日本の学校教育の目標は，国際的な潮流と軌を一にして，子どもに身に付けさせたい知識・技能や思考という認知的な面と，それが必要に応じて使えるようになるための関心・意欲・態度という情意的な面から構成されてきた。しかしながら，すでに述べてきたように，日本の子どもたちは情意的な面で問題を抱え続けており，さらに社会からは算数・数学と社会との関連性という課題が突き付けられている。そこで，それらの課題と 3 つの目的を考慮して，目標は子どもたちが生涯にわたり生活や社会に取り組む力を身に付けさせることになる。先述したコンピテンシー，スキル，リテラシーというのはこの側面に注目したものと言えよう。

本章では，その目標を構成するために算数・数学の認知的，情意的の両面に加え，数学の方法に着目する。数学の方法は，数学の内容とともに子どもが自ら取り組むのに必要不可欠だからである。そして，さらに，その目標を支える視点として数学の民主的な営みを考察する。

（1）人が生涯に渡って算数・数学を活用する力を身に付ける
──算数・数学の方法を身に付ける

　算数・数学の方法として例えば次のようなことが考えられる[(1)]。

a．概念を記号で表すこと

b．概念・法則などを拡張すること

c．演繹的な推論によって知識を体系だてること

d．対応関係，依存関係をとらえること

e．式や図形について不変性を見いだすこと

f．解析的方法と図形的方法の関連

　これに限らず，子どもたちが自ら算数・数学に取り組むには，数学をプロセスとしてとらえ，そこで使う方法を子どもたちが身に付ける必要がある。算数・数学では，先に述べたユネスコの動きに応じるかのように20世紀の後半から，国際的に，教育内容として数学の内容とともに数学の方法が着目されるようになってきた（長崎・滝井，2007b）。数学の概念の構築とともに，数学の概念の構築や活用の方法も身に付けるのである。1979年にユネスコから出された数学教育国際委員会（ICMI）『世界の数学教育──その新しい動向』では「数学的モデル化」の重要性が，1980年にアメリカの全米数学教師協議会（NCTM）から出された『行動のための指針』では「問題解決」の重要性が，そして，1982年にイギリスのコッククロフト（Cockcroft, W. H.）委員会から出された『数学は大切だ』では「コミュニケーション」の重要性が謳われ，いず

（1）　このa～fは1956（昭和31）年の高校の学習指導要領数学科編の数学Ⅰの中心概念といわれたものである。

れも世界的に大きな影響を与えた。さらに，1988年にはイギリスのビショップ（Bishop, A.）が人間の 6 つの数学的な活動（ものを数える，位置づける，量を測る，形を与える，遊びをする，説明をする）から文化としての数学が創られるとした（ビショップ，2011）。

　このような数学の方法への着目は，学校数学の国家レベルのカリキュラムにも反映されるようになり，イギリスの教育省から1989年に出された数学のナショナル・カリキュラムでは「数学を利用し応用すること」が内容領域となり，そこでは問題解決，コミュニケーション，数学的推論の 3 つが内容項目となった。また，アメリカの全米数学教師協議会が2000年に出した『基準2000年』では内容基準とプロセス基準が挙げられ，後者は，問題解決，推論と証明，コミュニケーション，つながり，表現からなっていた。

　日本では，昭和30年代初期の高等学校の学習指導要領数学科編で一般教養としての数学的な考え方という目標を身に付けさせる方法論的内容として「中心概念」が導入されたことがあった。数学の教育内容には，数学の内容だけではなく方法もあるとするものであった。しかし，中心概念は次の改訂でなくなった。その後，21世紀に入り世界の動向に合わせる形で，数学の方法が算数・数学の教育内容として注目されるようになった。例えば，数学の方法が教育によって子どもの身に付いたものが算数・数学の力として提言された（長崎・滝井，2007b）。そこでは，算数・数学の力は，算数・数学を生み出す力（帰納，類比，演繹，証明など），算数・数学を使う力（仮定を置く，計算する，検証するなど），算数・数学で表す力（式，表，グラフ，図などで表したり読み取ったりするなど），算数・数学で考え合う力（説明，解釈，話し合うなど）の 4 つの大きな領域で示されていた。その後，小・中学校の算数・数学の学習指導要領に算数的活動・数学的活動が入ったのは2008年であった。

　このような汎用性の高い数学の方法は，生涯にわたる社会で活用する力にかかわる数学的プロセスとしてとらえることができるであろう。このプロセスでは，子どもが主体になり，他者と協働して相互作用的に学習が行われる。PISA2012では，数学を使った問題解決の場面としての数学的プロセスが挙げられていたが，上記の算数・数学の力を基にすると，さらに，次のような数学

のプロセスを考えることができるであろう。

　数学を創りだすプロセス，数学を表現するプロセス，数学で話し合うプロセス，数学を使うプロセスなどである。

　これらの数学的プロセスでは，数学の内容と方法が一体となり，現実世界と数学世界を反映して時には総合的な題材で時には数学的な題材で，教師の自由な創意工夫によって授業が行われることになる。そこで，数学の方法を数学的プロセスや文脈も含めてまとまりをつくり，それを数学の内容とともに教育内容として確立することが必要となる。

（2）対話により算数・数学を創る営みを通して民主的な社会を形成する力を身に付ける

　子どもたちが自ら算数・数学に取り組むようになるには，子どもたちの考える自由とその多様性が尊重されなければならない。科学の営みでは，「科学が提供できるのは合理的判断を下すための材料であって，科学は絶対的な権威とはなりえない。研究の過程から出た結果，それに対する批判までもが，論文や発表などの形式で公開されることで，透明性が確保されている」（科学技術の智プロジェクト，2008b）。

　情報の公開や議論や批判の自由が民主主義の基本であり，そこで，科学の営みは民主主義的であると言われる。そして，個々の人間は，「情報を自分で判断し獲得する」，「他人と異なる意見を表明する」ことが求められる（大橋，2015）。とりわけ，日本においては2011年3月11日の東日本大震災と福島の原発事故，そしてそれに続く社会状況は，地球の持続可能性や日本の民主主義のあり方について考えられるものである。このような時，第二次世界大戦の敗戦直後に日本の民主化のために取られた施策に，学校図書館の設置と科学教育の重視とがあったことが忘れられない。

　数学は科学であり，そこで数学の営みは科学の営みと同様に民主主義的であるはずである。数学の認識論としての社会的構成主義の立場では，人間によって創り出された数学の主観的な知識が社会における人間の対話を通して数学の客観的な知識となる（アーネスト，2015）。そのように考えると，子どもたちは，

算数・数学の自由で多様でそして素朴な考えを，学級という社会での協働的な対話を通して，数学の概念として構築し問題を解決していくと考えられる。そのプロセスでは数学の方法が自由に駆使される。算数・数学教育は，「教師による指導」と「子どもによる学習」からなり，子どもたちは，社会における対話を通して算数・数学をする営み，つまり，算数・数学を学ぶことを通して，生涯にわたり社会で算数・数学の力と算数・数学を活用する力とを身に付けていくとともに，民主的な社会を形成する力も身に付けていく。

　　　註：本章の内容は，日本学術会議数理科学委員会数学教育分科会（2014）『グローバル化社会における算数・数学教育への提言に向けて』日本学術会議記録，において筆者が分担執筆した「グローバル化社会における算数・数学の学びの構築」（pp. 1-4）を発展させたものである。

文　献

天野郁夫（2007）．『増補　試験の社会史』平凡社.

ビショップ，A.（2011）．『数学的文化化─算数・数学教育を文化の立場から眺望する─』（湊三郎訳）教育出版．（原著初版，Bishop, A. 1988）

アーネスト，P.（2015）．『数学教育の哲学』（長崎栄三・重松敬一・瀬沼花子監訳）東洋館出版社．（原著初版，Ernest. P. 1991）

細谷恒夫（1962）．『教育の哲学─人間形成の基礎理論─』創文社.

ハウスン，G. 他（1987）．『算数・数学科のカリキュラム開発』（島田茂・沢田利夫監訳）共立出版．（原著初版，Howson, G. et al. 1981）

科学技術の智プロジェクト（2008a）．『数理科学　専門部会報告書』科学技術の智プロジェクト.

科学技術の智プロジェクト（2008b）．『21世紀の科学技術リテラシー像～豊かに生きるための智～総合報告書』科学技術の智プロジェクト.

国立教育政策研究所編（2013）．『生きるための知識と技能　5　OECD 生徒の学習到達度調査（PISA）2012年調査国際結果報告書』明石書店.

国立教育政策研究所編（2017）．『算数・数学教育の国際比較　国際数学・理科教育動向調査の2015年調査報告書』国立教育政策研究所.

国立教育政策研究所・文部科学省編（2009）．『高校と大学の教育接続─高校生の学びをいかにつなぐか─』国立教育政策研究所開催報告書.

長崎栄三（2016）．『人間の尊厳・権利と算数・数学教育』日本数学教育学会.

長崎栄三・滝井章編著（2007a）．『何のための算数教育か』東洋館出版社．

長崎栄三・滝井章編著（2007b）．『算数の力―数学的な考え方を乗り越えて―』東洋館出版社．

日本学術会議数理科学委員会数理科学分野の参照基準検討分科会（2013）．『報告　大学教育の分野別質保証のための教育課程編成上の参照基準　数理科学分野』日本学術会議．

大橋理枝（2015）．「「日本」という土壌」科学技術振興機構編『科学技術リテラシーに関する課題研究　報告書　改訂版』科学技術振興機構，37-62．

小倉金之助（1924）．『数学教育の根本問題』イデア書院．

ペリー，J．，クライン，F.（1972）．『数学教育改革論』（丸山哲郎訳）明治図書出版．

ライチェン，D. S.，サルガニク，L. H. 編著（2006）．『キー・コンピテンシー―国際標準の学力をめざして―』（立田慶裕監訳）明石書店．（原著初版，Rychen, D. S. et al. 2003）

ユネスコ「21世紀教育国際委員会」編（1997）．『学習：秘められた宝　ユネスコ「21世紀教育国際委員会」報告書』（天城勲監訳）ぎょうせい．

第2章

数学的リテラシー論の源流と現在
——世界の動向と日本の課題——

清水　美憲

　わが国の教育界は，空前の「学力調査の時代」とでもいうべき状況にある。実際，毎年実施されている全国学力・学習状況調査（以下，「全国調査」）や各自治体による学力調査，国際数学・理科教育動向調査（TIMSS）や生徒の学習到達度調査（OECD/PISA：Programme for International Student Assessment）といった大規模な国際学力調査，さらには成人の日常場面における数量的判断力等を評価する国際成人力調査（PIAAC）等，ここ数年，多様な調査が継続的かつ重層的に実施されてきた。また，高大接続システム改革のなかで，「高校生のための学びの基礎診断」や現在の大学入試センター試験を廃止して新規に実施される「大学入学共通テスト」等の学力評価やテストが，高等学校と大学の教育改革のハンドルとなっている。

　このような動向の中で，教育成果のエビデンスとしての学力の評価結果に基づいて教育政策のPDCAサイクルをまわし，教育の質保障をしようとする動きは，学校現場にも大きな影響を及ぼしながら進められている。このような動向を数学教育論として検討すると，OECD/PISAによる数学的リテラシーの評価が，その評価結果のみならず，調査の対象となったキー・コンピテンシーの一部を占める「数学的リテラシー」の概念化とそれに基づく調査の設計，評価問題の枠組み，そして実際の問題開発等が大きな影響を与えたことは論を俟たない。その後，PISAの評価手法自体が進化を続け，タブレット等を活用して実施するCBTの実施や，協働的問題解決能力の評価の試行等，さらに新しい展開を示している。

　本章では，このような数学的リテラシーの評価の来歴を改めて検討した上で，現在の状況を把握し，そのような検討を，現在の日本の数学教育の状況に引き

つけて受け止めたときに，今後どのような課題に対峙していかなければならないかを吟味する。

1　フィンランドで何が起こったか，世界で何が起こっているか

　OECD による国際調査 PISA2000の結果が2001年12月に公表されると，それまでは北欧の小国とみられていたフィンランドの教育が一挙に脚光を浴びることになった。この新しい国際調査の結果で注目されたのは，PISA でトップの成績を示したフィンランドの教育の特徴であった。具体的には，フィンランドの子どもたちが学校で過ごす時間が OECD 加盟国で最小であること，学校間の成績格差が小さいこと，低学力層の子どもが少ないこと，そして，情意面の安定（不安レベルが低く，学校生活を楽しいと感じる子どもが多いこと，自己肯定感が大きいこと）であった。

　しかしその後，図 2 - 1 （FIMS（第 1 回国際数学教育調査），SIMS（第 2 回国際数学教育調査），TIMSS，PISA 等の，国際学力調査による）が示すように，2006年調査を境に，生徒の達成度の急速な低下があり，国内では大きな議論が続いている（Hannula, 2017）。

　このような成績の下降の背景には，様々な社会状況がある。2008年の深刻な

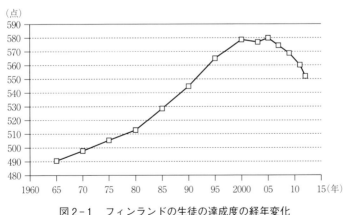

図 2 - 1　フィンランドの生徒の達成度の経年変化

（出所）　Sahlgren（2015）p. 13.

経済不況以降，非雇用率は７％〜９％のままであり，緊縮財政をとる政府は教育予算をさらにカットしているという（Hannula, 2017）。

　その後，総合制中等学校と高校を対象として，新しいカリキュラムの枠組みが2014年に導入され，21世紀型スキルの育成を強調したり，教科統合型科目の導入が図られたり，デジタルツールの活用の推進，数学科の一部への Coding（プログラミング）の導入，ICT を利用した大学入試（2017年以降理科，2018年以降数学）等の政策が打たれている。

　PISA2015の成績は国際平均と比べれば悪くはない（理科第５位，読解第６位，数学第12位）こと，最新の国内学力テスト（2015）は成績の持ち直しを示唆していることも注目されている。この一連の動きからは，様々な教訓が導かれる。

　数学教育の最新の動向が共有された国際フォーラム（2017, Beijing）では，フィンランド以外の諸外国，特にオーストラリア，フランス，韓国等において，同様の傾向がみられることが確認された。いわゆる内容ベースのカリキュラムから資質・能力ベースのカリキュラムへと焦点が変化しており，教科学力重視から汎用的能力（例えば21世紀型スキル）重視へと変わっている。また，学習活動のレベルでも，協働的問題解決，教科統合型活動が重視され，教授・学習や入試における ICT の活用が顕著である。

　新しい学校教育目標の設定を行っているオーストラリアの場合，学校を卒業した後に様々な職場で必要になる汎用的能力が重視され，コミュニケーション力，応用力，協働力，倫理観，創造的問題解決などが一層重視されている。

2　「数学的リテラシー」概念の来歴

　数学教育の分野で「数学的リテラシー」という用語が国際的に本格的な議論の対象になったのは，比較的最近のことである。実際，『数学教育国際ハンドブック』の1996年版にはみられなかった章「数学的リテラシー」（Jablonka, 2003）が2003年版に新たに加えられたことにそれは表れている。この動向に最も顕著な影響力をもった出来事は，PISA の枠組みで，数学的リテラシーの概念が用いられたことである。調査問題の斬新さに加え，国際的指標を通して浮

き彫りになった生徒の実態が，新しい時代の学校数学のあるべき姿をいかに描いてその目標と内容を設定するかについて，改めて問い直す機会を与えたのである。

　元来，数や量についての基礎的素養を意味する「ニューメラシー（numeracy）」や「量的リテラシー（quantitative literacy）」のような数学的リテラシーの関連用語は，PISA の計画・実施よりかなり以前から様々な文脈で用いられてきた。また，日常生活を含む「数学外」の場面で数学の知識・技能を応用する能力に関する議論はこれまでにもあった。それでは，PISA の数学的リテラシー論は，従来のこのような議論と比べて何が新しかったのか。

（1）単純な計算技能の習得を超えて——ニューメラシーから数学的リテラシーへ

　数や量についての基礎的素養の重要性については，これまでにも様々な文脈で指摘されてきた。例えば，イギリス（イングランド）の教育政策を方向づけた1982年の「コッククロフトレポート」に「ニューメラシー（numeracy）」という用語が登場することで，この概念が実質的な議論の対象になった。実際には，後に「クラウザーレポート」と呼ばれるようになる1959年当時の文部省内の協議会報告書で，初めて「ニューメラシー」という用語が用いられた。現在では，この用語が国家の教育政策の名称にもなって強調されているし，オーストラリアやニュージーランドなどの国でも同様の強調がみられる。例えば，オーストラリア・ビクトリア州では，2001年よりすべての学校を対象とした教育政策 The Early Years Numeracy Strategy を実施し，小学校の中学年までの教師や保護者向けの教材を開発するとともに，教師教育を強化している。

　コッククロフトレポートでは，ニューメラシーの意味を，二つの属性から説明している。「第一は，数に慣れ親しんでいることと，日常生活での実際的な数学的要求に対応して数学的技能を使用する能力である。第二は，数学用語によって提示された情報をある程度評価し理解できる能力で，そのような数学用語には，例えばグラフや図，表，パーセンテージの増減などがある」（Cockcroft, 1982, p. 11）。そして，このレポートでは，ニューメラシーの育成を単なる計算技能の習得の問題に置き換えてしまうことに対する警告を発し，数学が

コミュニケーションの手段であることの意義の理解までをも含めた広い立場からこの概念をとらえることの大切さを強調している。

　これに対し，同じ英語圏でありながら，アメリカで影響力のある数学者・数学教育学者は，「量的リテラシー（quantitative literacy）」という用語によって，現代社会における数や量についての基礎的素養を強調してきた（例えば，Steen, 1997）。この用語は，ニューメラシーとほぼ同義であるが，数量にかかわる情報とそのグラフや図，表などによる表現があふれる現代社会において，国民が正しく情報を理解し，判断できるようになるために必要な基礎的な能力を指すものと考えられている。また，国民に必要な基礎的な能力を論ずる際に，より高次の数学をもイメージさせる数学的リテラシーという用語を敢えて避ける意図から用いられてきた経緯もある。

　いずれにせよ，ニューメラシーや量的リテラシーの概念の中核は，数学の言葉や形式で示される情報を正しく読み解き，適切な判断を下すこと，またそれらを的確に伝達することなどの基礎的な能力である。このような能力は，社会における数学的要求の水準やテクノロジーの進化と相対的な関係にあり，それぞれの時代で常に問い直されるべきものであることに注意する必要がある。

（2）成人に必要な数学的リテラシーとは何か

　成人に必要な数学的リテラシーの概念は，ユネスコによる途上国の識字教育にかかわる文脈でも提起されてきた。このような教育開発の文脈で問題となるリテラシーの獲得の意味は，基礎的な認知的技能を獲得する単純なプロセスとみなす立場から，そのような技能を社会的・経済的発展に貢献する仕方で用いることへ，さらには個人や社会の変化のための基礎として社会意識をもち批判的な反省的思考ができることへと，そのとらえる立場が変わってきている。このことは，ユネスコが主導する国際的な政策コミュニティで，社会全体として環境の持続性と経済成長のバランスをいかに図るかという「リテレイトな（literate）環境や社会」を賞賛する方向へと，強調点が推移してきたことに表れている（UNESCO, 2005, p. 155）。

　一方，OECD は，成人の日常場面における数量的判断力等を評価する国際

成人力調査（PIAAC）を実施した（OECD, 2013）。ここでは，ニューメラシー（numeracy）と呼ばれる数量的判断力等が評価された。PIAAC では，ニューメラシー（numeracy）を「成人の生活において，様々な状況下で数学的な必要性に関わり対処していくために，数学的な情報や概念にアクセスし，利用し，解釈し，コミュニケーションする能力」と規定し，PISA と同様に，数学的内容，認知的ストラテジー，文脈の3つの次元からとらえて評価問題を構成している。数学的内容は，内容と形式から規定され，文脈では，「仕事に関連する（work-related）」文脈，私的文脈，コミュニティ・社会の文脈，そして教育や訓練の文脈の4つが設定されている。

　また，成人に必要な数学的リテラシーについての焦点の一つは，統計領域に関連するものである。例えば，統計教育国際連合は，初等教育から成人教育までを対象とした統計的リテラシーの育成およびその評価のためのリソースの開発・公開を行っているが，統計的リテラシーを次のように定義している（Gal, 2000）。

　　「統計的リテラシー」とは，我々の日常生活にあふれている統計的結果を理解し，批判的に評価する能力であり，統計的思考が公的および私的な，そして職業上および個人的な意志決定をするのに貢献することの意義がわかることをも含んでいる。

　同様に，成人に必要な数学的リテラシーについて，ガル（Gal, 2000）は，次の二つの要素をもつ統計的リテラシーを提起している。すなわち，(a)多様な文脈で出会う統計的情報，データによる議論，蓋然的現象などについて解釈し，批判的に評価する能力，(b)適切な場合には，そのような統計的情報に対して自らの反応を論じ，コミュニケートする能力で，例えば，情報の意味についての理解と与えられた結論が受け入れ可能かどうかを点検しようとすることなど，の二要素である。

　このような統計的リテラシーの概念は，それが身の回りの情報を批判的に評価することを重視していること，私的なあるいは公的な場面での意志決定を問題にしていること，そして，そのような意志決定に統計が役立つという意義の理解をも含んでいることに特徴がある。

　数学的リテラシーの概念は，様々な文脈で，様々な論者が多様な意味を込めて用いてきており，解釈には注意が必要である（Jablonka, 2003）。特に，PISAの数学的リテラシー概念は，義務教育の終了時として想定される世代について，社会的な人材の確保に関する国際的に比較可能な指標を構成しようとする「インディケーター（indicator）事業」の一環として規定されている。

　このPISAの数学的リテラシー概念に先行して提起されてきた関連概念は，それぞれのねらいによって規定の重点が異なるものの，日常生活の場面や社会の様々な文脈で数学の知識・技能が使えるかどうかという意味を超えて，個人が数学的な知識・技能を活用して情報を的確に理解して判断を下し，自分の置かれた状況を批判的・反省的にとらえる力を含むという特徴を共有している点が重要である。PISAの数学的リテラシー論についても，この観点からの検討が欠かせないのである。

（3）目標としての「数学的リテラシー」の意味

　これまで概観してきたように，PISAの枠組みは，15歳児の数学的リテラシーを評価するための枠組みである。しかし，数学的リテラシーの評価をするために立てられた次元（枠組みの構成要素）は，小・中学校における算数・数学教育の目標や内容について考える際にも参考になる。すなわち，問題の埋め込まれた状況や文脈，内容を整理する観点としての包括的な数学的アイディア，そして数学化を根底に置く数学的過程において用いられる諸能力という3つの次元から，目標や内容について再考することで，わが国の算数・数学教育の見直しが可能となる。

　実際，PISAの枠組みは，数学的リテラシーを身につけるということの意味を，基礎的な知識や概念のリストや技能の単なる獲得としてではなく，身の回りの状況や文脈の中で事象を数学の眼でとらえ問題を解決することができるようになること，そしてその過程で用いられる数学的方法とその意義を知ることまで込めて考えることの必要性を示唆している。このような意味での数学的リテラシーを身につけることによって，身の回りの問題場面で必要な情報を的確にとらえ，根拠をもって判断し，そのような過程を数学的な方法を用いて表現

することができるようになるであろう。そして，この一連の過程で用いられる能力は，これからの時代において，ますます重要になるものとみられ，新しい時代の算数・数学教育の目標を設定する上での手がかりとなる（PISA2012の数学的リテラシーの定義は第3章3節参照）。

　ただ，PISA の評価問題に用いられる数学は，それほど高度の内容が含まれないものとなっている。したがって，数学の「応用」を重視することから，数学とその数学外への応用という二分法に基づいて，数学内（intra-mathematics）の問題解決における数学的リテラシーの役割を軽視するものになりかねないことに注意する必要がある。

　一方，PISA の枠組みは，数学の教育課程における「内容」を考える際に，解析学や幾何学，代数学などのいわゆる「親学問」の分類に基づいて領域や分野の構成を考えるのではなく，考察対象となる当該の事象とそこで用いられる包括的な数学的アイディアという観点から整理することの可能性をも示唆している。

　スティーン（Steen, 1990）も指摘するように，これからの時代の数学教育では，身の回りの事象にみられるパターンや形の特徴を数学的に探り，量について，また変化の様子について数学的に読み解き，それらを数学的に表現して把握する力に焦点を当てることが重要である。

　さらに，PISA の枠組みでは，数学的リテラシーの用いられる場面で発揮される8つの能力（コンピテンシー）群が枠組みの重要な構成要素となって明示されていることが注目される（第4章2節参照）。これらは，数学的過程を支える下位の諸能力（方法）という側面をとらえたものである。

　この能力群がPISA の枠組みで評価における重要な構成要素として位置づけられていることは，このような諸能力を算数・数学科の教育課程に明示することの意義を示唆している。すなわち，このような諸能力を，例えば「数学的思考力」や「数学的表現力」，そして「数学的モデル化能力」や「数学的コミュニケーション能力」のように明示し，それらが用いられる具体的な内容と関連させた形で，教育課程における指導内容として位置づけることを検討してよいのではないだろうか。

　PISA の結果の公表では，数学の「学力」の国際比較による科学的指標の提供という側面に報道の主たる焦点が当てられ，平均得点の国際比較などに関心が集まる。しかし，この調査の中核には，「生きてはたらく数学的な知識と技能」の強調と，その根底にある反省的考察の力や姿勢などをも込めた新しい立場からの数学的リテラシーという考え方がある。数学的な知識・技能を活用して身の回りの事象，あるいは数学内の事象の「からくり」を読み解くこと，データの傾向を把握して判断を下すことなど，PISA の数学的リテラシー論は，このような意味での数学の活用の大切さと，数学が世界にひらかれたものであることを改めて教えてくれるのである。

　今日の社会において，数値，表やグラフ，形など様々な形式で身の回りにあふれる情報を数学の眼で正しくとらえて比較・評価し，その解釈に基づいて的確な判断を下す能力の重要性を疑う者はいないであろう。また，このような能力は，これからの時代に一層重要になるであろう。今，大切なことは，わが国に固有の数学的リテラシーの意味を問い直し，その育成のあり方を，教育関係者のみならず，産業界・メディア・科学界・政策関係者など多くの人々を巻き込んで，広い視野から検討することである。

3　学校数学における資質・能力論と数学的リテラシーの育成

（1）学校数学への問い

　知識基盤社会で活動する社会人が身につけておくべき数学的素養とは何か。また，それに先立って学校教育段階で育まれるべき数学的能力とは何か。PISA を契機とする今日的な学力論は，このような問いを常に念頭に置きながら，教科目標や教科内容，教授学習の方法の再考を求めてきた。文部科学省（2014）による，学校教育で子どもたちに育成すべき資質・能力についての「論点整理」では，教科等を横断する汎用的スキル（コンピテンシー）等にかかわるものと対比しながら，教科の本質にかかわる見方・考え方や教科固有の知識や個別スキルという観点から，教科目標・内容を再検討することの必要性が指摘されている。

　PISA が評価対象としたリテラシーの根底にあるのが「主要能力（キー・コンピテンシー）」で，評価の焦点の一つは，日常生活や社会生活の様々な問題場面で，学校で学んだ知識や技能を機能的に使えるかどうかを評価することにあった。数学調査では，数学における高度な専門的知識を必要としない汎用的な能力の評価が意図されている。

　これからの時代に必要とされる子どもに育成すべき資質・能力を整理した国立教育政策研究所による「21世紀型能力」（国立教育政策研究所教育課程研究センター，2013）も，このような汎用的な能力に着目し，教科固有の特徴に基づく能力との区分を示している。

　さらに，この資質・能力についての「論点整理」（文部科学省，2014）では，今後の教育課程の見直しのための検討が行われた。そこでは，まず子どもたちに育成すべき資質・能力を明確化した上で，各教科等でどのような目標や内容を扱うか，という問いが設定され，教科の役割が問い直された形になっている。そして，育成すべき資質・能力に対応し，現行の教科目標・内容を，ア）教科等を横断する汎用的スキル（コンピテンシー）等にかかわるもの，イ）教科等の本質にかかわるもの（教科等ならではの見方・考え方など），ウ）教科等に固有の知識や個別スキルに関するもの，という三層で再検討することの必要性を指摘している。

　このような状況下では，初等・中学教育段階の数学教育において育むべき資質・能力について，「数学的方法」（北原他，2008）に焦点を当てて検討する必要があると思われる。具体的には，数学的推論，数学的表現，数学的問題解決，数学的モデル化，数学的コミュニケーション等，算数・数学科で育むべき資質・能力に関する目標を，数学的プロセスのスタンダードという立場から設定する方法を考察することが必要である。なお，教育改革には，様々な政策的要素や現実的要請があり，例えば教科の新設による時間数の配当の変化等，考察の前提として考えておくべき事項に不確定な要因が多いが，それらはひとまず考察の範囲外としておく。

表2-1　数学的なプロセス

```
α1：日常的な事象等を数学化すること
α2：情報を活用すること
α3：数学的に解釈することや表現すること
β1：問題解決のための構想を立て実践すること
β2：結果を評価し改善すること
γ1：他の事象との関係をとらえること
γ2：複数の事象を統合すること
γ3：事象を多面的に見ること
```

（2）数学的プロセスへの焦点化

　「育成すべき資質・能力」を想定して算数・数学科の目標や内容を再点検する場合，教科の学習を通して身につく数学的なプロセスに着目することが必須である。その際，算数・数学科において身につくことが期待される能力には，教科固有のものと，教科の枠を越えたものとを想定することができる。

　例えば，全国学力・学習状況調査の中学校数学の「活用」に関する問題作成の枠組みには，数学的なプロセス（表2-1）が明示されている。日常の事象を数学化すること，与えられた情報を活用すること，結果を振り返って考えること，多面的にものを見ることなどが示され，その具体的な機能が評価問題の形でみられる。

　このような数学的プロセスは，数学の内容にかかわる教科固有の教育的な価値に基づいて育成され，発揮される能力を示すものともみることができる。しかし，その一方で，「問題解決のための構想を立て実践すること」や「結果を評価し改善すること」等は，汎用的な問題解決能力を志向したものでもある。

　高等教育についても，汎用的な問題解決能力の重要性が指摘されている。実際，日本学術会議の数理科学委員会参照基準検討分科会は，学士課程における教養教育としての数理科学のあり方の検討を進め，前提を明確に把握する力，筋道立てて物事を理解する力，状況を整理・分析し論理的に推論して結論を導く力，その結論をもとに応用・展開する力といった，数理科学がもつ汎用的な問題解決能力の重要性を指摘している。ここでも，汎用的な能力を視野に，どのような数学の力を育成すべきかが問われている。

（3）教育課程における数学的方法への着目

　周知の通り，現行の学習指導要領（中学校数学科）では，「数学的活動」が各学年の指導内容として規定された。従来，数学における活動や思考にかかわる過程や方法（プロセス）は，（「〜の指導を，数学的活動を通して…」という形で）指導の方法にかかわるものとして位置づけられてきた。あるいは，ある指導内容（例えば，多角形の外角についての性質）の指導に関する記載の中で，（「帰納的に調べ，論理的に説明する」といったように）埋め込まれる形で示されてきた。それゆえ，学習指導要領のように，数学的活動のタイプを内容として明示することは，わが国の教育課程の基準としては目新しい。

　現行の中学校数学科の学習指導要領の枠組みでは，4 つの内容領域に併置される形で，3 つのタイプの数学的活動が指導内容として示されている。しかし，実際の指導を想定すると，数学的活動において用いられる思考方法や，その思考過程における表現方法，コミュニケーションの方法などに当たる側面が，教科内容との関連からみて指導に反映しにくいという問題がある。この問題を解消するためには，従来は主として指導方法として位置づけられてきた数学的活動について，そこで用いられる数学的方法に明示的に焦点を当てて，強調することが大切であるとみられる。

　日本数学教育学会教育課程委員会（2006）は，現在の学習指導要領の改訂作業が進む中，要望書（『新しい時代の算数・数学教育を目指して』）を刊行した。この中では，中学校における「数学的方法」領域という考え方が示され，人間形成における数学的思考・数学的方法の役割に着目し「数学的な表現」，「数学的な推論」，「現実事象の数学的な問題解決」，「数学的に考えを伝え合うこと」などにかかわる能力の育成を明示することを求めた。また，数学科の目標に人間形成における数学科の役割についての記述をさらに加味し，数学科の学習を通して身につく能力についての目標を加えることを，以下のように提案した（p. 34）。

　「例えば，数学的方法や思考過程という観点から，次のような内容を含む目標を設定することが考えられる。

　数学的な表現　数学的な表現をよみとり，分類し，書き換え，解釈し，区別するとともに，必要に応じて適切な数学的な表現を選んだり，かき直したりす

ることができる。

数学的な推論　帰納的推論，類比的推論などによって推測をしてそれを検証するとともに，演繹的推論によって結論を確かめることができる。また，数学的な推論に必要な言い回しを使いこなし，定義・定理・仮定・結論・反例などを区別して理解する。

現実事象の数学的な問題解決　現実の事象を数学の舞台に載せ，数学的問題として解決するとともに，その結果得られた解を現実事象に照らして評価することができる。

数学的に考えを伝え合うこと　数学的な内容を他者が理解できるように言葉や表・式・グラフなどに表現するとともに，他者が表現したことがらをよみとって理解することができる。」（日本数学教育学会教育課程委員会，2006，p. 34，強調は清水）

　これらの能力は，欧米の数学教育カリキュラムの枠組みで「プロセススタンダード」の形で設定されている，問題解決，数学的モデル化，数学的コミュニケーション，数学的表現，数学的推論等に対応するものと位置づけられる。

　領域の構成については，内容領域と並んで，数学的活動における主要な能力の位置づけを意図した「数学の方法」領域として，方法についての4つの下位領域「数学的な表現」，「数学的な推論」，「現実事象の数学的な問題解決」，「数学的に考えを伝え合うこと」などを設定することを提案した。これらの領域の位置づけについては，内容領域と方法領域をクロスさせて独立の次元を構成するものと位置づける考え方と，4つの内容領域と併置して具体的な活動例によってその内容を記述するという考え方があり得るとしている。

　ここに示された数学の方法は，現在の学習指導要領の「数学的活動」の記述に対応するものともみられる。この「数学的活動」は，粗くまとめれば，数学の創造や発展にかかわる活動，数学を社会や日常生活で利用する活動，数学の表現やコミュニケーションにかかわる活動の観点から記述されている。つまり，教科内容には直接依存しない（コンテントフリーな）形で述べられている。

　全米数学教師協議会のスタンダード『数学カリキュラムと評価のためのガイド原則』（NCTM, 2009）でも，このような「方法的側面」について次のように

述べられており，数学カリキュラムが教授・学習において方法的側面にも焦点
を当てて開発されるべきであることを「原則」として明示している。

　「数学カリキュラムを自発的に開発する場合，そのカリキュラムで学ばれる
指導内容が，<u>問題解決，推論，つながり（connections），コミュニケーション，
そして概念的理解のすべてが同時に，手続き的流暢さを伴って展開されること
を保障するような環境下で</u>公正に教えられ学ばれなければならない。」（下線は
清水による）

　また，2010年 6 月に公表され，2014年から実施段階に移行した全米統一コア
カリキュラム（Common Core State Standards）の数学編では，「数学的実践の
ためのスタンダード」（8 項目）が以下のように示されている。

・問題の意味がわかり粘り強く解決する

・抽象的に，量的に，推論する

・批判に耐えうる議論をし，他者の推論を批判する

・数学を用いてモデル化する

・適切な道具を戦略的に用いる

・正確さに絶えず注意する

・構造を求め利用する

・推論を列ね，規則性を探し表現する

　この全米統一コアカリキュラムは，理解，問題解決，推論といった学習のプ
ロセス面について，「数学を実践するとはどういうことか」や「数学に長けた
者はどんな特徴を示すか」を想定して，より踏み込んだ形で記述されているよ
うである。

　このような数学的方法（プロセス）面への着目は，数学カリキュラムの構成
原理に関する世界の動向にも合致しており，OECD/PISA の枠組みで生徒の数
学的リテラシーが発揮される過程を支える諸能力，「コンピテンシー（compe-
tency）」が想定されていることにも対応している（PISA2012 では capability）。

　従来の数学科の学習指導要領においては，教科の目標と数学的な内容項目の
提示によって，教育課程の内容範囲（スコープ）と系統（シークエンス）を示
す形がとられてきた。これに対し，このような能力に着目して，それらを明示

的に内容に位置づけることも考えられてよい。新学習指導要領では，そのような能力を，育成を目指す資質・能力の形で示しているとみられる。

　わが国では，昭和30年（1955年）12月発行の学習指導要領において，関数の概念や一次関数のような内容とともに，数学的な考え方を具体的に示すものとして「中心概念」が併記されたことがある。それは，例えば，「概念を記号で表すこと」，「概念・法則等を拡張すること」，「演繹的な推論によって知識を体系だてること」などの数学的方法にかかわる概念である。

　湊（2007）が指摘するように，「社会性をもつ PISA の力量群に比べると数学自体に拘束されていて狭い。然し，数学的な内容項目ではない事柄の記述において，両者には確実な共通性がある」（p. 5）。実際，上記の「中心概念」には，OECD/PISA の 8 つのコンピテンシーとの重複がみられ，当時すでにこのような数学学習において発揮されるべき能力が明示されていたことになる。「数学的方法」に焦点化した数学教育カリキュラムを構想するにあたり，教科目標と内容，そして学習に関する評価の基準の記述について，この「中心概念」の着想と同様の観点から検討してみることに意義があるとみられる。

（4）教育課程における「数学的方法」の位置

　上記のような立場から数学的方法に焦点を当て，それをプロセスのスタンダードとして明示する場合，従来よりも学習における数学的方法の側面に焦点化した学習過程の様相を具体的に記述する必要がある。

　このような数学的方法は，生徒の学習プロセスに着目しないと顕在化しないので，学習過程にみられる考え方や着眼点に焦点を当て，教授・学習場面での特定を想定しなければならないものである。すなわち，数学的方法は，授業において最終的に黒板やノートに書かれる数学的結果から把握されるものではなく，途中の学習過程において把握されて，そこから明示的に取り出されて価値付けられるべきものである。

　例えば，平成22年度全国学力・学習状況調査 B②の「連続する 3 つの奇数の和」の問題（1）では，この和が 9 の倍数になるという予想が正しいかどうかを具体的な数で確かめ，反例を示すことが求められた（正答率は54.8％）。こ

の場合，具体的な数を用いて帰納的に調べていくこと，予想された性質が成り立たない例を示すことが大切である。しかし，それにも増して大切なのは，そのような方法（帰納的に考えること，反例を示すこと）を用いたということを活動の過程で意識化し，活動の過程を振り返ってその意義を理解することである。

　学習指導要領で指導内容として位置づけられた数学的活動について，これをプロセススタンダードととらえて生徒の学習過程に位置づけた時，学習指導のあり方はどのように変わるか。この問題を突き詰めると，いわゆる「方法知」の問題に行き当たる。数や図形の性質を探究する過程，問題場面の要素に着目して方程式を立式する学習，数量の変化に着目する関数の学習等，いずれも数学的方法に焦点を当てた学習指導の局面を具体的に考えることが大切である。

　以上のように，数学的方法を明示的に位置づけた数学教育カリキュラムを構想する場合，具体的な教材とそこで発揮される数学的思考，用いられる数学的方法についての綿密な点検が必要である。特に，スタンダードを示す場合，学習における数学的方法の側面に焦点化した学習過程の様相を具体的に記述しておく必要がある。

4　プロセス志向の数学カリキュラムに向けて

　現在の教育改革では子どもたちに育成すべき資質・能力を明確化した上で，各教科等でどのような目標や内容を扱うか，という問いが設定され，教科の役割が問い直されている。そのような育成すべき資質・能力に対応し，教科目標・内容を汎用的能力やスキルとの関係でどのように設定するかを検討することがカリキュラムの枠組みづくりにおける重要な課題である。

　本章では，数学的リテラシー論の来歴を改めて検討した上で，現在の状況を把握し，そのような検討を，現在の日本の数学教育の状況に引きつけて受け止めた時に，今後のどのような課題に対峙していかなければならないかを吟味した。

　そのような課題の中核には，数学教育カリキュラムを構想する際の，教科内容と対置して位置づけられうる「数学的方法」のあり方を，プロセススタン

ダードとして位置づけるという作業がある。数学的推論，数学的表現，数学的問題解決，数学的モデル化，数学的コミュニケーション等，算数・数学科で育むべき資質・能力に関する目標を，数学的プロセスのスタンダードという立場から明示する一方で，学習における数学的方法の側面に焦点化した学習過程の様相を具体的に記述しておくことが大切である。

　上記のような育成すべき資質・能力に関する近年の動向の一方で，わが国の数学教育研究では，島田（1977）らによる「オープンエンドアプローチ」のように，高次目標とその評価方法に関する先駆的な開発研究が行われてきた。この研究は，数学的活動の諸相に着目し，多面的な評価方法によって支えられた高次目標を提示しようとしたものである。このような研究とともに，コンピテンシーを基礎とする新しい学力論の検討（e. g. Niss & Hojgaard, 2011）も進められている。さらに，教科横断的に行われる活動における汎用的な能力の育成を視野に，例えば，数学と科学や工学，テクノロジーとの連携によるSTEM教育で提案されている教育目標や教材について，数学的活動や数学的プロセスの観点から検討してみることも今後の重要な課題である。

文　献

Cockcroft, W. H. (1982). *Mathematics counts: Report of the committee of inquiry into the teaching of mathematics in schools.* London, Her Majesty's Stationery Office.

Common Core State Standards Initiative (2010). *Common Core State Standards for Mathematics.* http://www.corestandards.org/assets/CCSSI_Math%20 Standards.pdf（2014年10月1日閲覧）

Gal, I. (2000). Statistical literacy: Conceptual and instructional issues. In D. Coben, J. O'Donoghue & G.E. FitzSimons (Eds.), *Perspectives on adults learning mathematics: Research and practice.* Dordrecht, Kluwer Academic Publishers.

Hannula, M. S. (2017). Finland-from Glory to Coding. *An invited talk at the International Forum on Mathematics Education Frontier.* July 10, 2017. Beijing Normal University.

Jablonka, E. (2003). Mathematical Literacy. In A. J. Bishop, M.A. Clements, C. Keitel, J. Kilpatrick & F.K.S. Leung (Eds.), *Second international handbook of mathematics education.* Dordrecht, Kluwer Academic Publishers.

北原和夫他（2008）.『21世紀の科学技術リテラシー像〜豊かに生きる智〜プロジェクト，数理科学専門部会報告書』. http://www.jst.go.jp/csc/science4All/（2018年3月20日閲覧）

国立教育政策研究所教育課程研究センター（2011）.『解説資料 中学校数学』.

国立教育政策研究所教育課程研究センター（2013.3）.『社会の変化に対応する資質や能力を育成する教育課程編成の基本原理』.

国立教育政策研究所（2014）.『平成26年度 全国学力・学習状況調査 報告書 中学校数学』.

湊三郎（2007）.「PISAの出現が我々に告げる大切なこと」日本数学教育学会誌『数学教育』第89巻第3号，pp. 2-7.

文部科学省（2014.3）.『育成すべき資質・能力を踏まえた教育目標・内容と評価の在り方に関する検討会—論点整理—』.

長崎栄三（2009）.「人間の生涯を視野においた算数・数学教育—数学的リテラシー論の展望—」第42回数学教育論文発表会「課題別分科会」発表収録，20-25，静岡大学.

浪川幸彦（2009）.「日本における数学的リテラシー像策定の試み—『科学技術の智』プロジェクト数理科学専門部会報告書—」日本数学教育学会誌『数学教育』第91巻第9号，21-30.

National Council of Teacher of Mathematics (2009). *Guiding principles for mathematics curriculum and assessment.* Reston, VA: The Council.

日本数学教育学会教育課程委員会（2006）.『新しい時代の算数・数学教育を目指して—算数・数学科学習指導要領改訂についての要望—』日本数学教育学会.

Niss, M., & Hojgaard, T. (Eds.) (2011). *Competencies and mathematics learning: Ideas and inspiration for the development of mathematics teaching and learning in Denmark.* IMFUFA, Roskilde University.

Organisation for Economic Co-operation and Development (2001). *Knowledge and skills for life: First results from PISA2000.* Paris, Author. 国立教育政策研究所 (2002).『生きるための知識と技能—OECD生徒の学習到達度調査（PISA）2000年調査国際結果報告書—』ぎょうせい.

Organisation for Economic Co-operation and Development (2005). The definition and selection of key competencies: Executive summary.「コンピテンシーの定義と選択［概要］」ライチェン，D.S.，サルガニク，L. H. 編著，立田慶裕監訳（2006）.『キー・コンピテンシー——国際標準の学力をめざして—』明石書店.

Organisation for Economic Co-operation and Development (2013). *Literacy, Numeracy and Problem Solving in Technology-Rich Environments: Framework for the OECD Survey of Adult Skills.* Paris: Author. 国立教育政策研究所

(2013).『成人スキルの国際比較―OECD国際成人力調査（PIAAC）報告書―』明石書店.

Sahlgren, G. H. (2015). *Real finnish lessons: The true story of an education super-power*. London, Centre for Policy Studies.

島田茂編著（1977）.『算数・数学科のオープンエンドアプローチ』みずうみ書房.

清水美憲（2007）.「数学的リテラシー論が提起する数学教育の新しい展望」小寺隆幸・清水美憲編著『世界をひらく数学的リテラシー』明石書店.

清水美憲（2012）.「評価問題作成における数学的なプロセスへの焦点化―全国学力・学習状況調査（中学校数学）の動向と課題―」日本数学教育学会誌『数学教育』第94巻第9号, 30-33.

Steen, L. A. (1990). *On the shoulders of giants: New approached to numeracy*. Washington, DC, National Academy Press. 三輪辰郎訳（2000）.『世界は数理でできている』丸善.

Steen, L. A. (1997). Preface: The new literacy. In L. A. Steen (Ed.), *Why numbers counts: Quantitative literacy for tomorrow's america*. New York, N.Y.: The College Board.

UNESCO (2005). *Education for all: Literacy for life. Education for All Global Monitoring Report 2006*. UNESCO.

Wallman, K. K. (1993). In enhancing statistical literacy: Enriching our society. *Journal of the American Statistical Association*, 88 (421), March, 1-8.

第3章

21世紀の数学的リテラシーに向けて
——日本での試みから——

浪川　幸彦

　21世紀は教育の世紀であると言われている。しかし一方で次々に新しい言葉が（しかも多くは横文字で）導入され，議論が錯綜している感がある。これを一つの体系，あるいは流れとしてまとめる中心概念として「リテラシー」がある。ここでは数学教育を中心に考えるので「数学的リテラシー」ということになる。これについて世界的な流れに立つ論考は第2章にあるので，本章では日本における動きを，しかも筆者のかかわった部分に限って補うとともに，現在進行中あるいは将来に残されている課題について個人的見解を記すこととする。

1　日本における「数学教育問題」

（1）2つの問い——出発点

　教育問題は各国で大きな問題となっているが，日本においては2000年前後に「学力低下問題」として特に大きな話題となった。ここでその経過等を述べる余裕はないが，数学がその中心の一つであったことと，「リテラシー」の用語が重要な役割を果たした事実を確認しておこう。すなわち当時の議論において「学力」についての共通理解が欠けており，議論を不毛なものにしていた。それを明確化するものとして，「リテラシー」概念が有効だったのである。

　当時問われていた2つの問いがあった：

　問1．なぜ学校で（今学んでいる）数学を学ばなければならないのか？

　1990年代の学校教育はいわゆる「ゆとり教育」路線で，学ぶ内容を減らそうとする方向であった。曾野綾子氏の「二次方程式の解の公式など使ったことがない」との発言がこの方向を後押しして話題になっていた。⁽¹⁾

　一方この問いはそれ自身現在に至るまでほとんどすべての日本人にとって，そしてまさにそれゆえに数学教師にとって現実的かつ重要な問題であり，むしろ永遠に問い続けなければならない原理的な問いであることも確かである。本章ではこの問への答をリテラシーの立場から考える。しかしそれとて筆者の提示する現段階での「答」に過ぎない。

　問２．なぜ数学（・理科）はこれ程嫌われているのか？

　問１．は一般市民における疑問であるが，これに対し問２．は1990年代後半に筆者を含む理系研究者に深刻な危機感とともに広まった問いである。すなわち国際教育到達度評価学会（IEA）が行った第３回国際理数教育調査（1995），およびその追加調査（1999）における数学や理科に対する子どもたち（小４・中２）の意識調査結果が公表された。そこで日本では数学や理科が嫌われているどころか軽視されており，しかも世界最悪の状態であることが明示されたのである（浪川, 2001）。詳細を述べる余裕はないが，例を挙げよう。「将来数学にかかわる仕事をしたい」と望む生徒が1995年で24％，1999年では18％に低下した。これは1999年の世界平均46％の半分以下である。一方理科ではさらに低く20％，19％であった（世界平均47％）。さらに驚かされたのは，「理科が生活の中で大切だ」とする回答が1995年で48％，1999年では何と39％に低下した事実である（世界平均は79％）。この科学文明社会に生きている子どもたちが理科を大切と思っていないとは，まったく信じられない結果であった。これでは研究者の養成も危うい。その原因の究明と対処が併せて喫緊の課題となった。[2]

（2）問への「答」としてのリテラシー

　上記２つの問は一見違うように見えながら，実は本質的に同じ問につながる。すなわち「学校教育ですべての人（日本人）が学ぶべき数学の（あるいは科学の）『知識』は何か？」との問である。この答が「リテラシー」なのである。

（1）　数学リテラシー論から言えば「使わないから不要」は明確に誤りである（後述）。
（2）　以前から数学にかかわる最大の社会問題は「大学入試」であったし，今もまた新たに問題となろうとしている。しかし本章ではそれには直接触れず，より原理的に学校数学教育を考える。

　それを理系研究者たち自らがなるべく具体的に記述しようとする試みがまず行われた。すなわち「科学技術の智プロジェクト」である。

2　科学技術の智プロジェクト

（1）プロジェクトの概要

　本プロジェクトは2006，2007年度科学技術振興調整費による「日本人が身に付けるべき科学技術の基礎的素養に関する調査研究」（研究代表者：北原和夫）として行われ，報告書は2008年に公表された。

　このプロジェクトは目標を「日本人が心豊かに生きるためにすべての大人が2030年の時点で身に付けておいてほしい科学技術の素養（これを「科学技術の智」と呼ぶことにする）を提示すること」（総合報告書 p. 1）とし，これをなるべく具体的に記述しようとした。すなわち各個人が大人として持っているべき素養を明確にし，学校教育カリキュラムはそれを身に付ける過程として考えようというものである。[3]

　具体的には七つの専門部会（数理科学，生命科学，物質科学，情報学，宇宙・地球・環境科学，人間科学・社会科学，技術）からなる。構造的には数理科学が基礎にあり，技術が応用方面とされる。

　各専門部会報告書記述の枠組みは全米科学推進協会（AAAS）の先行研究に倣ったもので，後述するOECD・PISAにおける数学的リテラシーの枠組みと基本的に通じる。実際本研究において一貫して中心にあったのは「（数学的あるいは科学的）リテラシー」概念であり，本報告書は日本におけるリテラシー[4]に関するまとまった記述である。[5]

（3）　残念ながら報告書の後，カリキュラムとしての具体化は行われていない。しかし数学においては実質的に実現されたというのが本章での筆者の見解である。

（4）　教育学上の用語「リテラシー」については例えば佐藤学（2003）参照。「数学的リテラシー」についてはヤブロンカ（Jablonka, E.）の論考（Jablonka, 2003）が出色である。

（5）　報告書では「リテラシー」の多義性から使用を避け「素養」としている。

（2）科学技術の智プロジェクト「数理科学専門部会報告書」

　ここで数理科学専門部会報告書についてその特色を具体的に述べよう[6]。より詳細な紹介は筆者による論考（浪川，2009a，2009b）に譲る。また要約としては総合報告書の数学（数理科学）該当部分を読まれるようお勧めする。

　報告書の章立ては

　　第1章　数学とは（nature of mathematics）

　　第2章　数学の世界A：数学の対象と主要概念

　　第3章　数学の世界B：数学の方法

　　第4章　トピックス

　　第5章　数学と人間との関わり

となっている。

　第1章は「数学」という学問の本質（nature）をまとめたもので，歴史的経緯を考慮して，次の4つにまとめた。

　　1.1　数学の基礎は数と図形である

　　1.2　数学は抽象化した概念を論理によって体系化する

　　1.3　数学は抽象と論理を重視する記述言語である

　　1.4　数学は普遍的な構造（数理モデル）の学として諸科学に開かれている

　ここで数学の基礎として「数」と「図形」を掲げた。より深い基礎として「集合論」があるが，これを「すべての人」が持つ必要はない[7]。一方欧米では常識である，「数学は言語」であり，そこに数学が「考える力」の源泉たる所以がある事実を日本では強調する必要がある。

　第2章は数学の基本的概念をまとめたもので，後述するPISAでも学習指導要領でも（現行，改訂共に）ほぼ同じ枠組みになっている。

　第3章は，本書で中心的に取り扱われているコンピテンシーに当たる。まとめた当時は十分考えをまとめきれなかったが，PISAでも言語機能と問題解決機能の二つに大別している。そこで前者についてはかなり詳しく書いた。例え

（6）　筆者は数理科学専門部会で部会長として，報告書の取りまとめに当たった。

（7）　1960-70年代に数学教育界の犯した「現代化」の誤ちはここにある。

ば「論理的」であることは，元来言語機能の一つであり，民主主義の基底であると説いた。論理や和算など，いくつかのトピックスについて第4章でより深く扱っている。

　第5章は，数学と私たち個人，他の学問分野とのかかわりについて述べた。冒頭に掲げた問への直接的な答の部分である。

3　OECD・PISA 調査

（1）OECD・PISA 調査とは

　教育問題への関心から OECD が実施した最も重要な活動がこの国際的な学力調査「生徒の学習到達度調査（PISA：Programme for International Student Assessment）」である。読解力，数学，科学の3領域での15歳児の「リテラシー」の現状を調査する。2000年に始まり，以後3年毎に行われているが，毎回調査内容について詳細な「評価の枠組み（Framework）」が事前に公表され，これに基づいて作題・調査・評価が行われる。毎回主領域が定められ，数学は2003，2012年度調査が該当した。この枠組みの検討委員会で，本書の第11章などにおいて取り上げられているニス（Niss, M.）教授が主導的な役割を果たされ，この結果「2012年度評価の枠組み」は数学的リテラシーについての最も優れた文献の一つとなって，他の領域にも強い影響を与えた（OECD/PISA, 2012）。

　上記 OECD・PISA の「評価の枠組み」は優れたものであるが，あくまで学力調査の枠組みであるから，「評価」が観点の中心であって，学校教育カリキュラムの「内容・方法」について考えようとするには十分でない。この点については後に考えることとしよう。

（2）OECD・PISA の数学的リテラシーの定義

　OECD・PISA における数学的リテラシーの定義および枠組みは標準とするに足る。中でも「目標」に当たる，数学的リテラシーの「定義」は現在最も完成度が高いと思われる。

「数学的リテラシーは，様々な文脈の中で数学的に定式化し，数学を活用し，解釈する個人の能力。それには，数学的に推論することや，数学的な概念・手順・事実・ツールを使って事象を記述し，説明し，予測することを含む。この能力は，個人が現実世界において数学が果たす役割を認識したり，建設的で積極的，思慮深い市民に求められる，十分な根拠に基づく判断や意志決定をしたりする助けとなるものである」（OECD/PISA, 2012, 邦訳 p. 38）[8]。

（3）「問題解決」としての数学的リテラシーの限界

この「枠組み」は学力調査でのそれであるから，基本的に「問題を解く」機能を主として見ており，その「リテラシー」を次の3側面から記述している。

・問題を解決する数学的プロセスにおいて，それを遂行する能力（capabilities）
・調査問題で扱う数学的内容知識（content knowledge）
・調査問題が置かれた文脈（context）

これらはほぼそのまま「科学の智プロジェクト報告書」の第3章，第2章，第5章に対応する。特に本書で扱っているコンピテンシーには capabilities が対応するが，あくまで「調査の枠組み」としてのリテラシーなので，範囲が狭い。

ここで扱うリテラシーは学校教育カリキュラムの根拠付けを得ようとするものであるから「問題解決」だけではなく，各個人のダイナミックな知識の有り様（学習課程を含む）をも視野に入れたものでなければならない。これが，島田茂氏が早くから提案されていた，より拡大されたダイアグラム（島田, 1977, p. 15）を必要とする所以である。しかしこれについては考えがまだ十分まとまっていない。「数学的モデル化」の機能を適切に組み込むこととなろう。

（8）　この規定を冒頭に引いた曾野綾子氏の言葉と比べれば，後者がいかに教養に欠ける浅薄なものかが理解される。

4　中等教育，特に高等学校教育の改革

（1）PISA ショック──数学を含む「言語能力の育成」へ

　PISA 調査の結果は，日本の教育の問題点，特に読解リテラシーに問題があること，さらに数学に対する「態度」にも問題があることを明確にした（2003年度，2006年度）。このためちょうどその時期に当たっていた現行学習指導要領への改訂（答申2008年）において，思考力・判断力・表現力の育成をするための学習活動の基盤として言語能力の育成を重視することとされた。ここで重要なのは，以下のように，この「言語能力」に数学が含まれたことである。[9]

・「これらの学習活動の基盤となるものは，数式などを含む広い意味での言語であり，…」（答申 p. 25）

・また高等学校に必履修科目が設けられたが，その根拠は「学習の基盤であり，広い意味での言語を活用する能力とも言うべき力を高める国語，数学，外国語については…」（答申 p. 44）

（2）数学的活動の重視──アクティブ・ラーニングの先導的導入

　現行学習指導要領では，学習時数，学習内容が増えた。ここでかつての「落ちこぼれ」を生じさせないために，「主体的な学習活動の重視」を掲げた。これを最も明確に行ったのが数学だった。

　数学では「目標」を小中高一貫して「数学的活動を通して」（小学校は「算数的活動を通して」）で始め，続く内容も密接に関係するものとした。例として高校の目標を引く：

　「数学的活動を通して，数学における基本的な概念や原理・法則の体系的な理解を深め，事象を数学的に考察し表現する能力を高め，創造性の基礎を培うとともに，数学のよさを認識し，それらを積極的に活用して数学的論拠に基づ

（9）　筆者は教育課程部会算数・数学専門部会委員の一人としてこの方向性を実現すべく尽力した。

いて判断する態度を育てる」。

　ここで「数学的活動」とは、「生徒が目的意識をもって主体的に取り組む数学にかかわりのある様々な営みを意味している」（現行中学校学習指導要領解説 p. 17）。これはまさにアクティブ・ラーニングに他ならない。さらに注意深く数学的リテラシーの観点から現行学習指導要領の考え方を見る時、両者が深く関係していることが分かる。[10]特にここで設けられた新規科目「数学活用」は明確に「数学的リテラシーを育てる科目」とされている。また中学校，高等学校1年には「課題学習」が設けられた。新学習指導要領では「アクティブ・ラーニング」の語を避けて「主体的・対話的で深い学び」の推進を図っているが、これは数学の方針そのものである。[11]

（3）「数が苦」から「数楽」へ

　現行学習指導要領の数学の目標の中に「数学のよさを認識し」の一句がある。これは従来「数学的な見方考え方のよさ」としていたものを一般化し、「数学は楽しいものだ」との認識を含めている。実際日本は和算の伝統を持ち，数学を楽しんできた。そこで「数学活用」では教材としてゲームを加えている。学校数学が生徒たちに嫌われ，その学びが「数が苦」になっている現状を改善しようとする。

　現行学習指導要領になってから，学校教育でこうした努力がより広く行われつつある。これが実を結んで，数学に対するイメージがある程度改善しつつあることは喜ばしい。[12]

（10）　より詳しくは拙稿（浪川，2011）参照。
（11）　実際最近（2018年3月）公示された高等学校新学習指導要領教科数学において，課題学習は「数学Ⅰ，Ⅱ，Ⅲ」で導入され，また現行「数学活用」にあるのと類似の単元が「数学A，B，C」で取り入れられている。
（12）　冒頭に引いたIEAの国際調査の後続調査TIMSS2015の結果によれば，「算数・数学は楽しい」との回答が小学校（4年）で75％（2003年は65％），中学校（2年）で52％（2003年は39％）と劇的に改善された。ただし国際平均値よりはそれぞれ10％，20％低い。算数・理科の重要性についての認識も高まった。

（4）「数学」と「学校数学」との乖離──2番目の問いへの答

　筆者は最近10年間椙山女学園大学で親しく学生に接してきた。そこで冒頭問1への答につながる重要な経験をした。すなわち学生たちの多くが「学校数学」を「数学」と考えていない事実を知った。より正確に言えば，学校で学んできた「数学」は学校内で通用するごく特殊なものであって，社会で言われる学問文化としての「数学」とまったく別物と考えているという事実である。

　例えば，彼女たちは「現実の世界にある『ベクトル』の例を挙げよ」という問にまったく答えられない。物理で力学を学んだ学生は力を挙げるが，物理の履修率が低いので，実際に答えられる学生は少ない。それ以前に「（ある場所から別の場所への）移動」を誰も挙げないのである。[13]

　この事実に出会って，筆者はなぜ多くの子どもたちが「理科が生活の中で大切とは思えない」と答えたのかを納得した。現代が科学文明の時代であり，科学が社会に大きな役割を果たしていることはよく分かっている。しかし彼等にとって学校で学んでいる「理科」はこの役に立っている「科学」とはまったく別物なのである。

　原因が分かれば対策は明確になる。学校で学ぶ知識が「現実の」ものとして身の回りに存在していることを納得してもらえばよい。ただしここでも「主体的な学び」がないと，時間が足りない。博物館，メディアなど「学校外」の働きも重要である。近年この方面での進展もかなり見られる。筆者はこうした傾向を踏まえて学校教育の側での思い切った改革が必要であると考えるが，それについて語ることは別の機会とする。

5　他分野への広がり

　今世紀に入って，教育改革が様々な広がりを持ってくるとともに，それに対応してリテラシー概念が「数学」の枠を越えてより拡がろうとしている。最後

---

(13)　平行移動をきちんとベクトルとして意義付けていないのは，むしろ数学学習指導要領の問題といえよう。

にこれを最近の動きとして報告しておこう。

（1）大学教育の質保障

　「学力低下」問題は，学校教育における問題として提起されたが，そもそも
は大学基礎教育の問題であった。現行学習指導要領策定に向けた議論が一段落
した後，中央教育審議会大学分科会（2008）は大学教育について提言を出す。
ここでは特に大学教育の質保証が課題とされた。

　これを受けて文部科学省は日本学術会議に具体的な検討を依頼し，学術会議
は2010年7月に回答をまとめた。その中心は各専門分野ごとに学ぶべき「参照
基準」を策定することにある。その後2012年8月の経営学を皮切りに，以下26
分野における基準がまとめられ，公表されている（2017年8月現在）。この作
業はなお継続中である。数理科学分野は早くも2013年に，統計科学分野は別個
に2015年に，それぞれ基準を公表した。数理科学ではその特性に鑑み，大学基
礎教育についてのコメントを含んでいる。

　「参照基準」の枠組みは前述した「科学技術の智プロジェクト」報告書の章
立てや，PISA の数学的リテラシーの枠組みに類似する（本章2節（2），3節
（2）参照）。
・目的：各大学が，各分野の教育課程（学部・学科等）の具体的な学習目標を
　同定する際に，参考として供するもの
・構成項目：
　1．当該学問分野の定義
　2．当該学問分野に固有の特性
　3．当該学問分野を学ぶすべての学生が身に付けることを目指すべき基本的
　　な素養
　4．学習方法及び学習成果の評価方法に関する基本的な考え方
　5．市民性の涵養をめぐる専門教育と教養教育との関わり

（2）教科内容学

　さて学校教育の成否は第一に学校教員の質にかかっている。したがって大学

における教員養成がきわめて重要である。教員は教育において高度の専門性を持つ必要がある。しかし教員においてはそれに増して高い人格と自由な人間性が求められる。この立場から日本では教員養成をあらゆる大学で一定の基準を充たせば行うことができる体制になっている（教職課程認定制度開放性の原則）。特に教科教育に対しては、「教科に関する科目」と、「教職に関する科目」中に「教科の指導法」とが置かれ、専門性を担保することとされていた。この「教科に関する科目」で学ばれるべきものは「教員が持つべきその教科についての専門知識」である。しかし教科教育ではむしろ指導法に重点があり、前者は所属学部学科の専門教育を学べばほぼ十分との立場であった。これはもちろん正しくないが、その学びは教員になって学校現場で実践的に行ってきたのが従来であった。しかし学校の規模が小さくなったことと、ベテラン教員が多数退職したことから、こうした学校現場での教員養成（の継続）が不可能になっている。それに対し、中央教育審議会は2015年の答申で「両者を統合する科目や教科の内容及び構成に関する科目を設定するなど意欲的な取組が実施可能となるようにしていく」との美名の下に両者の科目区分を撤廃する方針を打ち出し、これに基づいた制度改革が行われて現在進行中である。

　したがって、教科の内容についての教員が持つべき知識をより明確にすることが喫緊の課題になっている。これに対し「教科内容学」の名称の下に広島大学が先行的な研究を行った事実（2004～2008年）を踏まえ、鳴門教育大学・上越教育大学・兵庫教育大学が合同で体系的研究を進め、小学校教科書の開発を行った（2006～2013年）。この成果の上に（あるいは成果に基づき）2014年5月、日本教科内容学会が設立された。その研究目的は、「研究の対象を教員養成及び学校教育における各教科の教科内容とし、それらを教科の専門の立場と教育現場の授業実践の立場から捉え、『教科内容学』として体系性を創出すること」としている（学会HP「設立理念」より）。

　学会の活動は始まったばかりであるが、数学のように教科の内容が親学問と密接に結び付いている場合、理科のように多くの学問分野と関係する場合、国語のように言語と文学という本質的に異なる分野が同居する場合、音楽や図工のように学問と言うより芸術にかかわる場合など、「体系性」と言ってもきわ

めて多様なものを含む。そこに学問的な統一性を与え，教育に資するものとなりうるかは今後の課題である。特に数学教師の持つべき数学的リテラシーについて十分な研究がなされるべきである。⁽¹⁴⁾

文　献

中央教育審議会大学分科会（2008）．「学士課程教育の構築に向けて（審議のまとめ）」．

Jablonka, E. (2003). Mathematical literacy. In A. J. Bishop et al. (Eds.), *Second international handbook of mathematics education*. Kluwer, 75-102.

科学技術の智プロジェクト（2008）．「21世紀の科学技術リテラシー像―豊かに生きる智プロジェクト―」『総合報告書』，『数理科学専門部会報告書』，等．http://www.jst.go.jp/csc/science4All/（2018年 7 月15日閲覧）

浪川幸彦（2001）．「日本の科学リテラシー」『現代の高等教育』2001年 2 - 3 月号，31-36．

浪川幸彦（2009a）．「21世紀の数学リテラシー―科学リテラシーとの関係を視野に―」『科学教育研究』第33巻第 1 号，12-21．

浪川幸彦（2009b）．「日本における数学リテラシー像策定の試み―『科学技術の智』プロジェクト数理科学専門部会報告書―」『日本数学教育学会誌』第91巻第 9 号，21-30．

浪川幸彦（2011）．「数学リテラシーの観点から見た新学習指導要領―「数学的活動」と「数学のよさ」を中心に―」『日本数学教育学会誌』第93巻第 4 号，34-39．

日本教科内容学会ホームページ「「日本教科内容学会」設立理念」http://www.jsssce.jp/files-institute/EstablishmentPhilosophy.pdf（2017年 8 月 5 日閲覧）

OECD/PISA（2012）．『PISA2012年調査　評価の枠組』（国立教育政策研究所監訳）明石書店．

佐藤学（2003）．「リテラシーの概念とその再定義」『教育学研究』第70巻第 3 号，292-301．

島田茂編著（1977）．『算数・数学科のオープンエンドアプローチ―授業改善への新しい提案―』みずうみ書房．

---

(14)　すでに以前からいくつかの重要な研究は存在している。正確には「現代における」数学教師の持つべきリテラシーの明確化が必要である。

第4章

コンピテンシーの多面性と算数・数学教育にとっての意味

松下　佳代

「コンピテンシー」は間違いなく，今日の教育改革のキーワードの一つである。とりわけ，新学習指導要領において「資質・能力の育成」が正面から取り上げられることになったことで，資質・能力を表わす言葉として「コンピテンシー」がしばしば議論の俎上にのるようになった（安彦，2014；石井，2015；奈須・江間，2015）。しかし，コンピテンシーほど，意味の幅の大きな，批判にさらされてきた概念もそう多くない。

「コンピテンシー」をインターネットで検索すると，人事評価や人材マネジメント関係のウェブサイトが並ぶ。「コンピテンシー」はもともと経営分野の用語として使われ始めた言葉であり，現在でもそうである。これが教育分野の用語としても広く使われるようになったのは，OECD-DeSeCo の「キー・コンピテンシー」の影響が大きい。DeSeCo というのは，1997〜2003年に行われた「コンピテンシーの定義と選択（Definition and Selection of Competencies）」という名前のプロジェクトのことである（Rychen & Salganik, 2003）。DeSeCo では，教育を通じてすべての個人に獲得させることを目指すべき基本的な能力として，大きく3つのカテゴリーからなるキー・コンピテンシーを提案した。このキー・コンピテンシーは，PISA や PIAAC（国際成人力調査）といった OECD の調査に理論的・概念的基礎を提供するとともに，EU 諸国やニュージーランド，韓国など世界各国の教育改革にも影響を及ぼすことになった（松尾，2015）。日本でも，キー・コンピテンシーは，1996年以来文部科学省が提唱してきた「生きる力」と類似した考え方として，いわば公認の扱いを受けている。

このように，「コンピテンシー」がもともとは経営分野の言葉であること，また，OECD という，経済成長や開発に関する政策の推進を目的としている

国際機関を介して教育分野に普及したこと，さらに，現在の教育政策と親和的とみなされていることが，教育のグローバル化や新自由主義的な教育への批判と相まって，コンピテンシーへの批判を呼び起こしている。

　だが，「コンピテンシー」には別の顔もある。例えば，デンマークの数学教育研究者ニス（Niss, M.）の理論に依拠して構成されているデンマークの数学教育では，「数学的コンピテンシー」が数学教育の目的として位置づけられ，民主主義の担い手を育む能力として把握されている（小寺・小田切・井上，2014：本書第11章参照）。また，DeSeCo のキー・コンピテンシーでも，それが目指す社会像の中には，経済的生産性だけでなく，民主的プロセス，連帯と社会的結合，人権と平和，公正・平等・差別のなさ，生態学的持続可能性が含まれている（Rychen & Salganik, 2003, 第 4 章）。とすれば，コンピテンシーを単純に経済優先の教育観に染まった概念として切り捨てることは避けるべきだろう。

　では，コンピテンシー・ベースのカリキュラム・授業・評価が教育政策の中に導入されつつある現在，私たちは，コンピテンシーをどうとらえ，コンピテンシーに対してどう向き合えばよいのだろうか。

　この問いに答えるために，本章では，まず，コンピテンシーという概念の系譜をたどりながら，その多面性を浮き彫りにする。その上で，そのようなコンピテンシー概念が算数・数学教育とどう関連しているのかを PISA のフレームワークやニスの理論などの検討を通じて明らかにする。さらに，コンピテンスやコンピテンシーに対して向けられている批判への応答を試みる。こうした作業を通じて，コンピテンシーの危うさをコントロールし，教育的に価値のある概念にするには何が必要なのかを考えてみたい。

1　コンピテンシーの系譜と多面性

（1）コンピテンスとコンピテンシー

　「コンピテンシー（competency）」について論じる前に，まず，「コンピテンス（competence）」についてみておこう。一般には，コンピテンスは総称的・

理論的な概念，コンピテンシーは個別的・具体的な概念とされることが多いが，両者の間にはそれ以上の違いがこめられている場合もあり，コンピテンスの意味を知ることで，コンピテンシーの意味も明らかになってくると考えられるからだ。

　教育学の多義的で曖昧な用語を明晰化しようとしてきたドイツの教育学者ブレツィンカ（Brezinka, W.）は，「教育目的としてのコンピテンス」について論じている（Brezinka, 1989）。能力を表わす英語には，competence／competency 以外にも，ability，capacity，capability，power など様々な言葉があるが，それらと異なる competence の特徴はどこにあるのか。ブレツィンカの議論はこのような疑問にも答えてくれるものになっている。

　ブレツィンカによれば，コンピテンスは，古くは古代ギリシャ・ローマにまでさかのぼることのできる世界で最も古い教育目的の一つである。古代ギリシャでは aretè（アレテー），古代ローマでは virtus（ヴィルトゥス）と呼ばれた。どちらも英語の virtue（＝美徳，美点）につながる言葉である。

　ブレツィンカは，コンピテンスを，「ある特定の要求に対して最大限にまで応えることのできる，比較的永続性をもった人格の特質」であり，「個人の努力を通じて獲得され，コミュニティによって肯定的に価値づけられる」（p. 78）と定義する。ここには，コンピテンスの特徴が凝縮して示されている。

　第一に，それは，要求，あるいは「人生が自分に差し出す課題」に対して応えられる，ということを意味する。そうした要求や課題は，特定の状況から生まれるか，誰か外部の人間によって課されるか，あるいは人が自分自身に課すものである。

　第二に，その要求は一般的に存在するわけではなく，常にある特定の要求である。人は，ある種類の課題を遂行（perform）することができることによって，有能だ（competent）[1]とみなされる。特定の課題に言及することなく，一般的に「あの人は有能だ」ということはできない。

（1）　英語の辞書をみるとわかるように，competent には「有能な」の他に，「要求にかなう」「適格の」といった意味がある。

　第三に，コンピテンスは，個人の努力の結果として獲得される。コンピテンスは生まれつきの特質ではないし，ひとりでに発達するものでもなければ，成熟や偶発的な学習によって形成されるものでもない。コンピテンスは意図的な学習を必要とし，行為を繰り返し行うことを通じて獲得される特質である。

　第四に，そうして獲得されるコンピテンスは，その人が属するコミュニティによって肯定的に価値づけられるものである。

　このようなコンピテンスの本来的な特徴は，例えば後でみる DeSeCo のコンピテンス概念など，現在のコンピテンス概念にもある程度引き継がれている。

　では，コンピテンスとコンピテンシーの間にはどんな違いがあるのだろうか。スミス（Smith, 2005）は，現在の市場主義的な教育状況の中で，コンピテンスがコンピテンシーに還元される傾向にあると警告を鳴らしている。コンピテンスは，ブレツィンカが論じたように，美徳を形づくる社会的・道徳的・知的な質を表わす幅広い概念であるが，これに対し，コンピテンシーは，より狭く，原子のように細分化された概念であり，しばしば瑣末なスキルのリストに置き換えられてしまう，と。

（2）経営分野でのコンピテンシー概念

　このようなコンピテンスからコンピテンシーへの還元は，経営分野でのコンピテンシー概念がきっかけになっているといってよいだろう（松下，2010）。

　経営分野におけるコンピテンシー概念のルーツは，ハーバード大学の心理学者マクレランド（McClelland, D.）が1973年に発表した「『知能』よりもコンピテンスをテストする」という論文（McClelland, 1973）だとされている。この論文の中でマクレランドは，従来のテスト（知能テスト，知識内容テストなど）やその結果（学校の成績や資格証明書など）では，将来職務についた時の業績を予測できないとして，コンピテンスを新しい変数に据え，そのテスト手法を編みだそうとした。

　マクレランドの後継者であり共同研究者でもあったスペンサーら（Spencer & Spencer, 1993）は，コンピテンシーを「ある職務において卓越した業績を生み出す原因となっている個人の基底的特徴」（p. 9）と定義し，その構造を「氷

山モデル」によって表現した。この氷山モデルは，「スキル」や「知識」は水面上にあって目に見えやすいが，それ以上に重要なのは，水面下にあって見えにくい「自己概念」「特性」「動機」などにカテゴライズされるコンピテンシーなのだ，という彼らの主張を表現している。

　彼らの開発した「職務コンピテンシー評価法」は，簡単にいうと，組織の中から高い業績をあげている人と平均的な人を選び出し，面接（成功例と失敗例を語らせ，その状況での思考・感情・行動などについて尋ねる）を実施して，両者の差異を説明するコンピテンシー（例えば，達成志向，自信，チームワークと協同，概念的思考など）を抽出し尺度化するものだった。そのコンピテンシーをモザイクのように組み合わせれば，職務ごとに必要なコンピテンシーのモデルができあがる。こうしてつくられたコンピテンシーは21種類，コンピテンシー・モデルは286種類にも上っている。

　このように，コンピテンスをコンピテンシーへと細分化することで操作しやすいものにするという考え方は，経営分野の人材マネジメント論の中で“洗練”されていった。こうして生まれたコンピテンシー概念は，まず職業教育の分野で取り入れられ，次第に他の教育分野にも広がっていくことになる。

（3）DeSeCo のコンピテンス概念とキー・コンピテンシー

　だが何といっても，「コンピテンシー」が教育分野で普及する上で大きな役割を果たしたのは，冒頭でも述べたように，DeSeCo の「キー・コンピテンシー」である。

　DeSeCo では，キー・コンピテンシーを選択する前に，まずコンピテンスとは何かを定義することに取り組み，「ホリスティック・モデル」といわれるモデルを提案している。DeSeCo によれば，コンピテンスは，「ある特定の文脈における複雑な要求（demands）に対し，認知的・非認知的側面を含む心理－社会的な要素の結集を通じて，うまく対応する能力」（Rychen & Salganik, 2003, p. 43）と定義される。例えば，ある場面（文脈）において何か協同して行うことを要求される課題に遭遇した時に，協同するという行為に関連する様々な知識，スキル，態度・感情などを結集して対応できること，それがコン

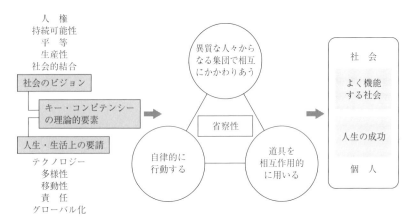

図4-1　DeSeCo のキー・コンピテンシー

（出所）　Rychen & Salganik（2003）p. 184, Figure1より訳出，一部改変。

ピテンスをもつということである。いいかえると，DeSeCo では，スペンサー
らのように，個人の内部に存在する能力を細分化し，コンピテンシーとして抽
出・尺度化するのではなく，要求と内部の能力と文脈とを結び合わせて有能な
（competent）パフォーマンスを生み出すシステムとしてコンピテンスを把握
するのである。

　DeSeCo のキー・コンピテンシーは，このようなコンピテンスの定義の下で
選択された。キー・コンピテンシーとは，個人の「人生の成功」（＝クオリテ
ィ・オブ・ライフ）と「よく機能する社会」に資するようなコンピテンシーで
あり，人生の様々な局面に関連し，すべての個人にとって「基本的で重要
（キー）」とみなされるコンピテンシーであるとされた（図4-1）。

　こうした観点から選択されたキー・コンピテンシーは，大きく3つのカテゴ
リーからなる（表4-1）。これらのキー・コンピテンシーは，多くの能力リス
トのようにただ並列されているのではなく，3次元座標のような関係をもつと
される。いいかえれば，カテゴリー1は道具を介して対象世界と対話すること，
カテゴリー2は他者と対話すること，そしてカテゴリー3は自己と対話するこ
とであり，対象世界・他者・自己という3つの軸からキー・コンピテンシーは
構成されている。その中核に置かれているのは「省察性（reflectivity）」であ

表 4-1　DeSeCo のキー・コンピテンシー

〈カテゴリー 1 〉 道具を相互作用的に用いる	A	言語，シンボル，テクストを相互作用的に用いる
	B	知識や情報を相互作用的に用いる
	C	テクノロジーを相互作用的に用いる
〈カテゴリー 2 〉 異質な人々からなる集団で 相互にかかわりあう	A	他者とよい関係を築く
	B	チームを組んで協同し，仕事する
	C	対立を調整し，解決する
〈カテゴリー 3 〉 自律的に行動する	A	大きな展望の中で行動する
	B	人生計画や個人的プロジェクトを設計し，実行する
	C	権利，利害，限界，ニーズを擁護し，主張する

（出所）　OECD（2005）より訳出の上，筆者作成。

る。「省察性」とは，個人が「環境の期待の虜」にならず，社会化の圧力を対象化し，省察し，再構成するため，批判的なスタンスをとることを意味している。

　冒頭でもふれたが，DeSeCo のキー・コンピテンシーは，その後，EU 諸国やニュージーランド，韓国など世界各国の教育改革に，直接的・間接的に影響を及ぼすことになった。例えば，EU では，2006年に，DeSeCo の定義を参考にしつつも独自に「生涯学習のためのキー・コンピテンス（Key Competences for Lifelong Learning）」という欧州参照枠組みを打ち出しており，各国のカリキュラムや教育評価に強い影響を与えている（本所，2015）。一方，北米では，DeSeCo のキー・コンピテンシーより，NPO「21世紀型スキルパートナーシップ（P21）」や国際研究プロジェクト「21世紀型スキルの評価と教育（ATC21S）」が提唱した「21世紀型スキル」の方がよく知られている（松尾，2015）。だが，アメリカでも，全米研究評議会（National Research Council: NRC）によって，DeSeCo のキー・コンピテンシーと類似した「21世紀型コンピテンス（21st Century Competencies）[2]」が提唱され，一定のインパクトをも

（2）　competence の複数形は通常 competences だが，competencies が使われることもある。National Research Council（2012）では単数形の場合は competence が使われていることが多いことから，本章では，「21世紀型コンピテンス」と表わすことにした。

たらしている（National Research Council, 2012）。NRCは，「スキル」ではなく「コンピテンス」を使う理由を次のように述べる。

> 21世紀型スキルを，学術，市民生活，職場，家庭といった多様な文脈において適用できる一般的なスキルとみなす見方とは対照的に，本評議会は，21世紀型スキルを，ある特定領域（内容とパフォーマンスからなる）の知識に特有で，また，そうした知識と強く絡み合った，熟達化（expertise）の諸次元とみなす。スキルと知識が強く絡み合っているという見方を反映させるために，私たちは，「スキル」より「コンピテンス」という言葉を用いる。（National Research Council, 2012, p. 3）

　NRCの21世紀型コンピテンスも，認知的コンピテンス（cognitive competence），個人内コンピテンス（intrapersonal competence），個人間コンピテンス（interpersonal competence）という3領域で構成されている。ここでも，対象世界・自己・他者という3つの軸から能力がとらえられていることがわかる。

（4）コンピテンシーの多面性
　ここまで，コンピテンシー概念の系譜を簡単にたどってきたが，その中から，コンピテンシーの多面性をみる視点として少なくとも2つの視点をあげることができよう。
①コンピテンスとどう関係づけるか
　第一に，コンピテンスと照らし合わせた時，コンピテンシーには，少なくとも2つの志向性がある。一つは，コンピテンスをコンピテンシーへと還元することにより，その操作可能性を高めようとする志向性である。人材マネジメント論にはこの志向性が強くみられる。もう一つは，コンピテンスをコンピテンシーへと具体化するが，コンピテンスのホリスティックな性格はなるべく維持しようとする志向性である。DeSeCoの場合は，対象世界・他者・自己の3次元を，省察性を核として統合するという形で，それが行われている。
②何のためのコンピテンシーか
　第二の視点は，コンピテンシーが経済的な生産性・合理性・効率性を主たる

目的としているか，それ以外の目的も重視しているか，ということである。人材マネジメント論のコンピテンシーの操作可能性は，主に人材や職務を客観的に記述し，職務にあわせて人材を測定・評価するために必要とされるものである。いいかえれば，そこでのコンピテンシーは経済的目的に特化して抽出されている。一方，DeSeCo のキー・コンピテンシーは経済的・政治的・生態学的な目的も含んでおり，コンピテンシーは社会の維持・発展と個人の福祉に向けて人々を教育するために提案されている。

　とはいえ，キー・コンピテンシーの目的は理念的で個々のキー・コンピテンシーとの間には大きな隔たりがあり，その間を埋める道筋が示されているわけではない。DeSeCo の研究に依拠しながら設計されている PISA や PIAAC の調査結果は，所得格差の拡大が子どもの能力格差の拡大につながることに警鐘を鳴らしたり，教育への経済投資を促したりするために使われている（Cingano，2014；松下，2014）。だが，コンピテンシーをどう解釈・再構成し，その育成や評価を行っていくかは，各国の教育政策やそれぞれの学校・教師による教育実践にゆだねられている。

2　算数・数学教育におけるコンピテンシー

（1）数学的リテラシーとコンピテンシー

　それでは，算数・数学教育においてコンピテンシーはどのような意味をもつのだろうか。まず，手始めに，PISA の数学的リテラシーとコンピテンシーの関係をおさえておこう。

①キー・コンピテンシーの一部としての数学的リテラシー

　PISA が調査してきた読解・数学・科学のリテラシーは，キー・コンピテンシーのカテゴリー1に含まれている。つまり，言語・シンボル・テクスト，知識・情報を「道具」として使いながら対象世界と対話する能力が，PISA リテラシーである。数学的リテラシーは，読解リテラシーと並んで，「1A　言語，シンボル，テクストを相互作用的に用いる」能力を構成すると考えられている。

②数学的リテラシーの一要素としてのコンピテンシー

　だが一方で，数学的リテラシーは，「数学的内容」「数学が用いられる状況（文脈）」「数学的プロセス（コンピテンシー）」の３つの構成要素からなるとされていて，ここでは，コンピテンシーの方がリテラシーの一構成要素である。つまり，〈キー・コンピテンシー⊃数学的リテラシー⊃コンピテンシー（後述の８つのコンピテンシー）〉という関係にある。

　PISA では，「数学的プロセス」を「数学化サイクル」というモデルで図式化し，数学化サイクルに即して，数学的リテラシーを，「様々な状況で生徒が数学的問題の設定・定式化・解決・解釈を行う際に，数学的アイディアを有効に分析し，推論し，コミュニケーションする能力」（OECD, 2004, p. 29）と説明してきた。数学化サイクルを回すのに必要なコンピテンシーとして PISA2003 で抽出されたのが，次の８つのコンピテンシーであった。

　　思考と推論，論証，コミュニケーション，モデル化，問題設定と解決，表現，
　　記号的・形式的・専門的な言語と演算の使用，機器（aids）とツールの使用

　重要なことは，８つのコンピテンシーはばらばらに働くのではなく，組み合わさって働くということである。そこで PISA2003 ではそのまとまりを「コンピテンシー・クラスター」と名づけ，「再現」「関連付け」「熟考」の３つのタイプに分けた。この３つは，「再現クラスター」から「関連付けクラスター」，「熟考クラスター」へと次第に，複雑で，定型的（ルーティン）ではない——それだけ思考を要する——課題に対応できる能力になっていく。３つのコンピテンシー・クラスターの違いは，それぞれのコンピテンシーの質の違いだけでなく，コンピテンシーを組み合わせることで対応できるようになる課題の難易度の違いも表すとされた。

　　PISA 調査には，上述のコンピテンシーを個別に評価する調査問題を開発する意図はない。これらのコンピテンシーの間にはかなりの重複があり，数学を使用するとき，通常は同時に多くのコンピテンシーを使用することが必要である。このため，個々のコンピテンシーを評価するいかなる努力

も，人工的な課題や，数学的リテラシー領域の不必要な細分化をもたらす
結果となるだろう。(OECD, 2004, 邦訳 pp. 31-32, 一部改訳)

　ここにも，DeSeCo のコンピテンスやキー・コンピテンシーのホリスティッ
クな性格が継承されていることが読みとれよう。

③ PISA2003 から PISA2012 への変化

　PISA2003 から 9 年後，再び数学的リテラシーを中心的分野として，
PISA2012 が実施された。PISA2003 と PISA2012 を比べると，そのフレーム
ワークでいくつかの改変が行われている（OECD, 2013）。

　数学化サイクルに大きな変化はないが，8 つのコンピテンシーは 7 つのケイ
パビリティ（capabilities）になった。[3] なぜ，能力を表わす言葉を「コンピテン
シー」から「ケイパビリティ」に変えたのかについての説明は見つけることが
できなかったが，中身をみると，「思考と推論」と「論証」が「推論と論証」
にまとめられたこと以外は，表現のしかたが変わったくらいである。一方，コ
ンピテンシー・クラスターについては，この言葉自体が使われなくなり，「定
式化（現実の状況を数学的に定式化すること）」，「適用（数学的な概念・事実・手
続き・推論を適用すること）」，「解釈／評価（数学的な結果を解釈し評価するこ
と）」という数学化サイクルのステップにそってコンピテンシーがまとめられ
ている。また，3 つのコンピテンシー・クラスターが課題の難易度も示すもの
であったのに対し，「定式化」「適用」「解釈／評価」にはそのような性格はな
く，3 つのステップのそれぞれについて 7 つの習熟度レベルが設定されている。

　このように PISA2003 と PISA2012 には多少の変化はあるが，数学的リテラ
シーを構成する下位の能力を抽出し，それを組み合わせることで数学的な問題
解決が行われるとみなしている点で大きな違いはない。

（3）　国立教育政策研究所が出している日本語報告書（国立教育政策研究所, 2013）で
　　はこの変化への言及がなく，「8 つの能力」のまま記述されている。なお，ケイパ
　　ビリティは経済学者セン（Sen, A.）の能力概念として知られているが，OECD
　　（2013）にセンへの言及はない。

（2）算数・数学教育に固有のコンピテンシー
──ニスらのコンピテンシー・モデル

　以上みてきた PISA の数学的リテラシー論にとりわけ大きな影響を与えたのが，ニスらの研究である（Niss, 2003；Niss & Højgaard, 2011）。その研究は，デンマーク教育省から助成を受けて行われた「コンピテンシーと数学学習」プロジェクト（KOM プロジェクト）において展開されたものであった。彼らの研究については第11章で詳しく紹介されているので，ここでは，そのコンピテンシー概念が，これまでみてきたコンピテンシーの系譜や多面性の中にどう位置づけられるかにしぼって述べていこう。

①数学的コンピテンス

　「数学を習得するとは数学的コンピテンスをもつことだ」とニスはいう。数学的コンピテンスとは，「数学が何らかの役割を果たす（もしくは果たしうる），多様な数学内的・数学外的な文脈や状況において，数学を理解し，判断し，行い，用いることができる能力」（Niss, 2003, pp. 6-7）を意味する。事実的知識やテクニカルなスキルをもつことは，数学的コンピテンスにとって必要条件だが十分条件ではない。

②8つの数学的コンピテンシー

　数学的コンピテンシーは，数学的コンピテンスの主な構成要素であり，8つのコンピテンシーを取り出すことができる。それらは，大きく「数学の範疇で，数学を用いて，数学に関して，質問をしたり答えたりできる」能力と「数学の範疇の言葉やツールを操る」能力の2つにグループ化されており，前者は，「思考」「問題処理」「モデリング」「論理づけ」の4つ，後者は，「表現」「記号・形式化（formalism）」「コミュニケーション」「補助教具」の4つのコンピテンシーからなる。

　このモデルが PISA のコンピテンシーの土台となっていることは説明するまでもないだろう。これら8つのコンピテンシーは，教育段階の違いにかかわらずみられるものであり，カバーする範囲や適用できる状況，専門性の度合いを広げ深めながら長期的に発達していくと考えられている。

③数学に固有だが内容的には一般的なコンピテンシー

　ニスらは，彼らのいうコンピテンシーが「何とは異なるか」を明確にしている。一つは，「知性，パーソナリティ，社会性の一般的コンピテンシー」であり，もう一つは，（一般的であれ特殊であれ）「労働市場や仕事にかかわるコンピテンシー」である（Niss & Højgaard, 2011, p. 21）。逆にいえば，彼らのコンピテンシーは，見かけは一般的・汎用的にみえても，あくまでも「数学に固有の（subject specific）コンピテンシー」なのである。例えば，「コミュニケーション」のコンピテンシーは，書き言葉や話し言葉や視覚的表現によって示された数学的内容を解釈する能力と，数学的内容をそうした様々な形式で表現する能力からなる。

　だが，同時に，ニスらの数学的コンピテンシーは，数学であれば内容は問わない「内容的には一般的な（content general）コンピテンシー」でもある。もちろん，教科領域（例えば，代数，幾何，関数，確率，統計など）によって，8つのコンピテンシーの中のどれと関連が強い・弱いといった違いはある。そこで，ニスらは，コンピテンシーと教科領域の関係を〈コンピテンシー×教科領域〉のマトリックスで表わすことを提案している。

　このように，ニスらのコンピテンシーは，内容的な一般性はもちつつも特定の学問分野に固有のコンピテンシーであること，コンピテンスとしてのまとまりをもちつつ長期的に発達していくとみなされていることなどの点で，経営分野でのコンピテンシーとは明らかに異なる性格のものである。

3　コンピテンシー批判への応答

（1）コンピテンシーへの批判

　ここまではコンピテンシーという概念を肯定する立場の議論をみてきた。だが，冒頭で述べたように，コンピテンス／コンピテンシーに対しては，多くの批判が向けられていることもまた事実である。最終節の本節では，コンピテンス／コンピテンシーへの批判を取り上げ，それにどう応えるかを考えてみたい。

　コンピテンス／コンピテンシー批判としてかなり早い時期に出され，その後

表4-2　コンピテンス／コンピテンシーへの批判
―二つのコンピテンス観とそれに代わる人間観―

	操作的なコンピテンス	アカデミックなコンピテンス	生活世界での生成
認識論	やり方を知る（know how）	命題を知る（know that）	省察的に知る
状　況	実用的に定義される	学問分野によって定義される	開かれた定義（多様なアプローチによる）
焦　点	成　果	命　題	対話と議論
学　習	経験学習	命題学習	メタ学習
コミュニケーション	戦略的コミュニケーション	学問的コミュニケーション	対話的コミュニケーション
評　価	実　利	真実性	合　意
追求する価値	経済的な生き残り	学問の強化	合意された「共通善」
境界条件[＝規範]	組織の規範	学問分野の規範	対話の実際

（出所）Barnett（1994）p. 170, Table12.1より，一部割愛の上，訳出。

　もしばしば引用されるのが，イギリスの高等教育研究者バーネット（Barnett, R.）による『コンピテンスの限界――知識・高等教育・社会』である（Barnett, 1994；安彦，2014）。バーネットの批判は，高等教育におけるコンピテンス概念に向けられているが，初等中等教育にもあてはまる点を多く含んでいる。しばしその批判に耳を傾けよう。

　バーネットは，「コンピテンスそれ自体に教育目的として問題があるわけではない」という。私たちは医者や会計士や哲学者が有能（competent）であることを望むのであり，それはほとんど普遍的な美徳である。だが，コンピテンスが支配的な目的となり他の価値ある目的を縮小させる時，あるいは，コンピテンスがあまりに狭く解釈される時には問題を引き起こす。彼からみれば今日生じているのはそのような事態なのである。

　バーネットは，コンピテンスには2つの考え方があるという。一つは，「操作的なコンピテンス」，もう一つは，「アカデミックなコンピテンス」である（表4-2）。別のところでは，それぞれを「企業社会のコンピテンス」，「学問分野のコンピテンス」ともいいかえている。

　2つのコンピテンスをともに批判しつつ，彼がそれに代わる人間観として掲げるのが，「生活世界での生成（life-world becoming）」という考え方である。

「生活世界」とは現象学の用語で，科学的に客体化される以前の，私たちが身体的実践を行いつつ他者とともに生きている日常世界のことである。「生成」という概念の裏側には，経済であれ学問であれ，狭い利害関心から抽出されたコンピテンスを，固定した教育目標や評価基準とすることによって，人間性というものを切り詰めることへの批判がある。一方，人間を生活世界においてたえず生成変化するものとしてみなす考え方は，操作的なコンピテンスやアカデミックなコンピテンスが視野の外においてきた他の価値——例えば，美的な価値，他者への感受性，倫理的な原理など——を射程に取り込むとともに，他者との対話や議論を通じて，知を自明のものとせず省察し問い続けることを促す，とバーネットはいう。

（2）批判に応えていくために——むすびにかえて

　「操作的なコンピテンス」が経営分野でのコンピテンス／コンピテンシーにあたることは明らかだろう。バーネットの整理で興味深いのは，「操作的なコンピテンス」に「アカデミックなコンピテンス」を対置させるだけでは不十分であるとみている点である。もっとも，ニスらの数学的コンピテンシーも，数学に固有の能力でこそあれ，バーネットのいう「アカデミックなコンピテンス」にとどまっているわけではない。むしろ，数学的コンピテンシーは，学問と生活世界をつなぐことを意図してつくられた概念である。

　だが，バーネットの批判は，ニスらの数学的コンピテンシー論の課題を示してもいる。ここでは2つの点を挙げておきたい。

①他の軸との関係

　2節でみたように，ニスらの数学的コンピテンシーは数学的リテラシーの一要素であり，数学を道具として現実世界の問題解決を行う能力を精緻化したものである。これは，DeSeCo のキー・コンピテンシーでいえば対象世界の軸にかかわるカテゴリー1のコンピテンシーである。だが，繰り返し述べてきたように，キー・コンピテンシーは，対象世界・他者・自己の3次元を，省察性を核として統合するという構造をもっており，対象世界の軸だけを取り出してコンピテンシーを育成するという見方はとっていない。では，数学に独自のコン

ピテンシーとして抽出された8つのコンピテンシーは，カテゴリー2や3のコンピテンシーとどのように交差することになるのだろうか。

　PISA2015では，「協同問題解決（collaborative problem solving）」が調査領域に入れられており（OECD, 2013），これは，PISAの範囲がカテゴリー2まで拡張されたことを意味する。だが，そこで協同する相手は，コンピュータ上のエージェントにすぎない。数学的コンピテンシーが本当に「民主主義の担い手を育む」ことを目指すのであれば，協同だけでなくときには対立もする生身の他者との対話やそれを通じての自己との対話を行う機会が，数学的コンピテンシーを形成する課題の中で組み入れられなければならないだろう。生活世界とは，私たちが身体的実践を行いつつ他者とともに生きている日常世界だからである。

②後戻りアプローチと前向きアプローチ

　今日のコンピテンシー論では，一般的に，コンピテンシーを目標として設定し，それを達成するために評価やカリキュラム・授業をデザインするというアプローチがとられる。「生活世界での生成」という考え方は，それに対する異議申し立てを行っている。すなわち，あらかじめ誰かが設定した目標としてのコンピテンシーを獲得するのではなく，状況の中で目標自体を学習者自身が生成することを対置させるのである。

　興味深いことに，同じような議論が21世紀型スキルの議論の中でも行われている。ATC21Sプロジェクトのメンバーである学習科学者のスカーダマリア（Scardamalia, M.）らは，21世紀型スキルの育成には，定まった目標からの「後戻りアプローチ」と新しい目標の発見のための「前向きアプローチ」の2つがあるという。現在主流になっているのは前者だが，彼らがとるのは後者であり，そのためには，学校を，次々とイノベーションを生み出す企業（知識創造組織）と同じように，子どもたちが新しい知識を創造するプロセスにかかわる「知識構築環境」にすることが必要だ，とスカーダマリアらは主張する（グリフィン・マクゴー・ケア，2014，第3章・第5章）。

　子どもたちが生きていく現在そして未来の社会はどのような社会になるだろうか。知識社会，グローバル化社会，リスク社会，少子高齢化社会，定常型社

会…。様々な形容で語られるが，いずれにせよ，確実にいえるのは変化の激しい予測困難な社会になるということである。固定した目標に対して教育をデザインする「後戻りアプローチ」では，たとえ知識からコンピテンシーへと目標の中身を変えたとしても，そのような社会を生きていくのに必要な能力は育たないのではないか。「後戻りアプローチ」に対する彼らの批判はそのように読みとれる。

　しかしながら，学校が文化の伝達の場でもあることを考えれば，学校を単に知識創造組織のアナロジーでとらえるのは望ましくないし，また，現実的でもない。私自身は，この問題をむしろ，アージリスとショーン（Argyris & Schön, 1978）のいう〈シングルループ学習—ダブルループ学習〉とのアナロジーで考えたい。

　シングルループとダブルループの違いはサーモスタットの例で考えるとわかりやすい。例えば室温を20度に設定した時に，サーモスタットは常に20度を保つよう働く（シングルループ）。だが，私たちは季節や体調に応じて室温の設定自体を変える（ダブルループ）。つまり，ある系を維持するための学習がシングルループ学習であり，その系そのものを見直し変えていくための学習がダブルループ学習である。

　これとのアナロジーで考えると，コンピテンシーの育成を目標に掲げた教授・学習（シングルループ学習）を肯定しつつも，その目標自体を仮説とみなし，必要に応じてその目標の根底にある仮定を問い直しながら目標を修正・創造していけるようにすること（ダブルループ学習），それが学校・教師にも子どもたちにも必要な力となるだろう。

　コンピテンスのもともとの意味は，要求，あるいは「人生が自分に差し出す課題」に対して応えられる，ということであった。課題に応えることと，その課題そのものを批判し創り変えること。私たちに求められるのは，このような二重性をもったスタンスなのである。

文　献

安彦忠彦（2014）．『「コンピテンシー・ベース」を超える授業づくり—人格形成を見すえた能力育成をめざして—』図書文化社．

Argyris, C., & Schön, D. A. (1978).*Organizational learning: A theory of action perspective.* Addison-Wesley.

Barnett, R. (1994). *The limits of competence: Knowledge, higher education and society.* Open University Press.

Brezinka, W. (1989). Competence as an aim of education. In B. Spiecker & R. Straughan (Eds.), *Philosophical issues in moral education and development.* Open University Press.

Cingano, F. (2014). Trends in income inequality and its impact on economic growth. *OECD social, employment and migration working papers, No. 163.* OECD Publishing. http://dx.doi.org/10.1787/5jxrjncwxv6j-en（2015年2月15日閲覧）

グリフィン，P.・マクゴー，B.・ケア，E. 編（2014）．『21世紀型スキル—学びと評価の新たなかたち—』（三宅なほみ監訳）北大路書房．

本所恵（2015）．「EU におけるキー・コンピテンシーの策定とカリキュラム改革」『金沢大学人間社会学域学校教育学類紀要』第7号，23-32．

石井英真（2015）．『今求められる学力と学びとは—コンピテンシー・ベースのカリキュラムの光と影—』日本標準．

小寺隆幸・小田切忠人・井上正允（2014）．『数学的コンピテンシーを伸ばし民主主義の担い手を育むデンマークの数学教育』（JSPS 科研費23501034）．

国立教育政策研究所編（2013）．『生きるための知識と技能— OECD 生徒の学習到達度調査（PISA）2012年調査国際結果報告書—』明石書店．

松尾知明（2015）．『21世紀型スキルとは何か—コンピテンシーに基づく教育改革の国際比較—』明石書店．

松下佳代（2010）．「〈新しい能力〉概念と教育—その背景と系譜—」松下佳代編『〈新しい能力〉は教育を変えるか—学力・リテラシー・コンピテンシー—』ミネルヴァ書房，1-42．

松下佳代（2014）．「PISA リテラシーを飼いならす—グローバルな機能的リテラシーとナショナルな教育内容—」『教育学研究』第81巻第2号，14-27．

McClelland, D. (1973). Testing for competence rather than for "intelligence." *American Psychologist, 28,* 1-14.

奈須正裕・江間史明編（2015）．『教科の本質から迫るコンピテンシー・ベイスの授業づくり』図書文化社．

National Research Council. (2012). *Education for life and work: Developing trans-*

ferable knowledge and skills in the 21st Century. The National Academies Press.

Niss, M. (2003). Mathematical competencies and the learning of mathematics: The Danish KOM project.　http://www.math.chalmers.se/Math/Grundutb/CTH/ mve375/1213/docs/KOMkompetenser.pdf（2015年５月17日閲覧）

Niss, M., & Højgaard, T. (Eds.) (2011). *Competencies and mathematical learning: Ideas and inspiration for the development of mathematics teaching and learning in Denmark* (English edition).　http://diggy.ruc.dk/bitstream/1800/7375/ 1/IMFUFA_485.pdf（2015年５月13日閲覧）

OECD (2004). *The PISA 2003 assessment framework: Mathematics, reading, science, and problem solving knowledge and skills*. OECD Publishing. OECD （2004）.『PISA2003年調査 評価の枠組み』（国立教育政策研究所監訳）ぎょうせい.

OECD (2005). *The definition and selection of key competencies: Executive summary*. OECD Publishing.

OECD (2013). *PISA 2012 assessment and analytical framework: Mathematics, reading, science, problem solving and financial literacy*. OECD Publishing.

Rychen, D. S., & Salganik, L. H. (2003). *Key competencies: For a successful life and a well-functioning society*. Hogrefe & Huber.　ライチェン，D. S.・サルガニク，L. H.（2006）.『キー・コンピテンシー──国際標準の学力をめざして──』（立田慶裕監訳）明石書店.

Smith, M. K. (2005). Competence and competencies, the encyclopaedia of informal education.　http://www.infed.org/biblio/b-comp. htm（2013年７月14日閲覧）

Spencer, L. M., & Spencer, S. M. (1993). *Competence at work: Models for a superior performance*. John Wiley & Sons.　スペンサー，L. M.・スペンサー，S. M.（2001）.『コンピテンシー・マネジメントの展開──導入・構築・展開──』（梅津祐良・成田攻・横山哲夫訳）生産性出版.

第5章

算数・数学の授業を豊かにする「教授学」
——「主体的・対話的で深い学び」の強調の前に——

増島　高敬

1　算数・数学をいかに教えるのか——斎藤喜博と遠山啓の論に学ぶ

（1）授業の研究を「科学」に——斎藤の論(1)

　新学習指導要領ではアクティブ・ラーニングは「主体的・対話的で深い学び」と言い換えられている。アクティブ・ラーニングの強調は「授業方法の改善」の他に独特の能力論を伴って教育の目標を「主体的・対話的で深い学び」ができる人間を育てることにおき，教科の内容などはそれに従属させるという議論を伴っていた。本書では，主として「授業方法の改善と内容のかかわり」の側面について考察する。

　例えば松下佳代は「知識 vs 学び方という二項対立を克服する必要がある」として「deep な（深い）学び」の必要を提起している(1)。

　私はこのような批判に共感しつつ，忘れられがちな民間教育運動の成果を若干掘り起こすことからはじめたい。

　1960〜70年代前半には，実践の成果をたんなる事実の集積に終わらせることなく「教授学」という一つの経験科学に仕上げていこうという挑戦があり，優れた教材文化の蓄積をつくるとともに「何を」から「いかに」への関心の広がりもあった。以下に斎藤喜博・遠山啓という二人の仕事に目を向けて，今日に(2)

（1）　例えば2015年12月12日桐蔭学園アクティブラーニング公開研究会2015での講演。
（2）　斎藤喜博（1911〜1981）：群馬県教組教文部長をへて1952年より11年間島小学校長。教育科学研究会に参加して教授学部会を創設。
　　　遠山啓（1909〜1979）：数学者・東京工業大学教授。1950年ころより数学教育に

活かせる論点を探ってみたい。

　斎藤喜博は島小学校での実践の蓄積をもとにしてその著『授業の展開』(3)
(1964) の中で授業の科学としての教授学，すなわち授業の一般法則を明らか
にしようとした。しかし，このような挑戦を受け止め理論化・発展させようと
した教育学者・学会の取り組みがあったのか，残念ながら私は寡聞にして知ら
ない。

　斎藤はまたその著『現代教育批判』(1966) において「教授学の建設は授業
の内容（教科・教材の内容）と具体的な授業の事実とを前提とする」として，
次の「三つの仕事」を課題に挙げている。

　①専門の研究者・芸術家などの専門的な力による教科・教材の研究と体系化

　②授業展開の一般的な法則を明らかにすること（教授学の建設）

　③現場教師による具体的な授業展開

　同じ時期，民間教育運動の中では，学習指導要領にとらわれない自主的な教
育内容づくりの運動が高まっていた（教育課程の自主編成運動）。戦後の限られ
た一時期を除いて行政が一貫して教育現場に対する管理・統制を強めてきたと
いう不幸な事態のもとでも，日本の教師たちは手弁当で自らの自主的な努力に
よってこの運動を進めてきた。日本教職員組合が当時設置した教育制度検討委
員会の報告 (1971-72, 1983) はその一つの集大成であるが，残念ながら今日
では入手困難である。

　このような中で，遠山啓と数学教育協議会は民間教育運動の先頭に立ち，自
らが開発した「水道方式」や「量の理論」などによって実際に子どもたちに数
計算を中心に着実に力を付ける大きな成果を上げ，これは毎日新聞のキャン
ペーンなどもあって社会的にも大きな関心を呼ぶこととなった。

　こうした中から必然的に「何を教えるのか」から「いかに教えるのか」へと
問題意識が発展した。遠山啓は『数学教育ノート』(1969) の中で「教授学の(4)

　　関心を持ち1951年に数学教育協議会を結成，委員長を務める。「水道方式」を開発。
　　晩年は教育全般の改革の論陣を張った。
（３）　島小学校：群馬県佐波郡内の小学校。斎藤喜博が1953年から11年間校長として在
　　任。後，伊勢崎市立境島小学校となり2016年閉校。

一般論はあってもたとえば数学教授学のような各教科の教授学はまるでできていない」としてその課題に挑戦しようとしている。

　斎藤や遠山が述べていることを参考に改めて授業について考えてみると，あまりにも当たり前のことだが

・授業には「子ども」「教師」「教材」という三つの要素がある

ということが再確認される。この点で，アクティブ・ラーニングの持ち込みのような「（大学から小中高へと）上から降りてくる」議論に欠けているのは

・同じ教材でも子どもが違えば授業方法や展開も変わる

という実践の現場では当たり前の事実や

・教材の内在的な欠点や教材の子どもとの不適合は授業・学習方法や形態の工　夫によっては解決できない

ということへの認識である。

（2）同じ教材でも子どもが違えば授業の方法や展開も変わる

　自由の森学園[5]の高校2年で「微分と積分の逆関係」を授業した時（1988年11月）のことである[6]（後述のように自由の森では積分を先習する。積分は積分で，微分は微分で学んだあとにその逆関係を学ぶ）。次のような問題を提示した時，二つのクラスで授業はまったく異なった展開・異なった解決になったのである。

　　出発点での高さが80ｍ，出発点からの水平距離がxｍの地点での傾きが0.1xｍ/ｍであるような斜面があります。水平距離60ｍの地点での高さは何ｍになるでしょうか？

　このような斜面を想像して図5-1を書いてみるところまでは同じだった。そのあと2組では図5-2のように区間に分けて折れ線で近似し区間の幅を小さくしていく，という考えにまとまり，傾き×水平方向の変位＝高度差である

（4）　ここに引用の部分は遠山（2009）に所収。

（5）　自由の森学園：1985年に埼玉県飯能市に開校された私立中学校・高校。

（6）　雑誌『数学教室』1989年4月号～89年9月号連載の増島の実践記録が数教協ゼミ　　　ナール（パンフレット）「積分・微分の授業をつくる」にまとめてある。その，pp.　　　123-131に詳述。

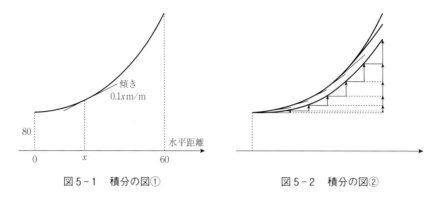

図 5 - 1　積分の図①　　　　　　図 5 - 2　積分の図②

ことから「細分した積の和の極限」という定積分の定義によって

$$80 + \int_0^{60} 0.1x\,dx = 80 + [0.05x^2]_0^{60}$$
$$= 80 + 0.05 \times 60^2$$
$$= 260$$

に行きつき解決された。定積分の定義がしっかり定着していたのである。

　翌日，1 組では「曲線グラフの上の各点での傾きを求める」微分のイメージと微分公式から $f'(x) = 0.1x$ となるような関数 $f(x)$ を試行錯誤で探すこととなった。その結果，$f(x) = 0.05x^2 + c$ に行きつき，$f(0) = 80$（出発点の高さが 80m）だから $c = 80$，$f(x) = 0.05x^2 + 80$ となる。そして $f(60) = 0.05 \times 60^2 + 80 = 260$ が求められる。

　もちろんこれは子どもたちが「積分は積分」「微分は微分」としてそれぞれを一通り学んだあとだったからこういう異なった展開になったのではあるが，前述のことの一例にはなるだろう。

　授業の方法・形態は「子ども」「教師」「教材」の三つと内在的に結びついているのであって，一般的な方法・授業形態が一人歩きしても，ましてその特殊な一つを押し付けてもそれは実践の有効な指針にはなり得ないのである。

（3）遠山による授業についての検討

　遠山は『数学教育ノート』（1969）において60年代に読まれていたソヴィエト教育学の文献の一つであるダニロフ（Danilov, M. A.）・エシポフ（Esipov, B.

P.）の『教授学』を手がかりに，その中で挙げられている次のような原理を列挙して検討を加えている。

　　ア．教授の科学性の原理　　　　　イ．系統性の原理
　　ウ．理論と実践の結合の原理　　　エ．生徒の意識性と積極性の原理
　　オ．教授の直観性の原理　　　　　カ．知識習得の強固性の原理
　　キ．教授の相応性の原理
　　ク．学級集団の学習作業の中での個別的接近の原理

　アとイについて言えば，遠山は常識的な理解とは異なって数学の系統性・体系性が多様であり得ること，その中から子どもの認識の発展過程に適合したものを選ぶべきことを指摘している。

　遠山は，元来人間の認識の発達には一定の法則があり，それは大局的には子どもの認識の発達法則と符合するはずだとした上で，系統性や順次性は一義的に定まっているようなものではないことを強調している。

　また，同書の別の箇所では，科学の持つ体系や系統も，その起源までさかのぼると，人類の長い年月にわたる実生活から生まれてきたものとも指摘している。そうすれば，子どもの認識の発展過程に適合した数学（科学）の体系・系統は現実世界から数学への発生的形成的な過程を重視すべきだということになる。

　数学は，概念から出発して論理と思考によって新しい概念に至るようにつくられていくが，その概念が現実世界の中からどのように抽象され抜き出されてくるかが教育的には重要なのである。

　ウについては，狭い直接的な生活や消費生活だけではなくもっと社会的歴史的な実践や人類的な実践に眼を向けるべきこと，科学史や数学史の中から様々な知識や技術が長い年月にわたる人間の努力によって得られたことを学ぶべきことを指摘している。

　エについても，教材が論理的に整理されて考えやすくなっている時に，子どもははじめて自発的に考えて活動できると指摘している。

　これらの論点では，体系・系統が固定的な一義的なものではないこと，子どもの認識の発展に適合した系統・体系が求められるということがくり返し強調

されている。

　カに関連して，子どもの学習の進みゆきの中で習熟とともに技能が自動化されて駆使できるような記憶に転化することを述べている。いろは唄と五十音表を比較して50音表の行・段による構造的な記憶が優れていると指摘していることが目を惹く。

　キ，クに関連するが，斎藤（1964）が授業展開の中での「授業の形態（もしくは学習指導の形態）は，教科とか，教材とか，学級とか，一つの教材の場合でも学習内容とかによって，そのときどきに，それぞれ異なったものがあってもよいはずである」と述べていることは重要である。昨今のアクティブ・ラーニングの強調に欠けている論点である。教育機器の発達（電子黒板，パワーポイントの使用，パソコンの普及等々）や特定の授業方式の「流行」があったとしても，なお今日的に重要な指摘である。

（4）授業の形態──斎藤の論(2)

　授業の形態（学習指導の形態）を，斎藤（1964）は島小学校での実践をもとに次の4つの形に整理している。

　a．個人学習：それぞれの個人が自分一人で学習し，一般的で基礎的なものを自分のものとする。自分一人だけでやる学習である。

　b．組織学習：自分一人の学習を学級の仲間とつなげながら，拡大したり深化したり，変更したりしていく。中心は一人にあるが，部分的にであっても他の人間と交流しながら自分の学習を深めていく。すなわちこの学習によって，学級全体の学習が組織されていく。

　c．一斉学習：学級全体が一つの共通問題を対象にしながら追求していく場面である。

　d．整理学習：授業の全過程で追求し獲得したものを，整理し，確実に学級全体や一人ひとりのものにする作業である。

　そして斎藤は「しかし，この授業形態の順序は，あくまでも原則であり基本である。…（中略）…その教材によって…（中略）…一斉授業だけですます場合もあるし，組織学習だけですます場合もある。また，普通いわれる一斉教授

だけですます場合もあるし，一斉学習と組織学習とをまぜ合わせた学習ですます時もある。特に低学年の場合などは，四つの形態を全部追わないで，ほとんど一斉学習と組織学習を合わせたようなものとなっている」と解説している。

　遠山が引いたク（学級集団の学習作業の中での個別的接近の原理）とここでの斎藤のｂとｃがかかわる。

　斎藤は

・教師の机間巡視などによって様々な思考を発見し子どもを移動させたり話し合わせたりして結び付けたり発展させたりする

・ときには全体の中に出して考えさせたり迷路に入りそうな考えをつぶしたりなどする

ことによって一斉学習のテーマを練り上げることを強調している。

　その上で，それを教師の発問・問いかけと子どもたちの応答，あるいは子ども同士の話合いなどによって学級全体の中で集中して考え解決していくことを重視している。

　斎藤のいう授業・学習の過程に関連して，明星学園中学校での数学の授業形態（学習指導の形態）が興味深い。[7]

　明星学園では，子どもたちが考えるべきテーマが示されると，まず個々人が考えをまとめる時間がとられ，続いてそれを発表し合っていくつかに整理し，そのどれに賛成かということで一人ひとりの立場を決める。その上で討論が行われて，教師の援助と結びついて追求すべきテーマが絞られその解決が図られる。教師たちの世代交替が進む中でも継承発展させられることが期待される。

　また，同志社中学校では，固定された教科教室で子どもの意見の出し合いと討論を軸とする授業が展開されており，今後の発展が注目される。[8]

　班（グループ）に分けることによって親近感などから子どもが口を開きやすくなったとしても，教材や発問が子どもの好奇心や関心を刺激し思考を促すようなものになっていなければ，子どもの思考を深め発展させるような発言は得

（7）　明星学園中学校：東京都三鷹市にある私立中学校。
（8）　同志社中学校：京都市にある私立中学校。

られない。教材が子どもの複数のあるいは多様な，できれば対立する考えを必然的に引き出すようなものになっていなければ，班討議（グループ討議）を行っても「おしゃべり」のレベルを超えることはできない。だから斎藤は「班学習」（しばしば学級生活の中で固定された「生活班」をもとにして行う）や「グループ学習」を絶対視せず，必ずしも必要なものとは考えていないのである。

2　自由の森学園での授業から(1)――「積分」「指数関数と対数関数」

前出の遠山の論点（1節（3））にかかわって自由の森学園での経験を2つ紹介する。

自由の森学園では学校体制として「定期試験は行わない」「点数評価はしない」ので，子どもたちの学習への意欲・動機づけは子どもたち自身の成長・自己変革への願い（それはしばしば屈折して現れる）と教材の力以外にはなかった。しかも「点数序列的な評価」にスポイルされ「学力」の差が大きい子どもたちとともにいかに授業をつくっていくのかということは深刻な挑戦課題であった。

私たちが考えたことは，第一に「現実世界の量を土台に教材をつくり授業をつくる」ということであった。

そこで私たちがまず気づかされたことは

＊現実世界をとらえる上で「小学校における基本的な知識や概念は大変射程距離が長いものである」ということ

＊それを高校生の眼で学び直すことにより，一方では現実世界をより深くとらえることができるようになると

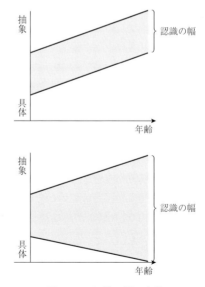

図 5-3　認識の幅の変化
（出所）　銀林（1975）

ともに，他方ではよりレベルの高い数学の世界へ飛躍できること（図5-3の上の図ではなく下の図のように）

＊高校生たちは現実世界の中に分け入ってそれをより深く分析的に掴むとともにその上に抽象的な数学の世界をつくりあげることで具体と抽象の間を「振幅大きく振れながら」両方ともとらえる力を持っていること

である。遠山（1969）はこのことについて，ダニロフ・エシポフの『教授学』の中の「系統性の原理」を検討しながら「数学の学習は頂点をめざしてラセン状に回りながら進んで行くのであり，学んだ事項を高い段階から見直す機会がある」という趣旨の指摘をしている。銀林浩も「数学教育のパラドックス」[9]（1975）という小論においてこのことを「具体と抽象の間を往来する認識の幅が広がる」と述べている。

　以下，これらの論点にかかわって私の積分の授業と最近の対数・対数関数の授業の「入口」を紹介する。

（1）積分の授業の入口

　1986年度に自由の森での初めての微積分の授業に取り組んだ時，私たちは伝統的な微分先行のやり方をとらず積分先行でスタートした。

　なぜ積分先行だったのか？

　積分は乗法・微分は除法の自然な発展であり，乗除では乗法が順算，除法が逆算であること，微積分で不可欠の極限移行と収束の様子が「積の和の極限」として面積として現れる積分の方が直感的でわかりやすい，などの理由による。

　積分の授業をなぜ〈1あたりの量×いくら分＝総量〉という「かけ算の意味」からはじめるのか？　それはかけ算の「意味」を保ったまま「答えの求め方」を自然に発展させていった線上に定積分がある，と考えたからである。

　〈自然数×自然数〉の場合は何らかの形で足し算しなければ答が求められない。だからといって，累加をかけ算の意味付けにすれば〈×小数・分数〉など

（9）　銀林浩（1927～）：数学者，数学教育運動家。遠山啓とともに水道方式を考案。遠山の後を受けて数学教育協議会委員長。

連続量のかけ算になった時に説明がつかなくなる。この場合には，一度被乗数の方の量を分割してからかけて足さなくてはならない。例えば，〈×3.2〉であれば，被乗数（1あたりの量）をまず10等分して〈0.1あたり〉を求め，それからそれを32個分集める，というように「分けて集める」ことが必要となる。答えの求め方は明らかに変化し発展している。そして，かけ算を1あたりの量（内包量）が一定ではなく変化する場合にまで発展させて

　　　細かく分けて　　かけて　　たす

としたところに定積分がある，ということなのである。

　この積分の授業は

＊3×5＝？という計算に当てはまる文章問題をつくる

＊それを分類して，〈1あたりの量×いくら分＝総量〉という意味になっているものを抜き出す（実際にはほとんどすべてがこの意味だった）

＊一題を選び，それを数式を使わずに図や絵で相手に伝える工夫をする

＊〈1あたりの量×いくら分＝総量〉（総量は未知）になっているものの図や絵を検討しつつ，かけ算の意味が累加ではないことを明らかにする

＊連続量のかけ算にも通用する図を工夫する。個々の場面の具体性をはぎとって，様々に適用できる抽象化された「図」を考える。たてが1あたりの量（内包量），よこがいくら分（外延量），たて×よこの面積が総量となるような図に行き着く（面積図）。

＊1あたりの量が一定ではなく変化する場合に進む

というように展開された。

　私たちはその延長線上に定積分を

　　　細かく分けて　　かけて　　たす

というイメージでとらえたのである。

＊底面積1cm²の筒状の容器に不均質な溶液が入っている。濃度（g/cm³）が底からの高さ（cm）とともに一様に小さくなるような溶液の重さを求める問題を考える。かき混ぜれば全体が平均の濃度となって一定になる。面積図が有効に働いて濃度のグラフの下の台形の面積が総量を表すのだとわかる（「かき混ぜる」操作で平均の濃度に一様化できるから！）。

＊濃度の減少が底面からの高さの２乗に比例している場合（例えば底面積一定と
　して，底からの高さ x cm のところでの濃度が（$1+x^2$）g/cm³ である場合）に進む
といった筋道をへて，区間 $a \le x \le b$（例えば底面からの高さ）における関数
$y=f(x)$（例えば底からの高さとともに変化する濃度）の定積分 $\int_a^b f(x)\,dx$（溶液
の重さ）は

　　　$a \le x \le b$ を細かく分けて……dx（微小体積）
　　　かけて……$f(x) \times dx$（微小部分の重さ）
　　　たす……$\int_a^b$（微小部分の重さを総和する）
　　　まとめ書くと……$\int_a^b f(x)\,dx$（不均質溶液全体の重さ）

というようにまとめられていく。

　終始子どもたちの意見によって展開し得た授業であり，筆者のとって印象深
く学ばされた授業であった。

（２）対数・対数関数の授業の入口

　対数・対数関数の授業では「倍の倍はまた倍である」という小学校で学ぶ基
本的な概念に時間の経過を加えた「時間はたし算・倍率はかけ算」という事実
を法則的にとらえることが出発点となり，これが実践全体を通底するものとな
っている。
　ここでは
＊量の変化は「あとの量÷前の量＝倍率」という眼でもとらえることができる。
　これは小学校高学年のテーマで，大変「射程距離が長い」ものである。
＊「倍の倍は倍」という日常的な経験知を「時間はたし算・倍率はかけ算の法
　則」としてとらえなおす（後述）。
＊典型的な変化法則として一様倍変化（等倍変化）が存在する。
　　これは「変化する量が，その多少にかかわらず，またどの時刻から観測す
　るかによらず，経過した時間のみによって決まる倍率で変化する」という変
　化法則である。
＊「時間はたし算・倍率はかけ算の法則」に「倍の一様性」を付け加えれば指
　数関数になる。これが「高校生の眼」！

「時間はたし算・倍率はかけ算の法則」はたとえば下のような例で説明することができる。

　MASSY の教師生活50年の間に，私立高校教師の大卒初任給（月額）は下のように変化しました。

1962年：15,000円　　　1974年：75,000円　　　1998年：225,000円

1962～74年の＿＿＿＿年間に初任給は＿＿＿＿倍になりました。

1974～98年の＿＿＿＿年間に初任給は＿＿＿＿倍になりました。

では，1962～98年の間を通算すると，初任給は何倍になりましたか？

　量の変化について「差で見る」「倍率で見る」の二つの見方があるが，ここでは倍率で見ていくことを述べたうえで，給料がはじめの12年間で5倍，次の24年間で3倍になっていることを確認する。

　1962年～1998年を通算するとどうなるか？

　年数が　12年＋24年＝36年　となることは問題ない。倍率の方についてはごく少数だが　3倍＋5倍＝8倍　という声が出ることもある。これは子どもたちの中ですぐに打ち消され5倍×3倍＝15倍となる。1962年～1998年では

　　225000円＝75000円×3＝(15000円×5)×3＝15000円×(5×3)＝15000円×15

という計算を示して

　　12年＋24年＝36年　（時間はたし算）

　　5倍×3倍＝15倍　（倍率はかけ算）

が対応していることを確認するのである。

　また一様倍変化の導入には，次のようなクイズを使うことができる。

　容器の中にバクテリアが入っています。体積が1分ごとに2倍になるような猛烈な勢いで増殖しています。観察をはじめてから1時間後に容器の中がいっぱいになりました。このバクテリアが容器のちょうど半分の体積を占めたのは，はじめから何分後ですか？

　必ず「30分」「59分」という二つの声が出る。30分派が圧倒的多数で59分派は少ないのが普通である。しかし，そのまましばらく待っているとそこここで

やりとりがはじまっていつの間にか59分派が多数になってくる。頃合いを見て二，三人に説明させると「あ，そうか！」ということになって，子どもたち自身の中で59分に落着する。

　「時間はたし算・倍率はかけ算」の法則は対数表・対数関数の基本的な性質「対数の和は真数の積に対応する」と一致する。

$$\log a \qquad \log b \qquad \log a + \log b \quad \cdots\cdots（対数の和）$$
$$a \qquad\quad b \qquad\quad a \times b \quad\cdots\cdots（真数の積）$$

となる。そこで，対数を「（常用対数ならば）量が10倍になるのに要する時間（10倍増期）を単位として測った特殊な時間」（一般に対数の底がpならばp倍増期を単位に測った時間）とみなし真数を量の変化の倍率とみなせば，対数表・対数関数はそのまま「時間はたし算・倍率はかけ算の法則」をあらわすものとなり一様倍変化を分析するメガネとなるのである。

3　自由の森学園での授業から⑵──確率の導入

　1節（4）で述べたとおり，教材や発問が子どもの好奇心や関心を刺激し思考を促すようなものになっていなければ，あるいは教材が子どもたちの複数のあるいは多様な，できれば対立する考えを必然的に引き出すようなものになっていなければ，子どもたちの討論や話合いは「おしゃべり」のレベルを超えることはできず，結局は教師が引き取ってレクチュアする他なくなる。この論点にかかわって，確率の導入の授業を紹介する。そこでは，次の問題を取り上げた。

　　A，Bの2人が2枚のコイン（投げればもちろん裏表が平等に出るようにつくられているとします）を投げて勝負します。
　　A：このコインを投げて点取りゲームをしよう。まずはじめに僕がコインを投げる。表が出たら僕の勝ちだ。裏だったら君がコインを投げる。そこで表が出たら僕の勝ち，裏が出たら君の勝ちだ。
　　B：それじゃ君の方が有利だ。

> A：では点数に差をつけよう。僕が勝つチャンスが2通り，君には1通りな
> 　　のだから，僕が勝てば1点，君が勝てば2点ということにしよう。
> B：それならいい。では，どちらが早く20点とるか，やってみよう。
> 　さて，このルールは公平でしょうか？

　子どもたちの反応は確率についての予備知識の有無や確かさにより異なるが
ア　全員一致で「公平だ」となる場合
イ　「公平だと思う」「（理由はうまくいえないが）公平ではない」に二分され
　　る場合
ウ　子どもたちの誰かが樹形図や場合の数を使って「公平ではない」と説明
　　してしまう場合
などである。
　アとイの場合には「ではやってみよう」といってゲーム（実験）に入る。
　その結果によって「公平ではない」ことがわかる。それとともに「では，ど
うなっているんだ」「得点を何対何にすれば公平になるのか？」という新しい
問いが生まれる。
　ここでよく考えるようにいって議論してもらうと「1回目にAが投げる時，
表が出るか裏が出るかは平等なはずだ」「Bが勝つチャンスは半分の半分だか
ら4分の1しかない」と気づく子どもも出てくるはずである。整理すれば
　　Aが勝つチャンスは
　　　1回目に表（2回目は投げないが，もし投げれば表）
　　　1回目に表（2回目は投げないが，もし投げれば裏）
　　　1回目に裏（2回目にBが投げて表）
と3通りあるのに対して，Bが勝つチャンスは
　　　1回目に裏（2回目にBが投げて裏）
の1通りしかないのである。こうしてAが勝つチャンスとBが勝つチャンスは
2：1ではなくて3：1なのだということがわかる。ゲームの結果のAとBの
勝ち数をまとめてみると，ゲームの回数が十分大きければ，このことが裏付け
られる。

　ウの場合は，その説明の正しさを検証するためにゲームをやってみることになる。この場合にもゲームの回数が十分大きければ，その結果はＡが勝つチャンスとＢが勝つチャンスは２：１ではなくて３：１なのだということ（ウの場合はあらかじめ説明されていたこと）を裏付けてくれるだろう。

　ここでのまとめとして，実験の結果をあらかじめ「それ以上分割できない」「しかもそれぞれが『同程度に期待できる』と考えられる場合」に分析しておけば

　　　「そのことがらが成り立つ場合の数／すべての場合の数」によって確率が
　　　計算できること，それが大量の実験の結果としてのその事柄が起こる相対
　　　度数にほぼ一致すること

などがわかるのである。

　Ａが勝った場合とＢが勝った場合の点数をどうすれば公平になるか，Ａが勝てば１点，Ｂが勝てば３点とすればよいことは明らかである。

　この教材は
＊子どもたちが必ず意見をだすことができる
＊しかも子どもの意見は対立する２つの考えに整理されていく
＊討論の結果如何にかかわらず決着をつけるための実験が求められる
のである。

　同工異曲の教材はいくつも知られている。例えば

　　　２つサイコロがあって（もちろん２つともどの面も平等に出るようにつくら
　　　れている）それぞれの３つの面は青く，２つの面は赤く，残りの１つの面
　　　は黄色く塗ってある。この２つのサイコロを投げた時出る２つの面の色の
　　　取り合わせはどれが一番多いか？

　確率を初めて学ぶ子どもたちであれば，ほとんどみんな青・青というだろうし，理由を問えば「一番出やすいもの同士の組み合わせだから」と答えるであろう。しかし実際は青・赤なのである。

4　中学校・高校の授業の「教授学」を！

　斎藤の提起に学んだ実践は主として小学校のものに限られたのだが，本来中学・高校でもそのような挑戦が必要だった。遠山の提起は「考え方としては」中高でもかなり広く影響を持ったが，高校受験や大学入試の圧力の中で，特に高校では授業が「受験のための問題解法と演習」に特化されがちな中で，斎藤や遠山の提起を活かした実践は容易には生まれなかった。私たちが自由の森学園での授業づくりでいくらかでもそれに挑戦できたのは，「定期テストは行わず点数評価をしない」「点数・序列を排す」という学校体制があったからである。

　管理体制が強まる中でも子どもたちは待っていてくれない。「神々は細部に宿る」という。一人の，一つの教室の中の，1時間の挑戦であっても，小さな実践を無駄にせず蓄積・理論化していくことを訴えて結びとする。

文　献

銀林浩（1975）.「数学教育のパラドックス」『数学教室』1975年11月増刊号.（銀林浩「数教協ゼミナール　46　中学生と数学」数学教育協議会所収）

教育制度検討委員会編（1971-1973）.『日本の教育はどうあるべきか』勁草書房.

増島高敬・宮本敏男・岩上良吉（1990）.「数教協ゼミナール　43　積分・微分の授業をつくる」数学教育協議会.

斎藤喜博（1964）.『授業の展開』国土社.（2006年に「人と教育双書」に収められて新装版刊行）

斎藤喜博（1966）.『現代教育批判』（国土新書）国土社.

遠山啓（1969）.『数学教育ノート』（国土新書）国土社.（1991年に現代教育101選として刊行）

遠山啓著，銀林浩・榊忠男・小沢健一編（2009）.『遠山啓エッセンス　4　授業とシェーマと教具』日本評論社.

第Ⅱ部

対話と協同の授業をつくる

第Ⅱ部は，それぞれの著者が小学校・中学校・高校で実際に行った算数・数学の授業について記した5つの章から構成される。それらを通して，主体的・対話的に深く学ぶ算数・数学の授業を創る上での視点や課題を提起する。

　第6章では，算数・数学の系統性を問い直し，問題の見え方の多様性を受容する授業の試みを小学4年と中学3年について紹介し，子どもたちの多様なあり様を無条件に認めることを起点とする授業創りを提案する。

　第7章では，小学3年のわり算の授業を例に，操作活動を行いシェーマ図を活用することで，筆算の方法について深い対話がおこり，筆算の方法を見出すだけでなくその過程で様々な力が育まれることを示す。

　第8章では，互除法から連分数へ進む中学3年の授業で，$\sqrt{2}$が無限連分数で表されることに生徒自身が気づいたときの感動を紹介し，算数と数学をつなげ，概念の再構成をめざす授業の意味を提起する。

　第9章では，高校1年生が多面体をテーマとし，グループで探究し，発表する研究者のような活動を通して，問う力をはじめ様々な数学的コンピテンシーが育まれ，情意面でも変化したことを示す。

　第10章では，高校の2進法の学習で，「分銅のつりあい」を現実モデルとしたことで生徒同士の対話が深まり，3進法の理解へ発展したことを紹介し，主体的・対話的に深く学ぶ「実験数学」の意義を提起する。

第6章

「多様化」時代の算数・数学の授業づくり
── 算数・数学は系統的か？ ──

小田切　忠人

1　多様な子どもたちの授業参加

　本章では，今日の算数・数学（初等・中等数学教育）のカリキュラム開発・授業改善の課題を，二つのキーワードで表題にした。

　一つは，「授業づくり」である。日本の教師には，「授業」は「創る」ものだという感覚があり，「授業づくり」という言い方がある。わが国では「授業づくり」とは何かと定義しなくても，その言い方で議論を始めることができる。

　もう一つは，「多様化／ Diversity」である。「多様化」は，21世紀という時代を生き始めた「今」という時代を語るキーワードである。「多様化」は，その「今」を生きる子どもたちの成長の姿をも表すキーワードである。発達の多様性，学びの多様性などと言及できる。今日の算数・数学の授業づくりの課題は，多様な子どもたちの授業参加とその豊かさを実践的に実現することである。

　そして，副題で「算数・数学は系統的か？」と掲げた。戦後の，今日に至る算数・数学の授業づくりの発展は，算数・数学が系統的な教科だと言われ，その授業づくりが努力されてきたことによると言えよう。しかし，それを改めて問い返す。多様なすべての子どもたちが参加する授業を「創る」ために。

　多様なすべての子どもたちが参加する算数・数学の授業づくりはすでに始まっている。フェンデル（Fendel, D.）らのインタラクティブ・マスマティックス・プログラム（IMP）を挙げることができる（Fendel et al., 2004）。フェンデル教授が来日した時に「この教科書では，どんな子どもたちの授業を想定していますか」と聞く機会があった。折しも習熟度別の授業が強く提唱されていた

時であった。彼は，迷うことなく即座に「ヘテロジーニアス（heteroge-neous）な子どもたち」だと答えた。子どもたちを文化的背景や学習達成などでクラス分けした授業でなく，その地域に住む多様な子どもたちが一緒に学ぶ授業を想定しているということである。また，ニス（Morgens Niss）教授のコンピテンシーによるカリキュラム・授業の開発も，多様なすべての子どもたちが参加する算数・数学の授業づくりを目指している。ニス教授の研究室を訪問した時（小寺・小田切・井上，2014），「知識とか技能という言葉があるのに，何故，コンピテンシーと言葉を使うのですか」と率直に質問してみた。彼もまた，迷うことなく即座に「多様な子どもたちが共に学ぶ」授業をするためだと答えた。デンマークでは，高校で中退する生徒が多く，学力差がある児童・生徒が共に学び続けることができるカリキュラム・授業の開発が今（2014年度から実施される学校教育改革）の課題で，その仕掛けがコンピテンシーというわけである（福井大学大学院教育学研究科，2015）。

　以下では，算数・数学の授業づくりパラダイムを転換することで，わかり方や学習達成などが一様でない児童・生徒のすべてが参加する，言い換えれば一人の子どもも排除しない算数・数学の授業を実現することを，改めて提案する。

2　系統学習・系統的カリキュラム

　算数・数学は，系統的な教科だと言われてきた。算数・数学は，系統的に学ぶ必要があるということである。戦後直後の新教育では生活単元学習が提案されたが（昭和22年学習指導要領―試案―，および，昭和26年学習指導要領―試案―），系統学習をカリキュラム編成の方針とすることに早々に回帰した（昭和33年学習指導要領）。今日の学習指導要領は，改訂を繰り返してきたが，この系統学習カリキュラムの延長上にある。

　系統学習・系統的と言っても，それが厳密に定義され，形式論理によりカリキュラムが記述されているわけではない。系統学習あるいは系統的という語は，デカルト（Descartes, R. 1596-1650）に象徴される近代科学の黎明の時代にコメニウス（Comenius, J. A. 1592-1670）が科学的な方法（コメニウスは「自然に基

づいて」と言及）で教育することを提案したところの，すべての子どもたち（omnes）を対象とする公教育学校において広く実現している授業づくりの今日的な到達点を修飾する語である。今日，「算数・数学は系統的／系統的な教科である」という視点は，私たちのカリキュラム・授業づくりのパラダイムになっている。

コメニウスは言語教育を主に取り上げて体系的な教育方法について提案したわけであるが（コメニウス，1657/1962・1974），それは，今日，むしろ算数・数学の教育で，あえて言えば，特にわが国の算数・数学教育において実っている。そして，その系統的な教育内容・教材の実際は，「教科書」を見ることで確認できる。

3 「算数・数学が系統的である」という授業の実際

今日，わが国では数社から教科書が出版されている。具体的な教材や単元構成などは教科書によってそれぞれであるが，系統的なカリキュラムの特徴を確認するには，そのすべてを見る必要はない。例えば，小学校3・4年の算数教科書から「わり算の筆算」を学習するまでの道程を，中学数学1・2・3年教科書から「因数分解」を学習するまでの道程を見るとよい。÷2位数の筆算アルゴリズム「立てる・かける・ひく・おろす」を学習するまでに，また，因数分解を学習するまでに，児童・生徒は，何時間もかけて，学年を跨いで少しずつ，すなわち，教材を変え必要な事項を一つずつ学習し，それらを積み上げ続けるのである。教育内容・教材を系統的に配置することで，教えようとする内容をその前に学習させた内容を基に学習させることができるというわけである。

児童・生徒は，この何段階もの学習の過程すべてで取りこぼしなく学び続けなくてはならないのか。あらかじめ定められた授業時数の中で，何段階もの学習で求められるそれぞれの内容を取りこぼしなく学び続けられる子どもは何人いるだろうか。算数・数学のカリキュラムはスパイラル（ブルーナー，1961/1963）だという主張があることも知っている。しかし，そのカリキュラムは，系統的に配置された前時までの既習事項の獲得を不可欠な条件にして次

の授業を計画しているのではないか。授業を本時に必要な既習事項の確認から始めて，それが不十分な時は補足をする。そのような対応で間に合わなくなると放課後や夏休みに補習の授業をする。あるいは，習熟度別に分けて授業する。このように系統的な教材の配列に沿って少しずつ学習することは，認識の様相に着目したブルーナー（Bruner, J. S.）の提案ではない[1]。

　系統的に積み上げていこうと授業を構想・企図しても，実際は，必要な事項を不足なく準備した児童・生徒に授業できるわけではない。系統的な積み重ねを前提にしたカリキュラムでは，積み残しは増えていくし，積み残しを抱える児童・生徒も増えていく。それを家庭での予習や復習を宿題として課し，学習者の自己責任にして済ませていないか。実は，算数・数学の教科書と言っても，わが国に限らなければいろいろある。系統的な積み重ねを前提にしたカリキュラムでも，積み残した児童・生徒がいれば，それに合わせた授業をするしかない。難しい内容は，複数の学年で繰り返し学べるように教科書を編集すればよい。そのような教科書として，オランダの教科書 Reken Zeker は参考になる。「一人ひとりに即して」と言うと，何を今さらという声が聞こえそうである。つまり，授業づくりの視点として，これを否定する教師はいないだろう。しかし，同時に，その多くの教師が既習事項の獲得を不可欠な前提として授業を構想し，特に前時の学習の十分な達成を前提に授業を始めているのではないか。算数・数学の学習内容は系統的に配置されているから，あるいは，系統的に学習する必要があるからと。しかし，それは，目の前の児童・生徒を見て授業を創ることにはならない。前時にどのような学習をしたかということ・その経験は前提になるが，その一様な学習達成を，特に系統的に必要な既習事項の十分

（1）　ブルーナー（1961/1963）は，「どの教科でも，ほとんどどの年齢のどの子どもにも，何らかの形で教えることができないと信じる理由はない」と述べ，「まえに学習したこと」を「高い水準でくり返すやり方」を「ラセン形教育課程」と名付けた。それは，小出しする学習内容を少しずつ学習することではない。ここで，「高い水準で」とは，子どもの成長に伴って発達する「思考様式」（行動的表象・映像的表象・記号的表象）で「くりかえし展開」されることを指す。だから，スパイラルな教育課程では同じ学習内容の学び直しになるように仕組まれていなければならない。

な獲得を授業参加の前提にすれば，排除される児童・生徒が必ず出る。

4 そもそも算数・数学は系統的か？

　ミラー（Miller, M.）がユークリッドの原論に言及し，「Problemata の解とは，一般に後者の命題がそれより前の命題に立ち返ることにより確認される」と述べているように（金井，1988），数学は系統的に記述され得る。数学的な事柄を系統的に配列することは数学の一つの分かり方であり，納得の仕方，また，納得せざるを得ない方法であることを否定しない。しかし，それは，「幾重もの全体的性格」（金井，1988）をもつ数学の世界のことを認識する方法としては，私たちの思考の様々の一部でしかない。そうだとすれば，それが数学の世界のことを認識する相対的に効率的な方法であるとしても，唯一の方法であるとは言えないし，少なくとも創造的な方法かと問い返す必要がある。

　こう考えてみると，系統的な教育の各段階で必ずしも十分な学習達成に至らなくても次の学習に進むことができる，あるいは，つまずいてもそれなりに学習は進展しているはずであることが，そして，そこにこそ創造的な思考が担保されるのではないかということが示唆される。経験を振り返ってみれば，私たちはいつもよく分かって，よく分かった授業を積み重ねて学習を進めてきたわけではない。算数・数学の授業で児童・生徒が既習事項を一様に理解していることを前提にすることは，現実的ではなく，児童・生徒一人ひとりを見ない教師の「独り相撲」的な授業と言わざるを得ない。児童・生徒の学習レディネスは一様でなく，その多様な一人ひとりの学びを無条件に受け入れることが，児童・生徒の学びを例外なく保障するだけでなく，その学びを豊かなものにする。

　児童・生徒は系統的に配列された内容の教育の各段階で，十分な学習の達成に至るように期待されるが，その一人ひとりは，必ずしも十分でない，あえて言えば，不十分な理解のまま，少しずつ学習を進めているはずである。よく分かったという子どももいるだろうけど，その場合でも，疑問がないわけではないはずである。また，分からないという場合も，何も分かっていないということでもないはずである。分かり方，納得の仕方，そのための試行錯誤に必要な

時間などは，それぞれであるはずである。児童・生徒がみんな同じように分かってくれるはずがない。児童・生徒一人ひとりの実際は，そういうものである。系統的に配列された既習事項は，学習の外的な前提と言えても，内的には十分な前提になるとは限らないし，その不十分さはその他の経験的な知識で補うしかなく，かつ，それは自然に行われることであるばかりでなく，「幾重もの全体的性格」をもつ数学の世界のことを様々な可能性で理解することとなる。系統的に教育内容を配列するという，その系統性は，教材の論理的な関係性であるが，それだけで児童・生徒の所期の学習達成を保障できない。

　児童・生徒一人ひとりの学びに寄り添えば，すべての児童・生徒が同じように分かる授業にはならない。児童・生徒の学びは不揃いで，それゆえに，児童・生徒が共同して学ぶことは発想の多様性を担保する。その学びの姿は，協働(Co-production)と言うにふさわしい。多様な児童・生徒の一人ひとりを，すなわちその問題(Problemata)の見え方の多様性を受容する授業づくりを提案する。

5　学習達成が多様な児童・生徒が学び合う授業

　÷2位数の筆算（小学4年）と因数分解（中学3年）が教育内容である場合を例に，様々に多様な児童・生徒が学びあう授業づくりの教材例を紹介する。当然，「様々に多様な子どもたち」一般が存在するわけではないので，改めて授業する時は，その学級の一人ひとりを思い浮かべて構想し直すことになる。

（1）÷2位数の筆算
　生活の中の体験としてありそうな場面を問題解決に使うことで，子どもたちは作業課題（1人分のキャラメルの数）に取り組むことができる（次ページの教材参照）。1当たりの量を求めるから「わり算だ」と計算を始めようとする子どももいるだろうけど，「絵に描いて」と制約する。具体物の配分操作を連想できるから，作業を始めるのに既習事項の理解を必ずしも前提にしない。一様でない学習達成の子どもたちが，絵を描いて，それぞれのアプローチを交流することで，考えの同異を認識できる。それにより，自分の考えを少し変更する

教材

キャラメルが入った大きな箱が7箱あります。大きな箱には，小さな箱が10箱ずつ入っています。

いま遠足に出かけるために，図のように子どもたちが並んでいます。この子どもたちに同じ数ずつキャラメルを分けます。1人分は何個になるでしょうか。

絵を描いて，1人分のキャラメルの数を当てましょう。

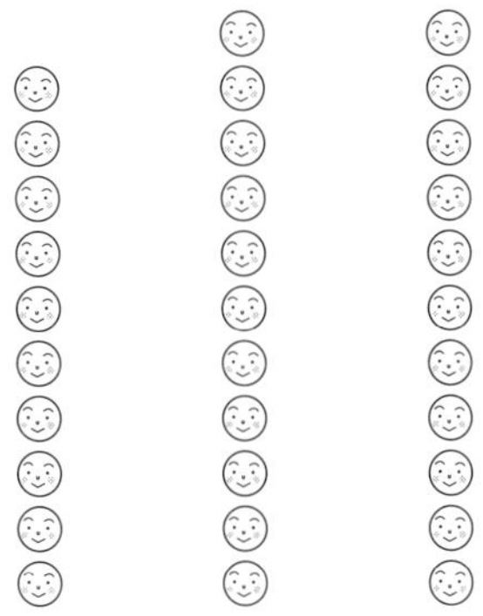

図6-1

ことも含めて整理できる。

具体物の操作を連想する課題であるが，この場合，具体物はあえて準備しない。具体物が目の前にあれば，とにかくやってみることはできる。この教材では，「絵を描いて」と表象の操作（頭の中の操作）を求め

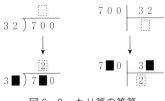

図6-2　わり算の筆算

ることから始めることができると考えた。この教材の場合，具体物を実際に使うとあまり考えずに一つずつ繰り返し配って（トランプ配り）「答え」が見つかってしまう。それでは，仮商を立ててみる必要がないので，子どもに求める筆算の学習へと展開しない。わり算の筆算（位取り記数法に基づく計算法）の理解は仮商の立て方（700÷32の場合，仮商を見積もるときに用いられる素過程は7÷3と6÷3）を理解することに集約される（図6-2：筆算の形式にはわが国で教えられている左側のほかに右側もある）。本時のねらいは，それである。そのために，教材には，もう一つ，仕掛けがある。これも制約である。それは，小さな箱の中のキャラメルの数が不定である。オープンエンドを目論んだわけではない。どうしていいか分からなければ，トランプ配りをするしかないが，それは必ずしも合理的でないことに気づいてほしい。いわゆる「大箱配り」（700÷32の場合，7大箱÷3と6小箱÷3）を着想してほしい。32人の子ど

もたちが３列に並んだ図も制約である。ありそうな並び方で，「32」の「３」列に目を向けてほしい。子どもたちは，この図上でキャラメル，あるいは，キャラメル入りの箱を表象操作し試行錯誤することになる。

　１人分のキャラメルの数を求めることは「できそう」だと，子どもたちは，作業を始めた。小さな箱の中のキャラメルの数は10個だと思い込んで作業を始めた子どももいた。その場合，１個ずつ繰り返し配ると大変だと思えば，２個ずつなどと作業を短縮することも思いつくだろう。作業を始めてから，１人の児童が小さな箱にはキャラメルがいくつ入っているのか書かれていないことに気づいた。しかし，聞こうかと迷っていた。質問を促し，それを学級で確認し，お店のお菓子の棚を想像するように求め「10個か12個です」と答えた。１人，２人，…と，１人当たり小さな箱が２であることに到達した。そこで，「１人分のキャラメルの数だよ」と，キャラメルの数を答えるように求め，様子を見た。「10個の場合は，…12個の場合は…」と１人分のキャラメルの数に，子どもたちは行き着きはじめた。そこで，どのように求めたかを振り返り，考え方を交流し合うことを求めた。そして，「トランプ配り」と「大箱配り」を対比させて，同異を問うた。多くの児童は，小箱にして配る絵を描くが，三列の前に大箱のまま置いた絵を描いて，配ったことにしている絵を描いた子どももいた。その子どもの意識は小箱を配ったつもりなので，大箱のままの絵をあまり意識はしていなかった。その児童にとっては「大箱配り」も「トランプ配り」も「同じ」であった。他の児童も「同じ」だと思った。そのタイミングで教師が「違うよ」と介入した。一瞬の間の後，何人かの子どもがうなずいた。まだ気づかない子どもとの暗黙の対話の間の後に，児童は次々に気づいた。まだ気づかない子どもも，大箱のままの絵でも答えは求まることに疑問はない。児童一人ひとりを見ると，認識内容の，あるいは，できることの不一致がある。学習は常に過渡的な過程であり，このような不一致は学習の進展を一人ひとりの子どもに担保する。この後，１列当たりに大箱がいくつ配れるかは７÷３で求まり，それは１人当たり小箱が２ずつ配ることになることを振り返ることになる。

　筆算アルゴリズムへとまとめあげるには引き続き学習を続ける必要がある。

しかし，この授業での体験は児童一人ひとりの内に残り，再びやってみることができることである。筆算を技能として獲得していなくても，少し時間がかかることを我慢すれば，表象を操作して÷2位数の「答え」を見つけることができる。この体験（仮商を立てるときにわり算の素過程を使うことになる体験）は，分かり方が一様でない子どもたちに対して共通に例外なく保障できる。

（2）因数分解

乗法公式は既習で，その一覧が教室に張り出されていた。そして，36名の生徒のうち9名の生徒に個別の対応が必要だと担当の教師は考えていて，この9名には毎日復習のために出している宿題が適切ではないのではないかとも悩んでいた。学習達成が文字通り多様な生徒の学級である。教科書に従えば，乗法公式を用いて「いろいろな因数分解」について学習することになっていた。その第1時の授業を，以下の教材で行った。

教材①
　252の絵を描きましょう。

数「252」を絵で表すことを，まず求めた。生徒は「何の絵？」あるいは「どんな絵？」と戸惑った表情を見せたが，とにかく絵を描くように求めた。1人の生徒が数字「2」「5」「2」を漫画風にデフォルメした絵を描いた。続いて，別の生徒がお金（貨幣）の絵を描いた。「252の絵」を描くということを共有したところで，図6-3を提示し，教材②③と進めた。

教材②
　この絵の意味を理解しましょう。
教材③
　この絵を式で表しましょう。

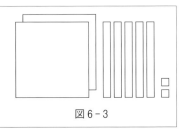

図6-3

教材②で，小さなタイルからそれぞれが「一」「十」「百」で，「二百と五十と二」の絵であることを生徒は直ぐに理解した。それでも改めて実物のタイル

を出して見せ「2百と5十と2一」を確認した。実物タイルは，裏返すと十は一が十（ten ones），百は十が十（ten tens），また，一が百あることが分かるように一のタイルが見える。続けて教材③で，「252」を「式」で表すことを求めた。「他には？」と促し，生徒のそれぞれの表現を $2 \times 10^2 + 5 \times 10 + 2$ とまとめた。

教材④

9つのピースを使って，重ならないように，すき間がないように並べかえて，長方形を作りましょう。（その絵を描きましょう。）

教材②③の実物タイルを目の前に置き，教材④に進んだ。乗法公式を学習していたが，それとは気づかず，生徒は試行錯誤した。少しの試行錯誤で，必ず長方形を完成させる生徒は現れるものである。図6-4が，それである。

図6-4

教材⑤

$2x^2 + 5x + 2$ の絵

この絵の意味を理解しましょう。

図6-5

x と x^2 の実物タイルを取り出し（具体的には $x = \sqrt{87}$），それぞれを10と 10^2 と比較して見せて（タイル x の横の長さはタイル10と同じで1，しかしタイル x の縦の長さが10に見えたが10ではないことを確かめて，9でもなく，9.5でもなく「わからない」ので x と告げて），絵の意味は，x^2 が2枚，x が5本，1が2個であることを，実物タイルで確認した（図6-5）。この後，教材⑥，⑦へ続けた（図6-6）。

教材⑥

　9つのピース（教材⑤の$2x^2+5x+2$）を使って，重ならないように，すき間がないように並べかえて，長方形を作りましょう。（その絵を描きましょう。）

教材⑦

　この絵を式で表しましょう（図6-6）。

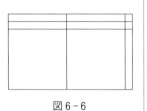

図6-6

　教材⑥⑦は，x^2と10^2の大きさがあまり変わらないこともあって生徒にとって難しくなかった。1人の生徒が直ぐに「252」の場合と「同じだ」とつぶやいた。「いろいろな因数分解」も，タイルを長方形に並べることで解決できる。

6　学習の進展と進行

　教育内容の系統に従って学習することが必要不可欠ならば，学習者は，初めから一つひとつ学習事項を理解していかなければ，それに続く事柄の理解はできないことになる。その場合，算数・数学の教科書にある内容が，数学的説明として飛躍のないものになっていることも必要不可欠なはずである。しかし，その厳密な説明は，すべての児童・生徒が分かることを担保しない。だから，論理だけでなく直観にも期待せざるを得ない。直観は必要不可欠な人間らしい思考のあり様ではあるが，しかし，その「直観」が，都合よく働くとは限らない（「直観的な方法は誤った解答をだすことが多い。…（中略）…直観を働かしている生徒を認めて…（後略）…」ブルーナー，1961/1963）。つまるところ，教師が論理的，直観的に丁寧と考える説明を尽くしても，それは，すべての児童・生徒が分かることを担保しない。不特定多数の児童・生徒が学ぶのだから，より系統的に記述することは，平均値的な効率性に結果するのかもしれないが，児童・生徒の学びが，順風満帆，同じように系統的に積み上げられていくはずだと考えることは現実的ではない。学びの実際は，よく分からないまま，あるいは不十分な理解のまま，児童・生徒それぞれのペース・仕方で少しずつ学習

を進めていくのではないか。

　山口昌哉（京都大学，後に龍谷大学）は，フラクタル図形（高木関数）を引き合いに出して（山口，1986），ニュートン・ライプニッツ的思考に対比させてアルキメデス的思考に注目した。そして，『科学的方法とは何か』（浅田，1986）ではニュートン（Newton, I.）とライプニッツ（Leibniz, G. W.）を対比させて論じているが，ニュートン・ライプニッツに対比させてアルキメデス（Archimēdēs）（二次関数で囲まれる面積の求め方）を挙げ，高木関数のつくり方を重ね，リカーシヴな思考の日常性と日常的な思考による探求を提案した（ちなみに，「日常知」については浅田他（1986）の佐和隆光論文を参照）。すなわち，よく分かったことを少しずつ積み上げていく系統的な過程に対して，不正確な，ぼんやりとした分かり方から少しずつより分かっていく非系統的な思考の過程も科学において存在することを明らかにし，その思考の日常性に注目し，すべての人々の学問参加が可能であることを示唆し（すべての子どもの授業参加の可能性が内包される），21世紀の新たな学問展開に期待した。

　たぶん，人にはいろいろな「少しずつ」の分かり方があるのだろう。「いろいろ」と言うだけでは，学校教育という意図的，継続的，組織的な教育枠組みにおける教育介入の方針にはならないので，教育内容の系統性に留意した「学習の進行（Progression）」に加えて，「学習の進展（revolution）」という軸を提案する。学習の進展は，現実の世界，モデルの世界，シェーマの世界，数学の世界（図6-7）と呼ぶ思考の様相に着眼した学習の過程である。現実の世界は，日常生活と言い換えられる。人は日常生活の中で物事を有意味化して思考し，物事について認識する。学習において，現実の世界は思考活動の起点となる。モデルの世界は，現実の世界の認識に存在の根拠を持つ玩具や絵を操作する思考活動である。シェーマの世界は，モデルの世界の認識を根拠に理想化した絵や図などを操作する思考活動である。そして，数学の世界は，シェーマの世界の認識を根拠に数字や文字・記号を操作する思考活動である。

　モデルの世界の問題解決は，現実の世界によって担保される。しかし，（人は）現実の世界で問題解決できるからと言って，モデルの世界で問題解決できるとは限らない。モデルの世界とシェーマの世界，またシェーマの世界と数学

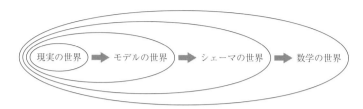

図6-7　学習の進展

　の世界の間でも，同様なことが言える。だから，現実の世界を起点とする思考
活動の移行（図6-7中の矢印）は，認識の変容を含む。学習の進展において，
思考の様相は，移行するのではなく，広がっていくと見る（図6-7中の楕円の
広がり）。この広がりの包含関係は，例えば，数学の世界の学習活動において
も，必要に応じてシェーマ，あるいは，モデル，さらには現実の世界の認識が
参照されることを表す。学習の進展という視点によって，すべての子どもの授
業への参加を企図し，かつ，学習の過程における不十分でも着実な，「少しず
つ」の学習の達成（認識の変容）を観察することができる。

　前節のわり算の授業では，日常生活にありそうな場面を教材にし，「絵を描
いて」と児童に求めた。因数分解の授業では，具体物（実物のタイルで作った
教具）を提示して，生徒に絵を描いて試行錯誤することを求めた。日常生活の
中で自然と行う思考で試行錯誤することを求め，すべての児童・生徒の授業へ
の参加を求めた。現実の世界のことを絵で表すというモデルの世界の認識の表
現は，学校教育に頼らなくても日常の生活の中でも獲得される。モデルの世界
での試行錯誤の思考を反省的に振り返り学び直すことで，シェーマの世界，さ
らには数学の世界へと見方・考え方が整理される。提案授業は，それを見通し
たものである。しかし，同時に，提案授業は，その学習の進展への準備だけを
目的にしたものではない。その授業における児童・生徒一人ひとりの体験こそ
が，授業のねらいである。つまり，わり算の問題を絵に描いて試行錯誤したこ
とは，エピソードとして残り，筆算をスキルとして十分に獲得していなくても
同様な問題解決場面で再び試行錯誤できる。因数分解についても，乗法公式を
覚えておかなくても，その後の授業でもタイルを操作して，あるいは，タイル
図を描いて，因数分解を試行錯誤できる。つまり，提案授業での体験は，新た

な問題解決場面で試行錯誤することを担保する。こう考えると，学力を，狭義の知識・技能だけに限ることなく，学習の過程，そこでの経験をも含めて観ることができる。

　提案授業では，「この絵を描いて」などと教示した。「この絵」とは，その子どものとらえ方でよい。だから，「この絵」は，子どもによって違っていていい。違う絵であるが，「この絵」として同じであることをお互いに共有する。「この絵」は，教師が押し付けた絵を機械的にまねたものではなく，それぞれの子どもが意味を考えて自らの発想で描いた納得できる絵であることに留意する必要がある。シェーマの世界の図や数学の世界の数式表現などは，児童・生徒から必ずしも自然発生的に出てくるものではない。そういう時は「見本」を提示するが，その場合も，「見本のとおり」の絵は，児童・生徒一人ひとりの，そのとらえ方でよい。児童・生徒が描いた「この絵」は，その時の認識のあり様を表している。それが，授業の中で少しずつ変わっていく。教師は，児童・生徒の認識を変えるのではなく，見守り，そして，求める見方・考え方を試行した時，児童・生徒の学びに介入（肯定）し強化する。

　つまり，教師は「教える」ことに，消極的になることである（フレーベル，1826/1964）。算数・数学では，教師が教えると言う時，教師は答えの出し方を教えることになってしまう。それを避けたい。答えの出し方を教えた途端に，迷いながら考えていた児童・生徒は考えることをやめてしまう。児童・生徒の自らの発想による見方・考え方には迷い・不安がつきものである。それを払拭するのが，現実の世界に内在する「物の論理」と，児童・生徒同士の発想・着想の交流である。絵を描いて考えていると，考え間違えたり，混乱したりするが，例えば，絵のように実物タイルを並べて確かめるように求めると，絵のように置くことではまず間違えないし，その実物タイルを操作して，自分の答えの間違いにも気づくことができる（実物／具体物の明証性 evidence）。また，教師が正解を提示すると，自分の考えを捨てて無批判にそれを覚え込もうとしてしまうものである。それが正しい答えの出し方であるから。しかし，共に取り組んでいる課題に対する，児童・生徒同士の見方・考え方の交流では，自分の考えに拘りながら，他者の見方・考え方を読み解こうとする。

7　発達観・学力観・教授学習観の転換を

　学力の二極化や中等教育におけるドロップアウトの問題は，開発途上国というより，先進諸国の教育課題の特徴である。この課題の背景に経済格差があることは指摘されているとおりであるが，それだけでは学力問題の解決は見通せない。敗戦後のわが国における民間教育運動の広がりや数学教育協議会が先頭に立って進めた「わかる授業」づくりは，生活単元学習の批判を起点にして進められたが，戦後民主主義の中でわが国における近代教育理念の定着をそこに確認できるので，新教育として導入された生活単元学習と系統学習へと回帰した「わかる授業」は，新教育という同床で「同じ」夢を見ていたと振り返ることができる。しかし，「わかる授業」という標語が教育現場に広く定着した今日，その標語を掲げるだけではすまない新たな授業づくりが教育実践の課題になっているということである。それが，「多様化」時代の授業づくりというわけである。

　いま私たちが向き合っている学力問題は，形式的であるとは言え，学校で教育を受ける機会はすべての子どもたちに保障されているという出来上がった枠組みの中で起こっている。この枠組みの中で，フレーベル（Fröbel, F.）（1826/1964）も言及した学校教育における心理学的な子どもの成長観，つまり発達の段階論的な見方は，戦後，ピアジェ（Piaget, J.）の「ニュー・サイコロジー」の普及により，私たちの拠り所となり，学習指導要領にも記述されるなど，わが国だけでなく広く教育現場に浸透し定着した（昭和33年～平成32年の小・中学校学習指導要領において「発達段階」あるいは「発達の段階」と言及されている）。しかし，「多様化」時代の今，その発達観を見直し，それに基づいてきた授業づくりを問い返す必要がある。

　これは，私たちの学力観をも問い返すべきものである。学力観の問い返しは，「確かな学力を」などとすでに言及されてきたことである。この問い返しは，学校教育と不分離的なものとしてフレーベル（1826/1964）やロック（Locke, J.）（1823/1967）の時代にまで遡るが，その問い返しがPISAの学力調査を契

機に，今日，PISA 学力への批判的な論も含めて広く行われていると言える。本章では，学校教育における算数・数学教育の今日的な到達点と言える系統的なカリキュラムに対して，算数・数学は系統的かと問い，目の前の児童・生徒の多様なあり様を無条件に認めることを授業の起点とする授業づくりを提案した。この提案は，子どもの権利条約による子ども観の転換をも踏まえるものである。

文　献

浅田彰・佐和隆光・山口昌哉・黒田末寿・長野敬（1986）.『科学的方法とは何か』（中公新書）中央公論新社.

ブルーナー，J. S.（1961/1963）.『教育の過程』（鈴木祥蔵・佐藤三郎訳）岩波書店，17，42，55，66-69，87.

コメニウス，J. A.（1657/1962・1974）.『大教授学1・2』（Didactica Magna）（鈴木秀勇訳）明治図書出版.

Fendel, D. et al. (2004). *Interactive mathematics program year 1-4*. Key Curriculum Press.

フレーベル，F.（1826/1964）.『人間の教育』（上・下）（荒井武訳）岩波書店，上18，上170-178.

福井大学大学院教育学研究科（2015）.『数学リテラシーと日本の数学教育― PISA の数学的リテラシー論を批判的に摂取しながら現実世界に開かれた数学教育を創造するために―』（平成25年度教育内容・教材開発研究会活動報告書），41-43.

金井省二（1988）.『数学者たちのチャレンジした問題』森北出版，1.

小寺隆幸・小田切忠人・井上正允（2014）.『数学的コンピテンシーを伸ばし民主主義の担い手を育むデンマークの数学教育』（JSPS 科研費23501034）.

ロック，J.（1823/1967）.『教育に関する考察』（服部知文訳）岩波書店，11.

山口昌哉（1986）.『カオスとフラクタル―非線形の不思議―』講談社，142-150.

第7章
「わり算」を仲間とともに学び合う授業

山野下　とよ子

「わり算の計算をやってかんたんにできるからおもしろかった。ジュースを分けて飲んだり，わり算タイル分けリレーとかがすごく楽しかった。」

「かけ算の時は1あたり量があったけど，わり算は答えが1あたり量だとわかりました。」

「ぼくはかけ算はあんまりとくいじゃないけど，わり算がとくいだからかけ算もとくいになりました。かけ算と合体したのがわり算だと思いました。」

「さいしょは『たてる―かける―ひく』だけだったのに『おろす』が入ってきてだんだん長くなったけど，千の位以上の大きな数のわり算だって『た―か―ひ―お』をくりかえせばできると思いました。」

「わり算の勉強をしてわり算が楽しくて早くできて，どうしてこんなに早くなったのかなあと思いました。」

これらは小学3年生が「わり算その1」の学習の終わりに書いた感想文である。現行学習指導要領ではわり算の筆算を3年生では扱わず，4年生に送っているが，このときは3ケタ÷1ケタの筆算まで学習できた。わり算の意味と計算がつながり一体化したものであることを理解すれば，子どもたちはどの子もわり算の問題や計算を楽しいものと受け止めていくのである。

1　授業の構想

子どもたちは，2年生で「かけ算の意味と九九」を学習している。かけ算は"1あたり量"が決まっていて，あるいは決めて，それがずっと続く場合の全体量を求める。それに対し，わり算には2つの意味がある。まず全体量があってそれを等分することで"1あたり量"が決まってくる場面で，その"1あた

り量"を求める演算を"等分除"と呼ぶ。もう1つは"1あたり量"をあらか
じめ決めて分けていき，いくつ（いくら）に分けられたかの"いくつ分"を求
めるときであり，これは"包含除"と呼ばれる。"等分除"の操作は本質的に
試行錯誤で求められ，"包含除"はそうではなく累減で求められる。試行錯誤
を合理的人間行動の一つとして楽しく利用していくためにも"等分除"から導
入する。教科書ではこの2つの意味がほぼ同時に教えられるため，子どもたち
に混同が起き，「分けるのがわり算」とだけ受け取って，意味を十分に理解し
ないまま高学年になっていく子どもも多い。

　また教科書では"あまり"が出ない特別な場合のわり算と"あまり"が出る
わり算を別単元として教える。現実の世界では分離量を等分していった時，
"あまり"が出るのは当たり前のことで，現実の世界と算数の世界を行ったり
来たりすることを算数の学びととらえるなら，"あまり"があるかないかで別
単元にする必要はない。このような考えのもと，次の授業計画を立てた。

3年のわり算指導の柱

　［1］等分除と包含除を切り離し2回に分けて授業する。

　　わり算の基本は"等分除"であり，"頭の位からわる"という筆算形式の理
解も等分除とつなげて学ぶことができる。等分除を十分使いこなせるようにな
ってから"包含除"を学習する。そしてこれも同じわり算の計算で求めること
ができることを理解し，"2つのわり算"として獲得させる。

　［2］"1あたり量"が存在する場面での"かけ
算"と"2つのわり算"を三用法として理解させる。
"かけ算"で学んできたシェーマ"かけ算の図"を
"わり算"の導入段階で振り返り，"かけわり図"
というシェーマで統一的に理解できるようにする。

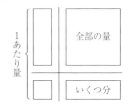

図7-1　かけわり図

　［3］子どもたちが楽しく学習できるように次の手
だてをとる。

　ア）おさるのぬいぐるみ「モンキー君」を主人公にして物語算数としてストー
　　　リーを入れて構成する。

　イ）操作活動やゲームを授業に多く取り入れる。

　ウ）学ばせたいことを子どもたちが発見していけるようにする。

3年のわり算の指導計画

1学期 単元名【わり算その1】「モンキー君のわり算たんけん」

目標 ・わり算の意味（等分除）を理解する。

　　　・わり算の筆算形式や計算方法を理解し，習熟する。

　　　・わり算の文章題を作ったり解いたりする。

単元計画（総時数24時）

　　　第一次　わり算の意味……………………………………5時

　　　第二次　わり算の計算(筆算)，商1位数……………6時

　　　第三次　2位数÷1位数＝商2位数の筆算…………5時

　　　第四次　3位数÷1位数＝商2，3位数の筆算……6時

　　　第五次　いろいろな文章題…………………………2時

2学期 単元名【わり算その2】「モンキー君のわり算たんけんパート2」

目標 ・もう1つのわり算の意味（包含除）を理解する。

　　　・÷1位数の筆算が正確にできる。

　　　・2つのわり算を区別して，文章題を作ったり解いたりする。

単元計画（総時数10時）

　　　第一次　包含除のわり算との出会い…………………3時

　　　第二次　2つのわり算とかけ算の三用法…………4時

　　　第三次　4，5位数÷1位数の筆算…………………1時

　　　第四次　まとめ，力だめし…………………………2時

2　等分除の意味とかけわり図

（1）モンキー君の登場と等分除

①第1時：「全部を同じに分ける」

　わり算の最初の授業，子どもたちには「新しい勉強に入るよ」とだけ言ってある。あいさつの後，教卓の下からモンキー君を登場させた。このぬいぐるみは尻から手を入れて顔，口，首，両手などを動かしてい

図7-2　モンキー君

ろいろな表情や動きを作り出すことができる。右手で動きを作りながら次のように語った。

「ぼく，△△山の山おくに住んでいるおさるのモンキーです。ぼくも人間になりたいと思っておさるの長老にお願いしたんだ。そしたら『もっとかしこくなるために人間の社会へ行って勉強してこい』と言われたんだ。○○小学校の３年生のみんな，ぼくがもっとかしこくなれるよう助けてね。」

話している途中から子どもたちはモンキー君に近づいてきて，一斉に「いいよ！」「なかよしになろう」の声。そこで「初めに教えてほしいことがあるんだ。ぼくの住む山には山ぶどうがたくさんなって，去年の秋とった山ぶどうでジュースを作ったんだ。（ぶどうジュースを見せる。約5dLぐらいの量）このジュースをぼくと兄さんと弟の３人で分けたいのだけど，どうしたらいいかわからないんだ。みんな教えてよ。」こうして"３人で分ける"課題を出した。子どもたちは「コップを３つ持ってきて分けたらいいよ」と言う。そこで"３人で分ける"とはどうすることかを次の３段階で確認しながら進めた。

①モンキー君，兄，弟，それぞれの分を違うコップにばらばらの量で分けた。
　→子どもたち「同じコップに入れないとだめだよ」「同じずつに分けるよ」
②子どもたちの言うように同じコップに同じ量ずつ入れて，初めに入っていた入れ物に少し残す。→「全部，残さず分けないとダメだよ」
③全部のジュースを同じコップで同じずつ入れる。→「それでいい」

この導入段階で"分ける"ことの意味を"全部を同じずつに分ける"ことだと理解させることがとても大事である。これが土台となって"あまり"も理解されていく。このことを子どもたち自身にも体験してもらうために，「班でオレンジジュースを同じに分けてみんなで飲もう」という課題を出した。４人班ごとに本物のオレンジジュースとコップを渡し，何とか同じに分けてみんなで「かんぱーい」と言って飲んだ。この日の感想には「はんの４人に同じに分けるのはたいへんでした。多くなったり，少なくなるので，すごくつかれました。でもオレンジジュースをみんなでのんでおいしかった」などと書かれていた。

②第２時：「かけわり図を作る」

次の日の第２時では"同じに分ける"操作をコップから"平均水そう"にも

っていき，わり算での"水そう図"
と"かけ算の図"とを合体したシ
ェーマである"かけわり図"を作る
ことを目的とした。モンキー君が子
どもたちに次のように問いかけた。
「山のおじさんが『ここにある山り
んごのジュース（10dL）を5人分に
分けてくれ。ちゃんとできたら1人
分をおまえにやろう』と言ってくれ
た。今度は5人分に分けなくっちゃ
いけない。ぼくにはいったいどれだ
けのジュースがもらえるのだろ
う？」

　子どもたちからは「エー！　5人
に分けるの？」という声。昨日4人
に同じに分けるのに苦労したのに5
人になるともっとたいへんだという
表情だ。それでもやってみたいとい

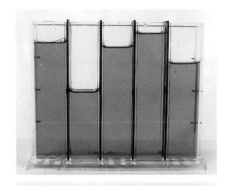

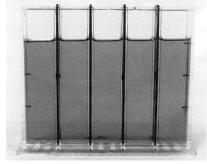

図7-3　平均水そう

う2人の男子が出てきて5つのコップに同じになるように必死にやるがなかな
かうまくいかない。そこで「5つのコップに分けるのはとっても難しいね。そ
れじゃ，今日はこれを使って分けます」といって"平均水そう"をとり出した。
水そうの5つのしきりにジュースをばらばらな量で入れ，「ではこれを同じに
します」と言ってしきりをすばやく上げ，また下ろす。ばらばらだった水の量
が平均化されて同じになる。「すごい！」「アッいう間に同じになった」「先生
ずるーい」の声。子どもたちは試行錯誤することの楽しさとともになかなか同
じに分けることができない難しさを感じたからこそ，この水そうの実験にとて
もインパクトを持ち，連続量は等分できることの確信を得たように思う。

　「この水そうを使ってモンキー君のもらえる分がわかる図を書こう」と提案
して子どもたちと話し合いながら図を作っていった。初めのジュース10dL を

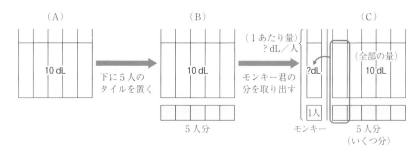

図7-4　子どもたちと作っていった図

水そうに同じに分けた図7-4(A)をもとに，5人に分けることがわかるように図の下に5人分のタイルを置いた（図7-4(B)）。この図から「モンキー君のもらえる分はどこか？」と聞くと，「ここでもここでもいい」と言い，しきりに区切られたどこも同じ量だからどれでもいいとなる。「どれでも答えとするのはわかりにくいね。じゃ，モンキー君のもらえる分を取り出そうか？」と言って，水そうの左にモンキー君の分として取り出して書いた。書いている途中「あっ，これ，かけ算の図と一緒や」，「モンキー君にあたるジュースって1人にどれだけっていう1あたり量や」，「そしたらこれ2dL／人ってことかな」と次々に発言が飛び出す。私は「2dLって初めからわかっていた量でないね。これは出したい量だから？dL／人と書いておこうね」と言って図に書き入れる。「かけ算の時は10dLの所が？やったよ。」「そしたらこの10dLが全部の量のことや。」

（2）かけ算とのつながり

　私は2年生のかけ算の学習でいつも"1あたり量"を「／（パー）」を使って表記することや"かけ算の図"を教えてきた。だが，3年で初めて担任したこの子たちはそういうことを学んでいなかった。2年生で「かけ算の意味と九九」を学習しているはずだが，かけ算とは九九のことだと思っているし，半分以上の子どもは九九も曖昧な状態だった。2年生のとき，毎日親に時間を計ってもらって九九の暗唱をすることが宿題として出されたそうで，わけもわからず覚えることが苦手なM子はすっかり算数嫌いになり「親も子も泣きました」と家庭訪問で母親が話していた。

かけ算の意味については「同じ数を何回もたすとき」という累加としか考えていなかった。例えば「あめの入ったふくろが7つあって，1ふくろにあめが5こずつ入っています。あめはみんなでなんこあるでしょう」の問題では「みんなでどれだけだからたし算」なので「7＋1＋5」としたり，かけ算らしいと考えると「7×5」と出てきた順に書いたり，という実態だった。かけ算の基礎となる"1あたり量"についての理解は全くなかった。そこで3年生で担任となった4月に，「新しい勉強だよ」と自然物の"1あたり量"を見つけたり，人間が決めた"1あ

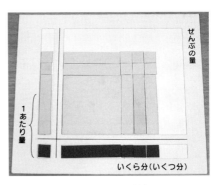

図7-5　かけ算板

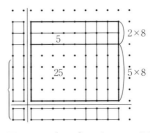

図7-6　《7×8》のシェーマ図

たり量"を作ったり，タイルで表現したりしながら，たし算ひき算をするときの量とは違うことを学習していった。また現実の世界の量の関係を"算数の言葉"として表すものとして"式"をとらえ，量で書くことを促した。「3このあめと4このあめを合わせてなんこ？」は《3こ＋4こ＝？こ》と書く。一方，「4人の子どもがいて1人に3こずつあめをあげるのに用意するあめは？」は《3こ／人×4人＝？こ》と立式するように教えた。そして図7-5のかけ算板にタイルを並べながら，《7×8》の答えが56になることなどを学び直していった。子どもたちは「本当に56になる！」「これなら忘れても書けば思い出せる」と自分のあやふやな九九の答えをタイルで並べて確認し，自信を持っていった。M子もタイルを並べ，次にドットだけ書いてあるシートに自分でタイル図を描くことで（図7-6），イメージとして九九を獲得していった。

　そのことを子どもたちが自分のものにしていたからこそ，水そうに同じ量ず

つ仕切りそこから１人分を取り出した図が“かけ算”のタイル図と同じ構造を持っていることに子どもたちは気づいたのだった。ある子は「かけ算の時は，１あたり量がわかっていて全部の量が？だったけど，今度は全部の量が10dLってわかっていてモンキー君の１人分（１あたり量）を出したいのだから…どうしたらいいのか？」と発言した。

　ここで新しい演算として「１あたり量を求めるわり算」ということと，記号「÷」を使って「10dL÷５人＝？dL／人」と立式することを教えた。言葉の式では「全部の量÷いくつ分＝１あたり量」となる。この場面では「答えは２dL／人」とすぐに出していた。子どもたちからは「わり算ってむずかしいって聞いていたけど，けっこうかんたんでした。かけ算ではぜんぶの量を出すんだったけど，わり算は１あたり量を出すからおもしろいなと思いました」という感想が出た。さらに「答えを出す時，いくつ分の九九をいうと１あたり量が出てきそうだ」と次時につながることを考える子もいた。

3　答えの求め方から筆算形式の学びへ

（１）タイル操作で答えを求める

　第３時は連続量での等分のイメージから分離量の等分に進んだ。主人公のモンキー君から「山野下先生の家へ行って，３人の子たちと遊んでいたらあめを12こもらったよ。ぼくたち４人で分けると，ぼくはいくつもらえるかな？」と課題が与えられる。ここでは具体物やタイルを使った実際の操作を十分やらせたいと考えた。手を使っての操作活動がイメージとなって抽象的な演算と結びついてこそ深い理解となるからだ。しきりの箱は牛乳パックを半分に切ってみんなで作った。この時間の課題の式は

　　「12こ÷４人＝？こ／人」

となり「１人分（１あたり量）を出すわり算」になることを確認して牛乳パックの水そう４つを各自並べ，そこへあめのかわりにタイルを配りながらやり方を考えていった。

　まず出たのは1こずつ配っていく“トランプ配り”のやりかた。次に2こずつ置いていって残りをみてまた配るというやり方が出された。Y男は昨日の段階でいくつ分の九九でわかると考えていたので，4×3＝12と言ってすぐに「3こずつ配ればいい」と発言。みんなも「いくつ分の九九で求められる」と理解した。その後，練習問題の「20こ÷5人」や「42こ÷6人」では初めから4こずつ，7こずつタイルを置いて1人分を確認していた。M男はすぐに4こずつといかず，1こずつ置いたり2こずつ置いたりして「やっぱり4こだ」とつぶやいていた。M男からは納得するまで試行錯誤を通して理解していくことの大切さを教えられた。

　操作したことを次のように計算の式でまとめた。

1こずつ・・・　1　×　$\boxed{4}$　= 4
2こずつ・・・　2　×　$\boxed{4}$　= 8
3こずつ・・・　<u>3</u>　×　$\boxed{4}$　= 12
　　　　　1人分　4のだんの九九

　ここでの操作活動を問題ごとに一斉にやっていくだけではおもしろくない。それで第4時では，この操作を「わり算タイル分けリレー」としてゲーム化してやった。2班ごとの対抗戦とし，わからなくなったら，班に戻って聞いてもいいことにしてあるが，子どもたちはリレーで少しでも速くしようとあわててまちがうこともあり，見ている子の方がおもしろがっていた。リレーでは，以下の5つの行程を1つずつ分担して行った。

---

①問題文から図を書く
②式を書く
③全部の量のタイルを箱に入れる
④いくつ分の水そう（牛乳パック）を用意してタイルを分ける（十タイルをばらのタイルに変身させる操作も行う）
⑤分けられた水そうのタイルを見て答えを書く

　さて等分除の意味やタイルでの答えを求める操作が身についてきたので，第

　5時ではわり算の本質につながる"あまりのあるわり算"に進んだ。モンキー君が子どもたちに次のように言った。「ちょっと困ったことが出てきたんだ。ぼくは山野下先生の家の3人の子どもと折り紙でアジサイの花を作ることにしたんだ。折り紙は全部で30枚あって，ぼくらは同じ数ずつ作ることにしたんだけど，ぼくはいったい何枚折ったらいいか考える中で困ったことが起きたんだ。」

　モンキー君が何を困ったのかみんなで話し合うことから始めた。

　式は（30枚÷4人＝？枚／人）と全員さっと書いたが，「あれっ？」「これできないよ」「30になる九九がない」と言い出してくる。そこで子どもたちは「水そうでやってみる」と，タイル30こを4つの水そうに分けていった。そして「なーんだ，2こあまるんだ」，「31この時もあまるよ」，「32こだとちょうど分けれてあまりがでない」，「29こでもあまるよ」などといろいろ見つけてきた。こうしてあまりが出るほうがたくさんあって，出ない方が特別であることがわかってきた。九九を使う時は，「かけて全部の数かそれより小さい数になるところの九九で答えが出てくる」ことに子どもたちは気づいていった。

　その後，「45こ÷6人」と「20こ÷3かご」の問題でタイル操作をした後，昨日やった「タイル分けリレー」であまりのある場合もやることにした。タイルを水そうに分ける順番になった子は，九九を言いながら一つひとつの水そうにタイルを入れたりあまり箱に入れたりと時間のかかる子もいたが，班のみんなが声をかけて教え合っている姿があった。「あまりがあって少し難しかったけどみんなでやっておもしろかった」や「わり算なのにかけ算をしてあまりが出るなんてびっくりした」などと感想に書いていた。

（2）筆算形式を学ぶ

　いよいよ第二次の筆算形式の導入に入る。モンキー君から「たし算もひき算もかけ算もたて書きにして計算する筆算というのがあったけど，わり算には筆算ってないのかな？　みんなどう思う？」それを聞いて子どもたちは「うーん筆算？」，「そういえば計算はたて書きでしているな」などと言う中で，5年生の姉がいるA子は「あのね私の姉ちゃん，算数の宿題になんかこんなのを書いていたよ。それ何ってきいたら，わり算って言っていた」と筆算の記号を書く。

「どうやって計算するの？ 山野下先生教えて？」と子どもたちに聞かれ，やっと私（教師）の出番がきた。

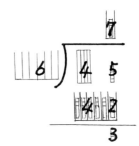

　前時のキャラメルの問題「45こ÷6人」で「タイルでやったようにここに置いていくね」と言って筆算の記号の屋根の中に全部の量に当たる45このタイルを置く。水そうは左に置く。「6の段の九九を言って，45より小さいのは6×7＝42だから1人分が7こだと予想したね。この1人分の『1あたり量』はこの屋根の上に置くの。そして水そうの中に配ったタイルは42こだから45の下に置くと，あと3こ残ったね。これは45−42したことと同じだからここに3こ置くの。これを数だけで書くとこうなるね。」と下のように順に「たてる―かける―ひく」と言って書いていった。その後，タイル操作とつなげながら，20÷3や30÷4，37÷8などを筆算で行った。子どもたちは「たてる―かける―ひく」と言いながら懸命に筆算に取り組んでいた。

6) 4 5	7 たてる 6) 4 5	7 6) 4 5 かける 4 2	7 6) 4 5 　　　4 2 ひく　 3

　次の日，モンキー君が「わり算の計算がこんな印を書いてするなんておもしろいな，だれがこんな印を発見したのかなと思ってぼく，図書室へ行って調べてきたんだ」と子どもたちに紹介。

　　今から400年以上前のヨーロッパの国ではわり算のしるしに「D」の記ごうを使っていた。「D」の記ごうをかんたんにして「⊃」だけ使って表すようにだんだんなっていって，その後「 ﹀⎺ 」になっていった。

「へー，Dか…」「おもしろいな」の声。私からは「Dはラテン語や英語で『分ける』という意味の初めの文字なのよ」と付け加えた。
　そしてもっと上手に計算するために「下がり九九」を使うといいことに触れ，

２÷３型や０÷３型，０÷０型なども練習して第三次の２位数÷１位数＝商２位数の筆算に進んだ。

（３）商２けた，３けたの筆算へ

　第三次の導入はこんなモンキー君からの問題提起で入った。

　「３年生のみんなこんにちは。ぼくね，わり算がだいぶうまくできるようになってきたので，おさるの長老にほめられたんだ。そしてね，初めて人間の社会で使っているお金がもらえたんだ。いくらもらえたかって？　十円玉が７こと一円玉が６こ。（子どもたちからは「76円」の声）これだけをぼくの兄弟３人で同じように分けなくっちゃいけないんだけど，ぼくはいくらもらえるのかわからないんだ。」

　「76円を３人で分けるのだ」「式は76円÷３人＝？円／人だね」「どうやって計算するのかな」「タイルでやってみよう」子どもたちは７本６こをお皿に置き，牛乳パックを３こもってきて，すぐに分け出した。どの子もまず十タイルを取って３つのパックに２本ずつ置いた。残った１本をばらタイルにして６こと合わせて分けていた。そこで操作したことを言葉で表現してもらった。

①十のタイル７本÷３をして２本ずつ分ける

②６本配ってあと１本と６こが残った

③十のタイルをばらにして16こ÷３をして５こずつ分ける

④15こ配ってのこりは１こ

　こうして１人に25円ずつもらえて１円あまることがわかった。「あまった１円はモンキー君がもらったらいい」というのがみんなの意見だ。

　さて，答えはわかったが，「これをタイル操作でなく筆算でやるにはどうしたらよいか」をみんなで考えていった。子どもたちは初め，７本の十タイルを分けたので７÷３の筆算をし，もう１つ16÷３の筆算をするという２つの筆算に分けて考えていた。「１つに合わせた筆算にできないだろうか？」と次のステップへの問いを投げかけると，次のように

$$
\begin{array}{r}
2 \\
3\,\overline{)\,7\text{本}} \\
6 \\
\hline
1
\end{array}
\quad と \quad
\begin{array}{r}
5 \\
3\,\overline{)\,16\text{こ}} \\
15 \\
\hline
1
\end{array}
$$

考えていった。

　ある子が7÷3をして残った1本を6の左に書いて16とする考えを出し、「1つになった」とした。それに対し、「これだと76が716みたいに見えるよ」「残ったのが1本じゃなくて11に見える」などの意見も出てきて子どもたちは行き詰まった。しかし子どもたちの考えはとてもすじみちが通っている。それで、私の方から「7本÷3をして残った1本を上に上げて16にしたのだけど逆にして、一の位の6こを下におろして16こにできないだろうか?」と提案した。

　「16が出てきた」「おろしても16になる」とびっくり。初め1本を上に上げていたのが"おろす"となったことがとても印象に残ったようだった。子どもたちの中に問題意識が高まり熟成した時を見計らって"教え"ていくことで授業での"学び"と"教え"の結合が図られる。こうして［たてる］→［かける］→［ひく］→［おろす］を繰り返していく筆算のアルゴリズムを獲得していった。

　この後、2位数÷1位数の筆算を型分けして順に計算していった。82÷4や60÷3のように商の一の位が0の時も簡略せずに0を書いて斜線を引いたりしていた。計算練習の合間に文章題づくりもした。

　第四次に入り、3位数÷1位数で商が3位数、2位数になる筆算へ進んだ。「745ページ÷6日=?ページ／日」の問題がモンキー君から届く。子どもたちは前回と同じく皿に百のタイル7枚、十タイル4本、一タイル5こを載せ、牛乳パックで仕切りを6つ置いて分けていった。もちろん一の位から分ける子は一人もいない。全員百タイルを配り、残った1枚を10本に変身させ、14本を6つの仕切りに配っていた。

　タイル操作後、筆算とつなげていった時T男は「わり算は大きい位からわるんだな」とつぶやき、他の子らも「ほんとだ。たし算やひき算とちがうね」と

相づちをうっていた。「たてる―かける―ひく―おろす」がおもしろくなり，「これだったら千や一万だってやれそう」「もっと難しい計算もやってみたい」とすっかり自信をつけていった。3位数÷1位数も型分けをした問題をいろいろやっていき，商に"0"が立つ場合は注意して確認した。商2位数も百の位に商が立たないことをすぐに見つけていた。

　わり算の等分除のイメージがしっかりと理解され，それが筆算と結びつくことで，子どもたちは自分たちで学習をつくったり進めたりしていくことができることを私自身が実感させてもらった。この【わり算その1】のまとめでの子どもたちの作問を2点紹介する。

　○5人の友だちが集まって折り鶴を作っています。今日は212わ作りました。一人だいたい何わ折ったでしょう。（式　212わ÷5人＝？わ／人）
　○山に木が167本あります。ぼくのおじいちゃんがこの木を8日間で切ると言っていました。おじいちゃんは1日何本ぐらいずつ切るといいでしょうか？　（式　167本÷8日＝？本／日）

4　包含除とかけわり図

　2学期になって「小数」，「重さ」，「図形（三角形等）」を学習した後【わり算その2】「モンキー君のわり算たんけんパート2」に入った。この少し前，社会見学で金沢の近江町市場へ行ったのだが，その時「モンキー君も連れていきたい」と言いだし，かごに入れて一緒に行くということがあった。それで近江町市場の見学を場面としてモンキー君から問題提示をしていくことにした。

（1）包含除のわり算との出会い

　「この前近江町市場へみんなと一緒に行ってとても楽しかったよ。それで昨日ぼくは一人で大好きなりんごを買いに行ったんだ。くだもの売り場のおじさんが大きなダンボールに入っているりんごをお皿8皿の上に並べようとしていたよ。ぼくが全部で何こりんごがあるのか聞いたら，35こだって。おじさんがぼくに『1皿何こずつもりつけるか当てたらりんごをあげる』って言うんだ。

ぼくは1学期の勉強したことを思い出したよ。」

ここで子どもたちも「わかる，わかる」「わり算だよ」「式は35こ÷8皿＝？こ／皿で答えは4こ／皿になる」「あまりは3こだね」「モンキー君ひょっとしてそのあまった3こもらったの？」などと発言。

モンキー君は続けて「そうなんだけど……ぼくはりんご3こもらって喜んでいたら，隣でみかん売りのおばさんが『わたしゃ，愛媛県から届いたみかんをお皿に8こずつ並べていくところじゃが，こんなお皿がどれだけできるかわかるかい？』と聞いてきたんだ。ぼく，わからなくて困ってしまい『明日までに考えてきます』と言って帰ってきたんだけど，みんな考えてくれないか？」

子どもたちはすぐに「モンキー君みかんは全部で何こあったの？」と聞く。「確か280こと言っていたよ。」子どもたちは図に書いたり，牛乳パックの水そうを持ってきたりして考えを出し合っていく。

「りんごの時はお皿が8皿ってあったけど，みかんはお皿が？だ。」

「1皿に8こずつって1あたり量だよ。8こ／皿になる。」

「わり算は1あたり量が？のときにするけど，1あたり量はわかっているし，これは何算になるのかな？」

「でも水そうに同じ数ずつ入れていくのになるよ。」

「同じ数ずつ分けていくのはわり算だったよ。」

二つの場面を図7-7のような絵とかけわり図に書き，何の量がわかって何

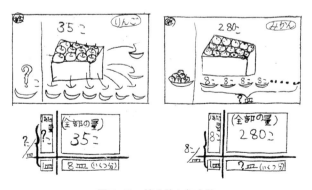

図7-7　等分除と包含除

の量がわからないのか整理した。そして，タイル操作をみんなでやってみた。まずりんごの場合，35このタイルを8皿（水そう8こ）に同じ数ずつになるようにして置いていって，4こずつになる操作（等分除の操作）を行った。次に，みかんはお皿1枚（水そう1こ）に8こずつタイルを置いていくと，280このタイルが水そう35こ分で分けられる（包含除の操作）。そして，どちらも同じ数ずつ分けることだと気づいていった。筆算をやった子は「280÷8＝35で答えは同じだ」「ほんとだ。これもわり算なのかな」とつぶやいた。

　そこで私が「りんごを分けて『1あたり量を出すわり算』とみかんを『1あたり量ずつ分けていくつ分を出す時のわり算』の2通りがあります」とまとめた。次時でこの2通りのわり算の違いを，タイル操作とつなげて確かめていった。子どもたちは，「1あたり量を出すわり算（等分除）」を「いっちゃんわり算」と呼び，包含除の「1あたり量でわっていくつ分を出すわり算」を「わっちゃんわり算」と名付けて区別していった。

（2）2つのわり算とかけ算の三用法

　いよいよ三用法に統一していく段階となる。モンキー君から「ぼくね，前，長老に教えてもらったことを思い出したんだけど，かけ算の時も1あたり量とかいくつ分があったね」。

　子どもたちは「うん，そうそう，かけ算は1あたり量×いくつ分で全部の量を出すんだよ」「あれ？　わり算でも同じ量の名前が出てくる」。

　こうして「1あたり量」と「いくつ分」と「全部の量」の3つで「かけ算」と「いっちゃんわり算」と「わっちゃんわり算」ができることに子どもたちは気づいた。

　そこで，モンキー君から「じゃ，1あたり量は8こ／人，いくつ分は9人，全部の量は72こで問題を作ってみよう」。子どもたちは問題の場面の絵，図，文章題，式と4者を書いてつなげてみた。こうすると三用法の意味がよくわかり，図でどの量が「？」だとかけ算かわり算かがつかめた（図7-8）。ここで「この図のことをかけわり図というんだよ」と話した。その後，4，5位数÷1位数の筆算をやり，三用法の問題づくりや問題を解くことに挑戦してこの学

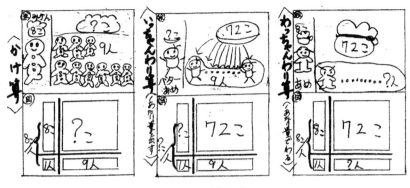

図7-8　三用法の場面

習を終えた。

5　現実世界の課題を共同で考え合う授業を

　日本の算数・数学教育では四則計算ができることが目的であるかのように考えられ，やり方を教え込み，ドリルで習熟させることが伝統的になされてきた。現在の子どもたちの多くも，かけ算やわり算の計算はできても，具体的な現実社会の問題を解決するために「何の量」を「何の量」でわり算をすると「どんな量」が求められるかについての認識が弱い。それは最近の全国学力・学習状況調査でも明らかになっている。例えば2013年のＡ問題4を見てみよう。

　ＡとＢの２つのシートがあり，Ａは6m²で12人すわっている。Ｂは5m²で8人すわっている。どちらのシートがこんでいるかを調べるために，　Ａ　12÷6＝2，Ｂ　8÷5＝1.6　の計算をした。
　上の計算からどのようなことがわかりますか？

　１から４の選択式で答えるのだが，「人数を面積でわって1m²あたりの人数が求められること，数値が大きい方が混んでいる」がわからない児童が半数いる（正答率50.2％）。またこの式で「１人あたりの面積が求まる」と答えた児童が35％もいる。

図7-9　概念獲得のための道すじ

　このような「わり算の意味」を問う問題の正答率は2007年に全国学力・学習状況調査が始まって以来ずっとよくなってはいない。新聞でも「数式の意味,理解不十分」,「割り算活用に難」などと報道され続けている。日本の子どもたちが「わり算」の意味を獲得できずにいるのはなぜなのだろうか？　私は日本の算数・数学教育が明治以来ずっと現実世界の「量」の学習を軽視し,抽象の世界の「数と計算」のみが算数・数学であるとされてきたからだと思う。当然,現実世界の「量の構造」から表出される意味と計算がつながっていかないことになる。「わり算」の意味が現実世界の「量の構造」として理解されていなければ,計算ともつながらないし,それを使って現実の社会生活に生かしていくためのものとはならない。

　私は意味や概念を獲得していく学びには図7-9のような段階が必要と考え実践してきた。

　子どもたちの身近にある現実世界の課題を解決していくために,実在を単純化・標準化してその本質を見せてくれる"モデルの世界"で十分な操作活動をすることが大切である。それが現実世界における人間行動となり,学びの世界を創っていく。本章で紹介した"わり算"の授業では,タイル操作を試行錯誤的に行う,筆算のアルゴリズムをつくる,2つのわり算の違いを操作を通して区別する,などが当てはまる。その中で子どもたちの論理的思考も育まれていった。

　こうして体を使った操作活動を通して,"かけわり図"が構造を持ったシェーマとしてイメージ化される("イメージ・シェーマの世界")ことで,かけ算・わり算の関係を理解することができ,現実世界の量的関係を見る目がつく

られていく。そしてその思考をもとに形式的操作として計算が獲得される（"算数・数学の世界"）。このような現実世界と抽象の世界の行き来があってこそ，「数学が役立つ様々な内的及び外的数学的文脈や状況の中で，数学を理解し，判断し，解き，使用する能力」（ニス（Niss, M.））（第11章参照）としての数学的コンピテンシーが育まれていくのではないだろうか。

またこの授業では"知的好奇心"を持ち，子ども同士が"共同"して考えていけるようにモンキー君を登場させたが，子どもたちはいろいろな考えを出し合って，主体的に自分たちで発見していく学びを創っていった。この時の子どもたちを2年後の5年生になった時に再び担任するという機会があった。子どもたちは「小数のかけ算・わり算」や「分数のかけ算・わり算（×整数，÷整数）」で"1あたり量"から連続量の"単位あたり量"を理解し，3年生での学びを使って計算方法を自分たちで共同して発見していく学習をつくっていった。"わり算"の学びが小学校全体の基本となるものであることを確信した。

今回一つの実践例を紹介したが，このような現実の世界と抽象の世界をつなぎ計算の意味と方法をつなぐカリキュラム，そして子どもたちが自ら追求し考え合っていく授業づくりは，どの子にも「学ぶことは楽しい，おもしろい」という喜びを持たせることができる。それは変化の激しい未来に生きる子どもたちの「問い続け，深く考える権利」を保障することになり，共同して創っていく授業で培われる力は民主主義のベースとなっていくものと考える。実際に子どもたちは仲間の発言から自分の考えを修正したり，新しい発見をするなど課題につながることはもちろんだが，仲間の気持ちや考え方なども理解し合い，尊重し合い，人間関係を深めていったのだ。1時間1時間の子どもたちの学びを通して「仲間とともに教室に学びの文化を創ること」は将来にわたって学び続け，生きる力となっていくと信じている。

文　献

山野下とよ子（1986）.「"1あたり量""内包量"にこだわって……」『数学教室』1986年8月号，国土社，63-67.

山野下とよ子（1990）.「量にもとづく算数をすべての教室で」『数学教室』1990年1月号，国土社，12-15.

山野下とよ子（1995）.「子どもとつくる「1あたり量とかけ算」の世界」『数学教室』1995年2月号，国土社，40-51，3月号，37-50.

山野下とよ子（2012）.「かけ算かな？わり算かな？」『数学教室』2012年12月号，国土社，20-25.

山野下とよ子（2016）.『山野下学級の実践記録集』（自費出版）.

第8章

数学の認識の深化とアイデンティティ形成
——分数の授業やカリキュラムを考えながら——

井上　正允

小中連携・一貫や中高連携・一貫が公私立校を問わず広がっているが，小中・中高で算数・数学授業が上手くつながっているケースは少ないように思う。学年・校種が上がるにつれて「数学嫌い」「数学からの逃避」が増え「学び手と数学との距離」は大きくなる。中学・高校・大学で教師生活を続けてきた実感である。

そもそも，市民・生活者や主権者を育てる「算数・数学」教育はどうあるべきか。知識やスキルをどれだけ蓄えたとしても，「受験」が終わった途端に剥落し，「現実の問題解決」「諸科学と数学との関係理解」「数学のさらなる深い認識」等，自らの「生きる力」につながらない知識やスキルでしかないのであれば意味はない。「算数・数学の知識やスキルが，『生きる力』を下支えする土台や柱」になる。そんな算数・数学の授業・カリキュラムについて考えてみたい。

本章では，「分数」を取り上げ小中高の教科内容をつなぐことの必要性，「生きる力」と数学のつながりについて検討する。小学校で分数・約分・素数・公倍数・公約数を学び，中学で素因数分解や有理数・無理数を，高校1年で「初等整数論」「ユークリッドの互除法」を学ぶ。ここに「連分数表示」を持ち込み分数・約分から有理数・無理数まで，既習の知識・スキルの「学び直し」「概念の再構成」を図り，新しい「数学の物語」をつくることについて論じたい。

1　分数の意味をめぐって

　分数にはいくつもの意味があり教科書の扱い方にも差がある。日本では算数・数学教育の論争課題で，端（ハシタ）を持つ連続量を表現する「量分数」，割合や比の数表現である「割合分数」，除法の答を表す「商分数」，さらに「操作分数」「分割分数」をどう指導するか，離散量と連続量の乗法・除法（量のかけ算，倍→割合）の意味，外延量・内包量をどう指導するかという議論が，1950年代から繰り返されてきた。一例を挙げると，いろいろな大きさのピザを半分や4等分（「等分除」が子どもの生活知）する。元の大きさが違えば切り分けられたピザの大きさは違ってくるのだが，いろいろな半分，$\frac{1}{4}$ があっていいと考えている子どもにたくさん出会った。ところが，1mや2mを4等分した長さがともに $\frac{1}{4}$ mであっては困るのである（井上他，2006）。加えて，乗法の意味を，いつ，どこで，どう教えるかという表8-1の課題も悩ましい（黒木，2009）。

　2000年版の東京書籍の教科書『新しい算数　4上』「8　分けた大きさの表し方を考えよう」の導入ページを要約しながら紹介してみる。

　最初に，女の子が太い樹の幹にテープを巻き付け，幹の周囲の長さを測る挿絵があり，男の子と女の子の次のような対話が紹介されている。

　男の子「テープで，木のまわりの長さをうつしとっているんだね。何mあるのかな。」

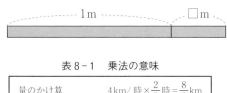

表8-1　乗法の意味

量のかけ算	$4\text{km}/\text{時} \times \frac{2}{3}\text{時} = \frac{8}{3}\text{km}$
倍（割合）のかけ算	$4\text{km} \times \frac{2}{3} = \frac{8}{3}\text{km}$
積のかけ算	$4\text{m} \times \frac{2}{3}\text{m} = \frac{8}{3}\text{m}^2$

（出所）　黒木（2009）の分類を元に筆者作成。

女の子「1mとあと少しはしたがある。はしたは，小数で表せば…。」

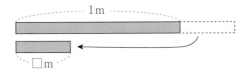

そして，「はしたの大きさの表し方を考えていこう。」と課題が投げかけられる。

その後，1節「はしたの大きさの表し方」に入り，「はしたの長さは1mのテープを3等分した1こぶんの長さと同じでした」という説明が入り，「はしたの長さは何mと言えばよいでしょうか」という問いが提起される。その指導について，教師用指導書では，「1m＝100cm　100÷3＝33あまり1となりcm単位でも正確に表せないことからはしたの長さで単位量をはかりとらせる」と指示されている。これはあまりで除数（わる数）を割ることであり互除法に他ならない。

2000年の時点では分数の導入は教科書によって様々であり，東京書籍のような互除法に通じる記述も可能だったのである。

しかし，その後2008年1月に中央教育審議会が「幼稚園，小学校，中学校，高等学校及び特別支援学校の学習指導要領等の改善について」答申し，その中で，「低学年で，分数の意味を理解する上で基盤となる素地的な学習活動を行う（例：紙を二つに折って $\frac{1}{2}$ をつくる）」ことが明記された。それを受けて2008年3月に告示された小学校学習指導要領では2年生に「$\frac{1}{2}$，$\frac{1}{4}$ など簡単な分数について知ること」が加わった。

その結果，どの社の教科書も2年では中教審の例示通り折り紙を二つに折って $\frac{1}{2}$，さらに二つに折って $\frac{1}{4}$ を教えるようになってしまった。しかしここでは $\frac{1}{3}$ も $\frac{3}{4}$ も教えない。また正方形の折り紙を縦に折っても対角線で折っても共に $\frac{1}{2}$ と教科書には書かれているが，ある学校で2年生に聞いたところその二つの大きさは違うと考える子が少なくなかった。結局2年でこのような形で

分数を指導することで却って分数理解を阻害してしまっている。

　そこでどの社の教科書も３年で改めて分数を指導しなおしている。

　例えば東京書籍の2015年版教科書，３年下では$\frac{2}{3}$は次のように導入されている（東京書籍ホームページ）。

・１ｍのテープを３等分した２こ分の長さの表し方を考える。

・その長さを１ｍの「三分の二」といい，「$\frac{2}{3}$ｍ」と書くことを知る。

　このように２年では折り紙やピザなどの分割として考えた分数を，改めて１ｍを基準にしその分割によって得られる量分数としてとらえさせている。

　しかし2000年版の教科書にあったような「はしたを測る」という考え方は見られなくなってしまった。

　その結果，子どもにとっての分数イメージは「分割分数」色がより強くなっている。

　なお，2017年告示の新学習指導要領は，２年生で「$\frac{1}{2}$，$\frac{1}{3}$など簡単な分数について知ること」と変わっただけで，依然として「分数の導入」部分は３学年に分けられている。「分割分数」「量分数」「割合分数」をどうつないでいくかが算数指導の要点になるが，その点については何ら改善されていない。

　そこで改めて2000年版東京書籍の教科書を見てみよう。絵図をもとに未測量（樹木の幹の周囲の長さ）を１ｍの目盛りなしの物差しで測る場面から入っている。整数（離散量・分離量）の世界では現れない端（ハシタ）の長さをどのように数値化すればよいかという場面を設定し，問題解決を子どもたちに迫るのである。いきなり「等分割→１あたり量（単位分数）→いくつ分」でなく，前段の「連続量の端をどう処理するか」「小数と同様に分数を使って数値化する（測る）」ことへの動機付け／意味付けが考慮されている。算数・数学は系統的な教科・学問と言われるが，現行版（2015）による指導では，獲得したはずの単元の知識・スキルは切り離されたままで個々のつながりが俯瞰できるネットワークがつくられていかない可能性がある。小学生にとって難題である「分数」を学ぶ過程において，小２で学ぶ「２等分から始まる$\frac{1}{2}$，$\frac{1}{4}$」など

の分割分数から「元の大きさとの比較を表す」割合分数，「端（ハシタ）を持つ長さ $\frac{4}{3}$ m」を表現する量分数，さらには本章で取り上げる「連分数」表示で明らかにされる有理数と無理数の違い等，「数（量）の世界」のつながりがつかめない。これが，「分数」理解や指導の難しさにつながる。

2　×（÷）小数・分数の難しさ

前節の黒木のかけ算の意味と北九州の小学校教師の板垣賢二の「小2，小3で獲得したはずの乗除法の構造・立式が，×（÷）小数・分数になった途端に壊れる」という指摘を考える。倍や等分で乗除法を理解してきた子どもたちにとって「$\times\frac{2}{3}$」「$\div\frac{2}{3}$」のイメージづくりは容易ではない（板垣，2015）。

ある学会の懇親会で，会場校の学長さんから「孫から『$\div\frac{2}{3}$が，なぜ$\times\frac{3}{2}$なのか』と尋ねられ，答えに窮した」と質問されたことがある。小学校では「等分割（等分除・生活知）」で除法を導入する。その後に「包含除」を学ぶ。「÷3」を「3等分」と考えてきた子どもが「$\frac{2}{3}$等分」に戸惑うのは当然のことである。中学生であれば「自転車で8kmの距離を$\frac{2}{3}$時間（40分）走った。自転車の速度はいくらか？」という事例を挙げて説明できる生徒が少数だがいる。「$5\div\frac{2}{3}$」を繁分数を使い「$\dfrac{5}{\frac{2}{3}}$」と表し，分母，分子に$\frac{3}{2}$をかけて

$$\frac{5\times\frac{3}{2}}{\frac{2}{3}\times\frac{3}{2}}=\frac{5\times\frac{3}{2}}{1}=5\times\frac{3}{2}$$

と導くことも可能である。

筆者は，学校種単位で授業・カリキュラムが閉じられ「つながり」を欠落させてきたことが，算数・数学の授業・カリキュラム構成の一つの問題点であると考えてきた。数年前に，ユークリッド互除法（以下，互除法，$\frac{分子}{分母}$ の最大公約数を探す）に連分数表示を使うことで，「互除法の操作」を理解する授業を中学3年生に試みた。授業を紹介しながら，本テーマに迫ってみたい。

3　授業：分数再考① 分数からユークリッドの互除法へ

　2009年1月，附属中3年生を相手に80分の授業「『分数』再考」を試みた。

　前半の「約分とユークリッド互除法」は，20年程前に筑波大附属駒場中高（筑駒）の公開研究会の中1授業で試みたことがある。今回，2年前に徳島（小6，2007年8月），福岡（中1，2007年11月）の授業研究会で実施したものに発展教材（連分数）を加え，以下の流れで授業を構成した。取り上げた課題は，以下のようなものである。大まかな流れを記す。

問題1（小学校）

ここに，2本の棒があります。

短い棒は20cm，長い棒は36cmです。短い棒の長さを1とすると，長い棒の長さはいくらになりますか？

　小学5年の題材である。6年生であれば，$20:36=1:x$ と比例式を立て，$x=\frac{36}{20}=\frac{9}{5}$ と回答する子もいるだろう。あるいは，$36\div20=\frac{36}{20}=1+\frac{16}{20}=1+\frac{4}{5}=\frac{9}{5}$ や $\frac{36}{20}=\frac{9}{5}$（約分）もありそうだ。いずれにしても，$\frac{9}{5}$ が正解である。これは「等分除」ではなく「包含除」から導かれる「割合分数」である。「（分）数は，当該量の基準量との比」とする考え方の根拠になる。

問題2（小中共通）　$\frac{455}{78}$ を約分しなさい。

　徳島，福岡では，問題2→問題1→問題3…の順序で授業を展開。2009年の附属中3年生の教室では，問題2から問題7までの課題で授業を展開した。

　附属のほとんどの中3生の解法は，以下のように，455と78をそれぞれ素因数分解し公約数を見つけ出し，約分するというものである。

　　$455=5\times7\times13$　　　$78=2\times3\times13$

　6年生は公約数の13を見つけ出すまで少々手間がかかるが，徳島の子どもたちはグループで相談しながら，$78=2\times39=2\times3\times13$ を見つけ出し，455が2

や3でわりきれず13でわりきれることを発見していた。

$$\frac{455}{78}=\frac{5\times7\times13}{2\times3\times13}=\frac{5\times7}{2\times3}=\frac{35}{6}$$

> **問題3（小中共通）**　問題2を，ユークリッドの互除法（以下，互除法）で考える。

```
        5        1        5
13) 6 5    ) 7 8    )4 5 5
    6 5      6 5      3 9 0
    ───      ───      ───
      0      1 3      6 5
```

　分子の455を分母の78でわり，あまり（この計算では65）が出たときは，78をあまりの65でわり，あまりが出たらまたわる数の65をあまりの13でわる。この操作を，わりきれるまで続けるのである。この部分は解説中心の授業になるが，最後の除数の13が分母の78と分子の455の最大公約数となる。具体的なテープや棒の長さで考えると，13cm が 455cm と 78cm の最大共測量（455cm と 78cm をともに測ることができる最大の単位）となる。つまり，

$$\frac{455}{78}=\frac{35\times13}{6\times13}=\frac{35}{6}$$

この不思議な計算式が，2300年前のギリシャで発見されていたという。

> **問題4（小中共通）**　互除法の原理・アルゴリズムを解析するために，2本のテープを使い「455cm のテープを，78cm のテープを個別単位として測ってみる」という問題に置き換え考える。（この問題の前半も，教師主導の展開になる。）

78cm
_____

455cm
_____

　最初のわり算は，$455\div78=5\cdots65$　①　つまり，78が5つとれてあまりが65になる。ここでのわり算は「等分除（等分割）」ではなく「包含除」である。

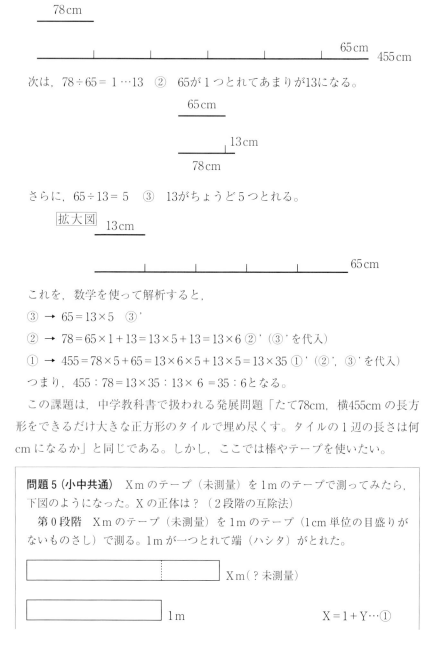

次は，$78 \div 65 = 1 \cdots 13$　②　65が1つとれてあまりが13になる。

さらに，$65 \div 13 = 5$　③　13がちょうど5つとれる。

拡大図

これを，数学を使って解析すると，

③　→　$65 = 13 \times 5$　③'

②　→　$78 = 65 \times 1 + 13 = 13 \times 5 + 13 = 13 \times 6$　②'（③'を代入）

①　→　$455 = 78 \times 5 + 65 = 13 \times 6 \times 5 + 13 \times 5 = 13 \times 35$　①'（②'，③'を代入）

つまり，$455 : 78 = 13 \times 35 : 13 \times 6 = 35 : 6$ となる。

この課題は，中学教科書で扱われる発展問題「たて78cm，横455cm の長方形をできるだけ大きな正方形のタイルで埋め尽くす。タイルの1辺の長さは何cm になるか」と同じである。しかし，ここでは棒やテープを使いたい。

問題5（小中共通）　Xm のテープ（未測量）を1m のテープで測ってみたら，下図のようになった。Xの正体は？（2段階の互除法）

　第0段階　Xm のテープ（未測量）を1m のテープ（1cm 単位の目盛りがないものさし）で測る。1m が一つとれて端（ハシタ）がとれた。

　Xm（？未測量）

　1m　　　　　　　　　　　　　　$X = 1 + Y \cdots$①

第1段階　端を Ym として，次に 1m を Ym で測る。Ym が 2 つとれて，Zm の端が出た。

	1m

	2Ym

$1 = 2Y + Z \cdots ②$

第2段階　今度は Ym を端の Zm で測る。Zm がちょうど 3 つとれた。

	Ym

	3Zm

$Y = 3Z \cdots ③$

問題 4 の手法で導くと（小 6 の子どもは代入計算は学習していないので，要説明），Xm と 1m の共通単位は Zm となる。

$1 = 2Y + Z = 2 \times 3Z + Z = 7Z$

$X = 1 + Y = 2Y + Z + Y = 3Y + Z = 3 \times 3Z + Z = 10Z$

つまり，$X : 1 = 10Z : 7Z = 10 : 7 = \dfrac{10}{7} : 1$ となる。

$\therefore X = \dfrac{10}{7}$ （m）

計算の複雑さや説明の工夫・度合いに違いはあるが，ここまでが小中共通の課題である。共測量 Z のいくつ分が X あるいは 1 になるのかが分かると，6 年生であっても，$1 = 7Z$ （m），$X = 10Z$ （m）から $X = \dfrac{10}{7}$ （m）は導き出せる。

4　授業：分数再考② 互除法を連分数で可視化する

問題 6，問題 7 が，中学 3 年生バージョンである。「互除法」と近世数学の「連分数表示」が共鳴し合い，有理数（分数）や無理数の「学び直し」を図る。

問題 6（中学校課題）　問題 3 の互除法を振り返りながらこの分数（有理数）を連分数で表しなさい。

連分数については，教師が説明しながら式変形を進める。中学3年生に対して，この題材を扱う追加発展課題である。

$$\frac{455}{78} = 5 + \frac{65}{78} = 5 + \frac{1}{\frac{78}{65}} = 5 + \frac{1}{1 + \frac{13}{65}}$$

$$= 5 + \frac{1}{1 + \frac{1}{\frac{65}{13}}} = 5 + \frac{1}{1 + \frac{1}{5}}$$

$$
13 \overline{\smash{\big)}\, 65} \qquad \overline{\smash{\big)}\, 78} \qquad \overline{\smash{\big)}\, 455}
$$

```
        5           1           5
   13 ) 6 5     ) 7 8     ) 4 5 5
        6 5       6 5       3 9 0
        ───       ───       ───
          0       1 3         6 5
```

授業記録から，授業の一部分を再現してみる。（Tは教師，Sは生徒発言）

T：$\frac{455}{78}$ を約分しなさいという最初の問題2で，T.Aさんが $5 + \frac{65}{78}$ と変形して65と78の公約数を見つけたんだよね。これが，最初の式変形と同じ。分かるよね。つまり，455中に78が5個とれて，あまりが65ってことだよね。互除法計算と右側の式変形と見較べながら考えて。

　　次は，78を65でわる。2段階目のわり算が，2番目の変形式の分母 $\frac{78}{65}$ と同じになる。その要領で，わりきれるまでわり算を続けるわけだ。この次は？

S：1たす65分の13。

T：で，あまりの13が出てきた，この操作を続けるんだよ。次はどうなる？

S：5たす，（1たす5分の1）分の1。

T：分母や分子が分数である式を，繁分数とか連分数と呼んだ。（以下略）

問題7（中学校課題）　一辺の長さが1の正方形の対角線の長さXを連分数で表してみよう。（互除法で，Xを1で測る。）

＊本課題は，高校1年の必修科目「数学Ⅰ」で扱える。

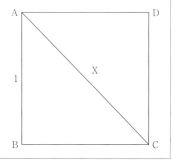

　中3生であれば，対角線の長さが $\sqrt{2}$ になることは知っている。授業記録から最初の部分のやりとりを拾ってみる。

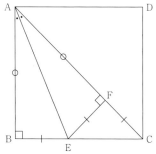

T：（配布プリントを見ながら）正方形の対角線 AC の長さを辺 AB の長さ1で測ってみよう。AC の長さは，未測量。君らは $\sqrt{2}$ の正体知っているんだけど，今は未測量，長さが分からない。じゃ，どうやって測ったらいいか？

T：いま，$\dfrac{AC}{AB}=X$ とおくと，AB が1で AC が X になるから，さっきと同じで AC から AB（＝AF）が一つとれることが分かるでしょ。つまり，A を中心，半径1の円を描くと，AF＝1で FC が端。

T：（板書しながら）こうなるよね。こまでいい？　何やら，さっきのヘンテコな式がまた現れた。

$$X = \frac{AC}{AB} = \frac{AF}{AB} + \frac{FC}{AB}$$

$$= 1 + \frac{FC}{AB} = 1 + \frac{FC}{BC}$$

$$= 1 + \frac{1}{\dfrac{BC}{FC}} = 1 + \frac{1}{\dfrac{BE+EC}{FC}}$$

$$= 1 + \frac{1}{1 + \dfrac{EC}{FC}} \quad \textbf{*}$$

ここで，問題6のように分子が1の連分数をつくる。AB＝BC，AB=AF，BE＝EF＝FC となり $\dfrac{AB}{FC}=\dfrac{BC}{BE}$。だから，BC の長さを BE で測ればいい。ここ**＊**（板書）をみてください。何か気づかない？FC 分の EC…。

S：元の状態…？

T：元の状態に戻る，どういうことですか？

S：△ABC と△FCE は相似な直角二等辺三角形。だから比が一緒，同じ計算を繰り返す。

T：そうなんです。いまスゴイ発見をしてくれたんだよ。FC と EC の比は最初の AB と AC の比と同じでしょ。

S：ああ，ねえ……（ザワツキあり，納得？）

T：いま，$\dfrac{EC}{FC} = \dfrac{AC}{AB} = X$ だったから，＊から $X = 1 + \dfrac{1}{1+X}$ という変な方程

式ができる。これは，少しいじってみる価値があるね。まず，$\boxed{A}$ 右辺の X

にこの式を代入してみる。次に，$\boxed{B}$ この方程式を解いてみる。

$\boxed{A}$

$$X = 1 + \dfrac{1}{1+X} = 1 + \dfrac{1}{1 + \left(1 + \dfrac{1}{1+X}\right)}$$

$$= 1 + \dfrac{1}{2 + \dfrac{1}{1+X}} = 1 + \dfrac{1}{2 + \dfrac{1}{2 + \dfrac{1}{1+X}}}$$

（以下，同様の操作を繰り返す）

$\boxed{B}$

$$X = 1 + \dfrac{1}{1+X}$$

$$X - 1 = \dfrac{1}{1+X}$$

$$(X-1)(X+1) = 1 \, (\because 1 + X \neq 0)$$

$$X^2 = 2$$

$$X = \sqrt{2} \ (\because X > 0)$$

問題6では455と78の共通（測）単位が13で，連分数表示するとそこでわり

きれる。つまり，有限連分数（有理数）になる。だが，1と $\sqrt{2}$（未測量）の

間には共通単位がないので終わりがない。無限連分数（無理数）になる。

この時の子どもたちの喜び方はハンパではなかった。「スゲー！」「なん

で？」「オモシレー‼」の声が飛び交い，教室中が騒然となった。

次節以降で論じる「学び直し」「概念の再構成」を意図する際の「題材要

件」や「教師が準備すべきは何か？」を根本から議論する必要を感じさせる。

5　中学3年生はどう学んだか？

さて，附属中3年生は，今回の授業「『分数』再考」から何を学んだか？

授業後に書いてもらった中から数名の感想と2人のレポートを紹介する。

A.K（男）：分数についてあまり深く考えたことがなかったが，ユークリッド

　　の互除法を用いて改めて考えてみると，数学のおもしろさややこしさを見

　　つけることができた。

E.M（女）：数学がこんなにたのしいなんて知らなかった。もっと自分の「数

　　学の世界」を広げてみたいと思う。国語ばかりじゃなくて，「数学も捨てた

もんじゃない」とおもいました。

S.T（男）：数学の世界への見方が変わり，「文字→数」としてみる価値観を考えることができた。分数~~再考~~，最高！（笑）

K.M（男）：無限連分数とかとても複雑だったけど，最後に $\sqrt{2}$ にもどったときは，若干感動した。

A.I（女）：すごくおもしろかったです。深いなあと思ったし，数学は広い！と思いました。初めて聞いたことばかりだったけど，すごくためになったし，数学がおもしろい！と思えるようになりました。

T.N（女）：今までとは違う分数を知ることができました。ただ暗記だけですませていたことを証明することができ，驚きと感動でいっぱいでした。

R.Y（女）：数学は考え方がたくさんあって，考える時は苦しいけれど，理解できたときはすごく楽しいと思いました。でも，やっぱり難しい！

T.A（女）：今回，井上先生の授業を受けて強く感じたことは数学の奥深さです。私はもともと数学が好きでしたが，この授業で「つながり」という新しい魅力を知ることができました。

　一辺の長さが1の正方形の対角線が $\sqrt{2}$ になることは知っていましたが，数式的にとらえた（筆者注：方程式で表す）のは初めてでとても新鮮でした。しかし，私が一番感動したのは，そこではなく答えが同じ $\sqrt{2}$ になったことです。考え方が違っても，途中の計算が違っても，最終的には一つの答えとつながっている，そこにおもしろみを感じました。

　また，発見したときの達成度は数学ならではのものだと思います。確かに，ゲームをクリヤーしたときにも達成感はありますが，数学での達成感と少し違うように思います。なぜなら，数学には歴史を飛び越えるという壮大さがあります。井上先生の授業でも，ユークリッドをはじめとする過去の有名な数学者の名前やその考え方が至るところで登場し，自分もその考え方に挑戦したい，それ以上の考えを発見したい，気づかぬ意欲が掻き立てられました。

　私は今まで，将来は科学者か数学者になりたいと考えていました。しかし，今回の授業で同時に両方をしたいと考えるようになりました。それは数学に「つながり」という奥深さがあることを知ったからです。理科は理科，数学

は数学として見るよりも，理科にも数学的見方，数学にも理科的見方を取り入れることが新発見への近道だと思います。

N.M（男）：井上先生から教えていただいた80分間。それは，私に数学の見方，考え方を変えさせてくれるような80分間でした。

　授業のはじめ，内容が「分数再考」ということを聞いて，一体，何のことだか分かりませんでした。分数は分数だから，別にそのままでもよいのではないかという気持ちも心のどこかにありました。

　しかし，授業を受けていく中で，強い衝撃を受けました。それは，分数にはとてつもなく広い世界が待っているということでした。

　井上先生から教えていただいた約2300年前に発見された「ユークリッドの互除法」。そのユークリッドの互除法から考えられる分数の意味。この一つひとつに驚き，そして数学の世界を知ったような気がします。しかし，一番私がおどろいたのは「一辺の長さが1の正方形の対角線の長さをユークリッドの法則を使って，連分数で表す」ということでした。この中で，分数を連分数で表すことを応用して求めていくと，共測量がでてこない。無限連分数が出てきた時は感動を覚えました。さらに，無限連分数をつくる前の方程式を解くと，対角線の長さの $\sqrt{2}$ になりました。そこにまた感動を覚え，数学の考え方が変わりました。私が中学校を卒業する前にこのような貴重な体験ができたのは，とても大きな財産だと思います。今まで，数学は不可解なものだと思っていたのが，とても奥深いものへと変わりました。今後，数学を身近に考えていきたいと思いました。

　多くの中高生が，それもまじめに努力してきた生徒（学校過剰適応気味の生徒）ほど数学の授業に満足できず愉しんではいないことを，筆者は中・高・大のこれまでの日々の授業・講議から感じ取ってきた。

　「考え方が違っても，途中の計算が違っても，最終的には一つの答えとつながっている，そこにおもしろみを感じた」と語ったT.Aさん，「分数を連分数で表すことを応用して求めていくと，共測量がでてこない。無限連分数が出てきた時は感動を覚えた。さらに，無限連分数をつくる前の方程式を解くと対角

線の長さの $\sqrt{2}$ になる。そこにまた感動を覚え数学の考え方が変わった」「今まで不可解なものであった数学が，とても奥深いものに変わった」とまとめてくれた N.M くん，30年前に公立中学で教えた中1の A くんがつぶやいた「分数は整数・小数と違い，量の大きさを示す数でなく，比を表す数だと思っていた」等，小・中学生の分数認識（算数・数学の世界観）は様々なのである。

　今回の「『分数』再考」という授業が分数の「学び直し」「概念の再構成」を図る試みとしてどれだけの意味を持つのかについては，高校での追試実践やさらなる検討を待たなければならないが，問題が与えられた途端に生徒は考え，隣近所同士で討論が始まる。教師志望の大学生の教室でも同じ光景が展開される。

　子どもたちは「数学が持つ不思議・面白さ」を学びたがっている。数学者の遠山啓から，「よい教材は，子どもたちの知的好奇心を呼び起こし，面白い授業が展開される」というような話を聞いたことがあるが，40年を超える教師生活で子どもたちや大学生から教えられたことは数え切れない。

6　算数・数学のつながりをつくる

　紹介してきた「分数」授業は高校では未実施だが，高校1年「数学 A」の初等整数論の中で扱いたい題材である。「数学 A」（改訂版，2016年，数研出版）教科書をみると，「第3章　整数の性質」は「約数と倍数」「ユークリッドの互除法（不定方程式）」「整数の性質の活用（ n 進法／分数と小数）」という展開で「連分数」について扱ってはいない。「ユークリッドの互除法」を除くと1970～80年代に中学校で教えてきた内容である。小中高のつながりや中高生一人ひとりの「数学観」「数学の物語」形成をねらい，教師の判断，裁量で多様なアレンジを試みる。高校の教育課程に導入された「課題学習」を利用したバリエーションも工夫できる。これが，本章で述べてきた中学・高校教育に求められる「幅」「溜め」になる。

　地域の小中高の算数・数学担当者がそれぞれの授業を公開し協議することで，関連単元のつながりを検討し合う。関連題材を使って「学び直し」「とらえ直

し」「概念の再構成」をねらう授業の共同実践研究を提唱したい。

　中高生にとって，「小学校で学んだ事柄が，現在学んでいることとダイレクトにつながり，数学の世界が広がり，深化する実感」「受験はツライが，数学の授業はたのしいから好き」「数学の論理性や合理性は，思考のベースになる」という発見や感慨は，文句なく受け入れられるはずで，「算数は簡単だが，数学は難しい」「テストや受験がなければ，子どもは勉強しない。だから，競争させることに意味がある」という俗説を打ち破るはずである。

　筆者が教師になって最初の公立中学での16年間を振り返ってみると，「受験（＝学力向上）」「部活動（＝生活管理・指導）」に追いまくられ，小学校，高校にはさまれた思春期前期の生徒がじっくり「自分探し・自分つくり（アイデンティティ形成）」に取り組むための「幅」「溜め」を用意してこなかったことに気づく。中学３年という短い時間では，「教科の授業」をベースにした「発見や驚き」「学問の面白さ」「考えること，議論することの重要性」に触れる営みが簡単には準備できないのである。現状では，こうした「授業づくり」に教師が時間やエネルギーを注げない「仕組み」がさらに強固につくられている。

　この十数年「（子どもの）学びからの逃走」（佐藤，2000）が叫ばれ，「学力・意欲の二極化」（苅谷，2004）「10歳の壁，中１ギャップ等の学校不適応」（文部科学省，2005；酒井，2007）が指摘され，議論もされてきた。しかし，「何か」が足りないのである。解決の糸口は容易に見えないのだが，教室や学校に知的興奮や元気を取り戻す，現状の閉塞的な「仕組み」を作り直すための鍵は，「考える」「議論する」「知的な感動を経験する」授業の創造とこれを引き出す「教材研究」「教師の裁量時間」「教師の力量」「共同研究の確保」にある。

文　献

安彦忠彦（2013）．「6－3－3制から4－4－4制や5－3－4制へ」『朝日新聞』2013年6月12日，『読売新聞』2013年11月27日．

中央教育審議会（2008.1）．「幼稚園，小学校，中学校，高等学校及び特別支援学校の学習指導要領等の改善について（答申）」．http://www.mext.go.jp/a_menu/shotou/new-cs/information/1290361.htm（2018年8月8日閲覧）

井上正允他（2006）．「分割分数から量分数への移行の難しさ」数学教育協議会『数

学教室』2006年 4 月号，国土社，39-43.

井上正允他（2009）.「中学 3 年生「『分数』再考」―中学校で分数を教えてみたら？
　　―」数学教育協議会『数学教室』2009年10月号，国土社， 5 -34.

板垣賢二（2015）.『数学教室』2015年 1 月号，国土社，20-25.

苅谷剛彦（2004）.『教育改革の幻想』ちくま新書.

黒木哲徳（2009）.『入門 算数学 第 2 版』日本評論社，41.

文部科学省（2005）.「平成17年度「義務教育に関する意識調査」中間報告」.

文部省検定教科書（2000）.『新しい算数　4 上』東京書籍.

『新しい算数　4 上 教師用指導書』（2000）. 東京書籍.

文部科学省検定教科書（2016）.『改訂版　数学 A』数研出版，117-163.

酒井朗（2007）.「中学 1 年の秋に十分な目配りを」『内外教育』2007年10月19日，
　　時事通信社.

佐藤学（2000）.『「学び」から逃走する子どもたち』岩波ブックレット.

東京書籍ホームページ「新編 新しい算数　年間指導計画作成資料」. https://ten.
　　tokyo-shoseki.co.jp/text/shou/keikaku/sansu.htm （2018年 8 月 8 日閲覧）

第9章

研究者のように探究し伝え合う授業
——高校1年の課題学習「正多面体」——

青木　慎恵

平成21年に告示された現行の高等学校学習指導要領において，数学ⅠとAの内容に課題学習が位置づけられ，「実生活と関連付けたり，学習した内容を発展させたりして，生徒の関心や意欲を高める課題を設け，数学的活動を特に重視して行う課題学習を内容に位置付ける」と明記された。私は，課題学習を行う上で，次のことを大事にしたいと考えた。

　・生徒の主体的な学習を促す。

　・生徒同士のコミュニケーション活動が活性化する。

　・生徒が数学のよさを認識することができる。

これを実践できる方法が，Researcher-Like Activity（RLA）であると考え，これを適用した授業実践を行った。Researcher-Like Activity（RLA）とは，研究者のような活動という意味であり，研究者の縮図的活動をその基本的概念とする。市川伸一により提起され（市川，1996），狩俣智によって中学数学に導入された教育実践法である（狩俣，1996）。以下，RLAと記す。

この授業では生徒が「一つの題材から課題を設定し，探究し，その探究活動の成果を発表し，相互評価する」ことを実践する。そこで，数学Aの課題学習として「正多面体」を題材にして，RLAを適用した授業を行った。

1　RLAの実践

RLAは一つの課題においてある条件を変更したり，またはその課題における題材そのものや課題の背景にある定理について深く調べたりするなど，様々な視点から生徒自らが新しく知りたいこと・調べてみたいこと（探究課題）を

設定し，探究活動を行う。「正多面体」を題材にしたのは，正多面体の辺や頂点，面の数に着目したり，体積・表面積について調べたり，さらには正多面体からデルタ多面体や準正多面体へ発展したりと一つの題材から生徒が自ら多くの課題を見つけることができると考えたからである。また，ポリドロン[(1)]という教具を用いて，実際に「正多面体」の模型をつくる活動を導入した。具体的に作成することが，生徒の探究活動をより促進させると考えたからである。

　授業は，RLA オリエンテーションおよび正多面体についての学習：1 時間，正多面体の特徴をつかみ，自ら課題を見つける活動：1 時間，探究活動：2 時間，ポスターセッション：1 時間の計 5 時間で行った。授業は，公立高校普通科 1 年生のクラスにおいて，5 時間配当で行った。以下，生徒の活動の様子について述べる。

（1）第 1 時：RLA のオリエンテーションと正多面体についての学習

　RLA の活動内容について説明した。探究活動を行っていくこと，最後にポスターセッションを行うことを話し，以前担当したクラスで作成したポスターを見せ，ポスター作成のイメージをつかませた。

　最初に，マッチ棒 6 本で 4 つの三角形を作ってみようと投げかけた。生徒は，最初は平面図形に着目していたが，後に立体にすればよいことに気づき，正四面体を作成していった。この立体が正四面体であるということ，これからこのような正多面体について考えていくことを伝えた。さらに，折り紙を使って正六面体を作成する手順を紹介し，身近なものであるマッチ棒や折り紙で正多面体を作成できるということを伝えた。

　次に，正多面体の条件（どの面もすべて合同な正多角形でできており，どの頂点にも面が同じ数だけ集まっている）について確認した後，【質問1】「正多面体は何種類あるか？」と問いかけた。無数にあると答えた生徒が多かった。中学 1 年の教科書にも正多面体は 5 種類しかないと記述されているが，多くの生

（1）　三角形から正六角形まで，8 種類の幾何学的な形をはめ併せて平面模様や立体を
　　作るシステム教具。東京書籍が販売している。

図 9-1　教室での活動の様子

徒は実際に作ったわけではないだろう。そのような知識は定着していないことが明らかになった。そこでワークシートを用いて，5種類しかないことを次のように確認した。まず，凸多面体を構成するときの次の事実について確認した。①1つの頂点に集まる面は3つ以上であること，②1つの頂点に集まる角度は360°未満であること。

　この2点についてなぜかと問いかけたところ，生徒の中から，面が3つ以上でないと頂点が凸にならないということや360°になった時点で平面になってしまうから凸多面体にならないという説明が出てきて，他の生徒たちも，あっ，そうかと納得した様子であった。その2点に注目して，合同な面の形を，正三角形，正四角形（正方形），正五角形……，1つの頂点に集まる面の数を，3，4，5，……とそれぞれ順に調べ，正多面体は5種類しかありえないことを生徒たちは論理的に導くことができた。

　次に【質問2】「1辺の長さが等しい時，どの正多面体が一番大きいか？」と問いかけた。正二十面体が一番大きいと答えた生徒が多かった。そこで，ポリドロンを用いて実際に5種類の正多面体を作成して確認した。面の数が多いほど大きくなると予想していた生徒たちは，正十二面体が一番大きいことに驚いていた。

（2）第2時：正多面体の特徴をつかみ，自ら課題を見つける活動

　次に，ポリドロンで作成した正多面体の頂点，辺，面について調べた。

表9-1　正多面体の頂点・辺・面の数

項目\n正多面体	頂点の数(v)	辺の数(e)	面の数(f)
正四面体	4	6	4
正六面体	8	12	6
正八面体	6	12	8
正十二面体	20	30	12
正二十面体	12	30	20

　表9-1から気づいたことをグループごとに話し合い，発表した。生徒から，次の意見が出された。

　「正六面体と正八面体の辺の数が12で同じで，正十二面体と正二十面体の辺の数も30で同じである。正六面体と正八面体の頂点の数と面の数がちょうど逆になっている。正十二面体と正二十面体でもそうなっている。」

　そこで，表の対応する数に矢印をつけ，私は正六面体と正八面体，正十二面体と正二十面体を「兄弟」と表現した。のちに生徒が課題設定をするときの1つの視点にしたかったからである。

　次に，辺の数の求め方について，次の意見が出てきた。例えば正二十面体の辺はすべて正三角形がくっついているので，まず3×20＝60となる。だけど，それは1つの辺を2回数えているので，2で割ればよい。他もちゃんとそうなっている。だから（辺の数）＝（正多角形の辺の数）×（面の数）÷2という公式が成り立つ。同様に考えて，（頂点の数）＝（正多角形の頂点の数）×（面の数）÷（1つの頂点に集まっている正多角形の数）という公式に気づいた。これらの公式は，表を埋める活動の中で，正十二面体や正二十面体は数えにくいので，いろいろと工夫を始めたことから出てきた。半分に分けて考えたり，さらにもっと簡単に求めるために公式を作ることができないかと文字を使って考えたりすることから生み出された意見である。そして，最後に（頂点の数）－（辺の数）＋（面の数）＝2が成り立つ。という意見が出た。そこで，この事実をオイラーの多面体定理と呼ばれていると補足した。ここでは「証明」はせず，「他の多面体で成り立つかどうか」についても触れず，「どうなるのかな」と生徒に投げ

かけるだけにした。次の課題設定の一つの視点として印象付けておきたかったからである。

　この時間のグループでの活動や議論，発表は，大変盛り上がり，発表を聞いて実際にやってみて確認することで，クラス全体でよい気づきを共有することができた。その後，ここまでの活動を受けて，グループごとに今後探究していく課題を考える活動に入った。正多面体について，他にどんなことを知りたいか，どんなことを調べていきたいかということについて話し合うように指示した。ただ，生徒にとって，自ら課題を設定するという経験は初めてであるため，どういう視点で課題設定をしたらよいか難しいと思われた。そこで，「ある条件を変更することでもいい。例えば，正多面体は１種類の合同な正多角形でできているが，それを２種類にしたらどうかと考えてもいいし，正多面体の頂点を切ってみたらどうなるか，切り開いてみたらどうなるかという発想もいいね」とヒントとなることを補足し，ポリドロンを使っていろいろと作成してみる活動時間を設けた。そのため，たくさんのパーツを用意しておいた。具体的にいろいろと多面体を作成してみたり，逆に分解したりする活動が課題を見つける手助けになるのではないかと考えたからである。最終的な課題設定は次の時間に持ち越した。

（3）第3・4時：探究活動

　ここからは3～4人のグループ活動を行いやすい広い机のある特別教室にて，探究課題の決定および探究活動を行った。前時と同様に，正多面体だけでなく，サッカーボールや準正多面体など，いろいろな立体も作成できるように，ポリドロンをたくさん用意し，実際に作成しながら探究課題の設定を行った。探究課題が決まったグループから探究活動を進めるよう促した。この時間の最後に各グループが次のような探究課題を発表した。「兄弟のなぞ!?　サッカーボールと正二十面体は兄弟？」「どんな立体でもオイラーの多面体定理が成り立つか」「展開図」「正三角形だけでできる多面体について」「二種類以上の正多角形を使ってできる多面体」などである。

　「兄弟のなぞ!?　サッカーボールと正二十面体は兄弟？」のテーマにしたグ

図9-2 探究活動の様子

ループは，頂点を切り取るという視点から，何か分かることはないかと前時からポリドロンを使って考えていたところ，ある事実を発見し，この課題を設定していた。一方，「正三角形だけでできる多面体について」をテーマにしたグループは，なかなか探究課題が決まらなかったグループであった。そこで，机間指導の中で，「面の形を1種類だけにするとどんな多面体ができるかな」と問いかけたところ，ポリドロンを使っていろいろと作成して正三角形だけでできる多面体を作った。そして，「この多面体に名前はあるのかな」「オイラーの多面体定理はこれでも成り立つのかな」という意見が出てきて，それを調べて発表しようということで，この探究課題になった。

　4時間目も同様に探究活動を行い，同時にポスター作成にも取りかかるように指示した。作った作品をデジカメで撮影したり，役割分担しながらポスターを作成したり，それぞれのグループが生き生きと活動していた様子が印象的であった。

（4）第5時：ポスターセッション

　探究活動から約2週間後に，ポスターセッションを設定した。2週間後に設定したのは，それぞれの探究活動やポスターセッションの準備の時間を確保したかったためである。生徒は，休み時間や放課後の時間を上手に使いながら準備をしていた。

　ポスターセッションは，教室において，発表10分・質疑応答5分で行った。

図9-3　ポスターセッションの様子

数学科の先生や福井大学の先生や院生の方も交えて行った。10班を3グループに分けて，教室内を3か所に分けて発表ブースを作り，ポスターセッションを行った。また，ワークシートによる相互評価を行った。ポスター発表では，どうしてそのテーマを設定したか，調べて分かったこと，苦労したことやうまくいかなかったことなどを聴衆に向かって発表した。例えば，「兄弟のなぞ!?」の発表（実際のポスターが図9-4である）では，正二十面体の各頂点から3分の1ずつ切り取るとサッカーボールになることを発表した。その説明を，ポリドロンで作成した実物を使って説明した。他にも「切り取る」という視点から正四面体の頂点から2分の1切り取ると正八面体に，3分の1切り取ると切頂四面体になること，また多面体の各面の中点を結ぶと，正四面体の中に正四面体が現れ，正六面体の中に正八面体が現れるということも分かったと発表した。これも，ポリドロンで実際に作成したものを利用しながら発表していた。発表後，福井大学の先生から補足として，正四面体⇔正四面体や正六面体⇔正八面体のなぞがオイラーの多面体定理では，頂点と面の数が逆になるということから分かるから，サッカーボールと正二十面体のなぞについてもオイラーの多面体定理から分かるかもしれないねとアドバイスをもらっていた。するとこのグループの生徒は，なるほどという表情で，すぐにサッカーボールについて辺，頂点，面の数を数えていた。他のグループのポスター発表でも，発表後の質問やアドバイスを受けて，みんなでさらに考え始めるグループの姿があり，大変印象的であった。以上が授業の流れである。次に授業後の生徒の感想をいくつ

図9-4　生徒が作成したポスター

か挙げる。

（5）授業後の生徒の感想

①探究活動に関する感想

A：毎時間ごとに新しい発見ができたので，とてもいい時間だった。

B：自分で探究して何かを見つけるのは，思った以上に難しいと分かった。

C：ブロックを使っての活動で実際に作って確かめることができるし，頭の中
　だけよりも分かりやすくて楽しく，遊ぶ感覚で見つけることができた。

D：ポリドロンを使って実際に多面体を作っていくことで，いろいろな多面体
　を考えて作ることができて楽しかった。

E：自分たちの作った多面体に名前があったり，性質を見つけられたりしたと

きは嬉しかった。

Ｆ：自分で疑問に思ったことについて，実際に図形を使って調べたり，友だち
　　と話し合えたりした。

Ｇ：最初は，キレイとか面白いとか数学とはあまり関係のない視点で楽しんで
　　いたが，調べていくうちに，今まで知らなかったことを知ることができたの
　　で，最初とは違う，より深い視点から多面体を楽しむことができた。

Ｈ：自分たちで探究していく内容を見つけていくのは難しかった。私は，立体
　　は苦手で難しいものだと思っていたけど，今回は楽しく取り組むことができ
　　た。

Ｉ：多面体の性質が分かっていくたびに，多面体の面白さや深さを感じた。

Ｊ：ゼロから作っていくのは，とても難しいところがあった。しかし，できた
　　時の達成感があった。

　　Ｃ，Ｄの感想からは「正多面体」の模型を実際につくる活動のよさを確認で
きる。思考という頭の中での対話だけでなく，現実のものとの対話とを行き来
することで学びが深まったことが分かる。また，探究活動を通して，ＡやＧの
ように新たな発見をしたりより深い視点に気づくなど，一人ひとりが探究活動
の楽しさを感じていた。その一方で，Ｈのように難しいと感じた生徒もいる。
これら探究活動のおもしろさや難しさも，私は生徒に感じ取ってもらいたいこ
とであった。なぜなら，その思いは，どちらも次の学びにつながるからである。

②ポスター・ポスターセッションに関する感想

Ｋ：分かりやすく人に伝えるのは，難しいと感じた。発表の後，面白かったと
　　言ってくれる人がいて，とても嬉しかった。

Ｌ：テーマをもっと工夫して，聞く人が関心を持ってくれるような発表にして
　　みたい。

Ｍ：質問されて改めて調べたいと思ったこともあったので，機会があれば調べ
　　てみたい。

Ｎ：実物を使って説明するほうが，より説得力があったので，参考にしたい。

Ｏ：他の班の発表を聞いて，自分たちと同じテーマなのに，より詳しく書かれ
　　ていたり，自分たちが気づかなかったことがたくさん書いてあったりしてす

ごいと思った。

P：自分と同じことを調べている班では，より理解して聞くことができ，楽し
　かった。

Q：調べる過程で気づいたこととかをうまく発表できなかったので，しっかり
　とメモをして発表に活用すればよかった。

R：自分たちは理解していても，相手に伝えるのは難しかった。また，質問さ
　れることで，新たな発見もあった。

S：写真や実物を使ってうまく発表できた。まだ，追究できる部分もあったの
　で，機会があればより深く考えてみたい。

　O，Pの感想に見られるように，自分たちと同じような解法が他のグループ
でも発表されるだけでなく，より詳細な説明や自分の気づかなかった内容が表
現されている場面に出会うことで，自分たちの考えと他者の考えをどうつなげ
るか考え始めている。こうして多様な知識が関連付けられることで，多面体に
ついての概念的な理解も深まっていると思われる。なによりも，こうした交流
は，これまでの知識の暗記やその再生が学習だという見方から，理解や思考プ
ロセスを重視する学習観への変容の可能性を含んでいる。

　また，ポスターセッションを通して，KやLのように，他者への発表の難し
さとおもしろさの経験を記している生徒もいる。このような積極的に他者に働
きかけようとする思いも生徒に感じてほしいことだった。それだけではなく，
ポスターセッションの経験は，これまでの問題演習時における解法の黒板への
板書や簡略な説明で終わる従来のコミュニケーションと比べ，数学的コミュニ
ケーションへの一歩となった。ポスターセッションが，数式だけでなく言葉に
よる説明を加えた詳細な説明となって，生徒同士の言語交流となったからであ
る。今後展開される高等学校の課題学習において，こうした思考の表現様式の
変更も視野に入れて，実践を展開していく必要があるだろう。

　次に，生徒の情意面の変化を調べるためにSD調査（授業評価観点表）を行
った。これは，「良い‐悪い」「好き‐嫌い」など情緒的な対となる修飾語を両
極に配置した25の尺度を準備し，概念の内包的意味を測定するSD（Semantic
Differential）によって，この授業の前後において数学や授業に対する情緒的な

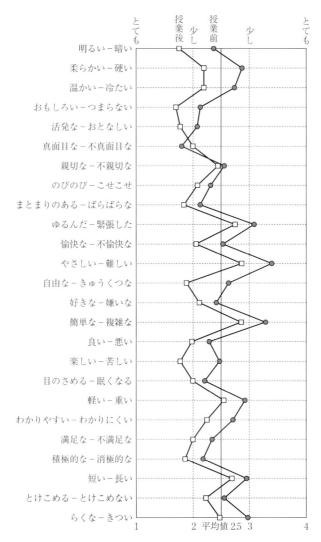

図 9-5　SD 調査の結果

イメージや態度がどのように変化したのかを分析するための調査である。この調査は，次のような質問文で始まる。

「この調査票は，皆さんの数学や数学の授業に対して持っている『イメージ』や『感じ』を調査するためのものです。以下の(1)〜(25)の項目について，直感的に自分の気持ちに当てはまるところに○をつけて下さい。」この後に，25の質問項目について生徒は○を記入する。(1)であれば，「とても明るい―すこし明るい―すこし暗い―とても暗い」のどれかに○をつけることになる。この調査をこの授業の開始直前とポスターセッションを行った授業の直後に行い，生徒39名の平均値の変化をグラフにしたものが図9-5である。授業前については，高校1年のこれまでの数学や授業に対するイメージや態度と見ることができ，正多面体を題材にしたRLAの授業後については，この授業での生徒の数学や授業に対する情緒面での変化を見ることができる。この図から，授業前後で折れ線が肯定的な方向である左へ移動している。これはこの授業以前に表象されていたイメージが，RLAによる授業によって，AやGの感想のように，肯定的なイメージへ変化したことを示している。

　以上のように，授業後の感想文などから授業の分析を行い，学習者の数学に対する態度の変容など，生徒に対する教育効果を考察した結果，RLAという教育実践が，生徒の主体的な学習を促し，生徒同士のコミュニケーション活動を充実させ，生徒に数学のよさを認識させることができることが明らかになった。

2　コンピテンシー論からの考察

　ここでは，ニス（Niss, M.）の数学的コンピテンシー論（第11章参照）の視点からこの授業を考察してみる。この授業を通してニスが規定する8つのコンピテンシーがどのように育まれたかを考察してみよう。

　この授業の第1の特徴は，「正多面体」を実際に作り調べる活動にある。第1時の凸多面体を構成するときの条件①②を，生徒は級友の言葉での説明で理解していたが，その後ポリドロンを実際に用いて，正多面体を作るときに，正三角形のパーツを組み立てながら，"2枚ではやっぱり凸多面体はできない

な”また，“正三角形を1つの頂点に6枚つなげると，平面になってしまうからやっぱりできないのだな”と実際に作ってみる活動から再確認していた。さらに，実際に作りながら，ものと対話する中で「正多面体」について，新たな「問い」を見つけている。そして，そのことを考える中で，一般化し，証明するという数学的論理を獲得している。

　第2の特徴は，そこで生じた一人ひとりの問いをもとに，さらに仲間と協同して，自由に探究することを大事にしている点である。全員が共通の一つの目標に向かって進むのではなく，生徒自らが課題を設定して探究する。第3・4時の探究活動は，定理の獲得という結果よりも，それぞれが自分の課題を考える中で育まれるもののほうに価値を置いている。この探究活動の中で生徒は，それぞれが新しい発見や今まで知らなかったことを知ることができた。そして「多面体の面白さや深さを感じた」生徒や「より深い視点から多面体を楽しむことができた」生徒もいて，それぞれに多面体に関する様々な数学的思考力を伸ばしている。

　第3の特徴は，発表することと聞き合うことを授業に位置付けていることである。第5時のポスターセッションを通して，生徒は，自分と同じことを調べている班の発表を聞いて，その探究の深さに感心し，自分たちが気づかなかったことを知った。また質問されることで，新たな発見もした。ここで，自分の考えと他者の別のアプローチがどのようにつながるかなど，多様な知識が関連づけられて，多面体に関する概念的な理解の深化が起こり，さらに数学的思考力を伸ばしている。また，分かりやすく人に伝えることを難しいと感じる一方で，発表の後，面白かったと言ってくれる人がいることの嬉しさを感じ，テーマをもっと工夫して，聞く人が関心を持ってくれるような発表にしてみたいと思うなど，数学の中での，数学を用いた，コミュニケーションを他者と積極的にしていこうとする力を伸ばしている。

　この授業は一例にすぎないが，このようにRLAの授業の特徴は，自ら課題を見つけ，探究し，最後にポスターセッションを通して，数学的コミュニケーションを行うことにある。特に，ポスターセッションは，より深い学びを促す数学的コミュニケーションとなる。また，実際にものを作るという活動は，抽

象的な頭の中での思考をより促進する。

　私は次のように考えている。数学の授業の中で全員が同じことに取り組む必要は必ずしもない，大切なのはそこで得られる知識それ自体ではなく，得られる知識は人によって違うけれど，自分の課題に取り組む過程である。そして，それを他者に伝え，言語交流して共有する中で育まれる能力（数学的コンピテンシー）が大事なのである。RLA はそのような私の思いを実践できる方法であり，生徒の「主体的・対話的で深い学び」を実現できる方法である。他者とのかかわりの中で，学び合い，知識を共有し，互いに助け合いながらよりよい社会を築き上げていく，そのような力を私は数学を通して身に付けさせたい。自ら課題を見つけてそれを解決していく姿勢や意欲も育んでいきたいと考えている。それが，これからの日本を，そして世界を担う若者にとって求められる力であると思う。これらの点も意識しながら今後も指導していきたい。

文　献

青木慎恵・伊禮三之（2013）．「数学Ａの課題学習の事例研究―RLA による課題学習：「正多面体」―」『福井大学教育実践研究』第38号，91-100.

藤井悦雄監修，青木哲次・塚崎博行・前川公一（1982）．『小学校 授業研究法マニュアル』教育出版，100-121.

狩俣智（1996）．「Researcher-Like Activity による授業の工夫― RLA の中学校の数学教育への適用―」『琉球大学教育学部教育実践研究指導センター紀要』第 4 号，1 - 9 .

小寺隆幸・小田切忠人・井上正允（2014）．『数学的コンピテンシーを伸ばし民主主義の担い手を育むデンマークの数学教育』108-111（JSPS 科研費23501034）.

市川伸一（1996）．「学びの理論と学校教育実践― Researcher-Like Activity をとりいれた授業づくり―」『学習評価研究』第26号，42-51.

伊禮三之（2008）．「Researcher-Like Activity による授業の試み―「ハノイの塔」の条件変更による問題作りを通して―」『第41回数学教育論文発表会論文集』93-98.

遠山啓（1979）．『数学の広場　4　3 次元の世界』ほるぷ出版，11-144.

第 10 章

数学を学ぶ意味を実感する《実験数学》の授業
―――「問い」を持たせる「2進数で遊ぼう！」とその発展課題―――

伊禮　三之

1　アクティブ・ラーニングをめぐる議論

　2020年から全面実施される新学習指導要領で求められる「育成すべき資質・能力」は，学校教育法第30条第2項において規定されたいわゆる学力の3要素（「基礎的な知識及び技能」，「思考力，判断力，表現力その他の能力」，「主体的に学習に取り組む態度」）に対応させて，以下の3つの柱で再整理している。

①何を理解しているか，何ができるか（生きて働く「知識・技能」の習得）

②理解していること・できることをどう使うか（未知の状況にも対応できる「思考力・判断力・表現力等」の育成）

③どのように社会・世界と関わり，よりよい人生を送るか（学びを人生や社会に生かそうとする「学びに向かう力・人間性等」の涵養）

　そして，目指す育成すべき資質・能力を育むためには，学びの量とともに，質や深まりが重要であるとし，そのためには，「何を教えるか」という観点を中心に組み立てられてきたこれまでの各教科等の指導を見直し，子どもたちが「どのように学ぶか」についても光を当てる必要があるとの認識のもと，「主体的・対話的で深い学び」（アクティブ・ラーニング）が提起されて，その実現が求められている（文部科学省答申，2016）。

　答申でも述べられているように，「主体的・対話的で深い学び」の実現とは，特定の指導方法のことでも，学校教育における教師の意図性を否定することでもないはずである。ところがその趣旨とは裏腹に，現場では「アクティブ・ラーニング狂騒曲」とでも呼べるような状況が起こり始めている。例えば，あ

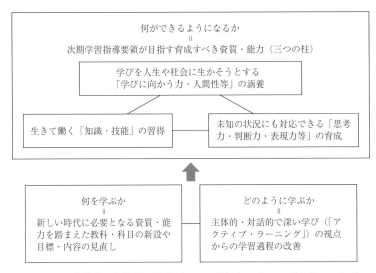

図10-1　育成すべき資質・能力（３つの柱）とアクティブ・ラーニング
出所：文部科学省（2015）

る県の義務教育学校では，アクティブ・ラーニングによる授業改善とともに，全国学力・学習状況調査のＢ問題への対策も求められ，毎時間の授業で，一律に「めあて」とそれに対応した「まとめ」を板書するよう指導されたり，それに加えて授業の最後に必ずＢ問題を利用することを求められていたりする（○○県スタンダードなどと呼ばれる）。また，ある県の算数の授業で教具（学習具）を用いた授業はアクティブ・ラーニングではないと否定されたり，ある市の学校では，エンゲストローム（Engeström, 1994）が描き出した学習サイクルの６つのステップ（動機づけ―方向づけ―内化―外化―批評―コントロール）について毎時間の指導案にそのチェック項目まで盛り込むよう指導していたりしているのである。さらに，アクティブ・ラーニングの一形態である知識構成型ジグゾー法を県下すべての県立高校で強力に推進しているところもある。

　こうした動きは，教育内容について学習指導要領が大綱的意味において法的拘束力を持つため，教育方法や指導形態として位置づけられているアクティブ・ラーニングにまでその影響が及んでくることを示す現象であろう。

　もう１つ，高校の数学教育関連の研究会に参加して感じるのは，旧来の演習

中心の授業を，ペア学習やグループ学習による演習に変えたアクティブ・ラーニングが多いことである。もちろん，教師主導による単なる演習中心の授業よりも他者との対話的な学びが遂行されるという意味ではよいだろうが，はたしてそうした授業だけで数学の深い学びにつながるのかは疑問である。数学における知識構成型ジグゾー法にしても，当初の問題解決のためのエキスパート課題は教師によって準備されており，生徒はグループ学習によるクロストークはあるにしても，結局は準備された問題を教師の誘導で解いているにすぎず，数学という対象世界との自由な探索は制限されている。

　いずれにせよ，一つのタイプによるアクティブ・ラーニングを一律に課していては，数学を学ぶ意味を実感することはないだろう。答申にもあるように，「学習活動を子供の自主性のみに委ね，学習成果につながらない『活動あって学びなし』と批判される授業に陥ったり，特定の教育方法にこだわるあまり，指導の型をなぞるだけで意味のある学びにつながらない授業になってしまったりという恐れ」が指摘されているのである。

　アクティブ・ラーニングを，外見の活発さだけで終わらせないためには，学習方法の工夫だけでなく，学習内容やその質にも目を向ける必要があるだろう。佐藤（1995）は，授業と学習という営みを，「対象世界の状況と対話し，教室内外の他者と対話し，自分自身と対話するという3つの対話構造で構成された実践」と定義しているが，現状のアクティブ・ラーニングは，主に「他者との対話」（グループ学習等）と「自己との対話」（振り返り）に焦点化されていて，「対象世界との対話」への意識が希薄であり，その内容や質に無頓着である。3つの対話は，実際の授業と学習においては相互に絡み合って展開されていくが，一般に対象世界の認識は他者との対話を通して構成されるのであり，他者との対話は常に自己との対話を介して行われ，自己の内面との対話も，必ず他者との対話が織り込まれている。

　数学の知識・技能が現実世界で生かされている場面や数学者が知を探究する過程を追体験（第9章のRLA実践を参照）し，教科の本質を深め合うような学習や，単元レベルを見通しながら，現実世界から数学への移行と数学的な概念（数学の世界）を現実に埋め戻すような学習を構想し，ペアやグループでの創

発的なコミュニケーションを重視し，学んだことの省察を組み込んだ授業（学習）を展開するなど，本来の意味での「主体的・対話的で深い学び」の実現に向けた検討を進めるべきであろう。

2　数学的問題解決の図式

　さて，「対象世界との対話」の領域となるこれまでの数学教育について考えてみよう。これまでは，主に「数学の世界」における問題解決に終始してきたといえるだろう。定理や法則はすでに前もって与えられて，問題も数学的に整理された形で準備され，それらをただ単に公式を当てはめて解くだけで，「現実の世界」との交流はほとんど行われていない。こうして学ばれた数学に対し多くの高校生は，「なぜ日常的に使わない数学を入試で使わなければならないのか，ひたすら同じような問題を解く作業を繰り返していることの馬鹿馬鹿しさを感じる」と吐露することとなり，数学を学ぶ意味を実感できないでいる。つまり，学習者が数学という対象世界を構成していくことや数学を介した自己との対話にも失敗しているのである。では，どのようにすればよいのだろうか。

　銀林（1987）によれば，「まず現実世界の中の具体的な課題から本質的な要素と関係を抽き出して，数学の問題に定式化する過程がある。次は，これを数学的技法（計算，定理，理論など）を用いて解き，解（solution）を求める。第三に，この解を再び現実世界に戻して（解釈して），もとの課題の解決（resolution）とする。直接，現実の課題をそのレベルで解決してしまうのではなく，一度数学の世界を通すまわり道を経て解決するところに，数学的問題解決の特色がある」というのである（図10‐2）。数学が現実に深く根ざし，そこでの問題解決にも有効であるという実感や，数学のおもしろさや楽しさを十分に伝えられるような授業を構想するためには，この数学的問題解決の図式のプロセスすべてを扱うことが重要であろう。とりわけ，数学が単なる知識ではなく，現実世界の

図10‐2　数学的問題解決の図式

課題においても活用できる知識であり，その有効性を深く実感させるためには，問題解決の成否が直ちにフィードバックされ数学による解が現実問題の適切な解決となっていることを「確認」するプロセス（自然科学の〈実験〉に相等）が不可欠である。この経験は，数学が現実世界で果たす役割の認識にとっても決定的である。

3　数学的問題解決の図式の逆と「2進数で遊ぼう！」の授業について

　ところで，現実世界の直接的な現象から数学を創りあげていくというのは理想であろうが，いちいち現実世界に立ち戻っていては人間行動の代行という数学の利点を発揮することはおぼつかない。そうした数学独自の世界の利点を生かすには，「計算法や解法などの数学的技法を最初に導くときに，それを生み出す母体となった現実的人間行動から出発してやる必要があろう。つまり，数学の問題を解くのに，先の数学的問題解決の図式を逆に利用して，それにもっともよく対応する現実の問題を見つけてきて（表現，解釈），それを現実世界の中で解決し（直接行動），次にそれを数学の世界へ戻して（様式化），当初の数学的問題の解とする」（図10-3）ような経験も必要である。ここでは図10-2の場合とは逆に，「現実の方が，抽象的な数学的構造のモデルになっている」（銀林，1984）。

　後述するように，例えば，数学の世界における2進法による位取り記数法という新たな技法（これは子どもの自然な発想からは生まれてこない）をつくる時に，「2進法による数当てマジック」を動機づけとして，1g〜31gの重さ（数）を，1g，2g，4g，8g，16gの各1個の分銅を使って量るという現実の問題に表現（分銅モデル）できるので，実際にこれらの分銅の組み合わせを考えながら重さを量っていく（行動）と，1g〜31gの重さ（数）が

図10-3　数学的問題解決の図式の逆

$$23\,g = 16\,g \quad +4\,g+2\,g+1\,g$$

$$\begin{array}{ccccc} \downarrow & \downarrow & \downarrow & \downarrow & \downarrow \\ 1 & 0 & 1 & 1 & 1 \end{array} \quad \rightarrow 23 = 10111_{(2)}$$

（分銅の個数で表現）

などのように，すべて量ることができて，それを，「23＝10111(2)」と様式化していくのである。

　数学を獲得していく段階によっては，数学の世界に近いような現象でもそれが子どもにとってリアリティのある課題であれば「現実世界の問題」だととらえ，現実と数学のゆるやかな往還の中で，数学教育にも積極的に〈実験〉を取り入れることを提案（こうした授業を《実験数学》と呼ぼう）し，《実験数学》をめぐる子どもたち相互の交流（協働的で対話的な学び）を通して，数学と現実との相関を正しく認識（対象世界との深い学び）させるとともに，数学に対する肯定的な態度を育み（自己を見つめる主体的な学び），そうした授業と学習の積み重ねが数学的リテラシーの形成にも資するものと考えている。

　それでは，「２進数で遊ぼう！」とその発展課題の授業の概要を紹介しよう。

4　第１時「２進数で遊ぼう！」

　高校１年の授業である。まず，次のようなA〜Eの５枚のカードを黒板に添付し，誕生日当てマジックのパフォーマンスで開始した（図10‐4）。

A	B	C	D	E

A	B	C	D	E
1 3 5 7 9 11 13 15 17 19 21 23 25 27 29 31	2 3 6 7 10 11 14 15 18 19 22 23 26 27 30 31	4 5 6 7 12 13 14 15 20 21 22 23 28 29 30 31	8 9 10 11 12 13 14 15 24 25 26 27 28 29 30 31	16 17 18 19 20 21 22 23 24 25 26 27 28 29 30 31

図10‐4　誕生日当てマジック

　生徒一人を指名し，「まず，月からいきます。あなたの誕生月のあるカードを教えて下さい。Aにありますか…」と順次質問し，「——CとDですね」と確認する。「次に日です。誕生日のあるカードは…。AとBとCとEですね。

——あなたの誕生日は，12月23日！」。「えーっ!?　どうして〜？」。教室は騒然となった。

　生徒用のマジックカードを配布し，それを手に取りながらじっくりと考えてもらう。しばらくして，「あると答えたカードの左上の数字を足せばよい」という発見が出た。ペアで遊んだあと，トリックの解明にとりかかる。

問題　1g，2g，4g，8g，16gの分銅が，それぞれ1個ずつあります。これらの分銅を使って1gから31gの重さを量るにはどうすればよいでしょうか。

　7gを例に分銅と天秤で考えると，図10‐5のようになる。

7g＝4g＋2g＋1g

↓　　↓　　↓

1　　1　　1

（分銅の個数で表現）

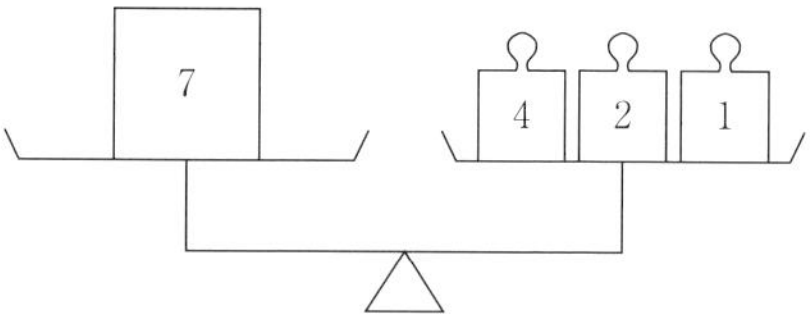

図10‐5　分銅と天秤で考える

　7gを含め，表に記された1g〜31gそれぞれの重さに，使用する分銅の個数を記入していってもらう（図10‐6の左側）。

　「A〜Eの5枚のカードは，1〜31の数（重さ）をどのように分類したものか？」と問うと，各グループともカードと表を見比べながらの話し合いが始まった。あるグループから，「1g〜31gの重さを，1g，2g，4g，8g，16gのそれぞれの分銅を使用する重さに分類していくと，これがマジックカードと同じになる（図10‐6の右側）。例えば，Aのカードには1gの分銅を使用する重さ，1，3，…，31が配置されている。同じように，Bのカードには2gの分銅を使用する重さが，Cは4g，Dは8g，Eは16gである」という説明があり，これを引き取って，「相手が思い浮かべた数（重さ）が，AとBとCとEにあれば，その数（重さ）は，1g，2g，4g，16gの分銅（数）を使用しているとマジシャンに教えていることになる。だから，それらをたして，1＋2＋4＋16＝23とすれば相手の思い浮かべた数が出てくるのである。そして，それらの数（1，2，4，16）はカードの左上にある。それで，あると答えたカードの左上の数をたせばよい」。これでトリックの解明は完了した。その後，同じトリ

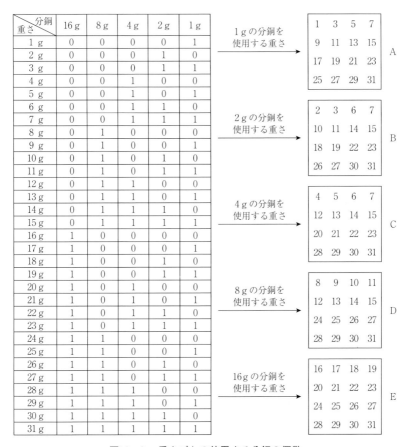

重さ ＼ 分銅	16 g	8 g	4 g	2 g	1 g
1 g	0	0	0	0	1
2 g	0	0	0	1	0
3 g	0	0	0	1	1
4 g	0	0	1	0	0
5 g	0	0	1	0	1
6 g	0	0	1	1	0
7 g	0	0	1	1	1
8 g	0	1	0	0	0
9 g	0	1	0	0	1
10 g	0	1	0	1	0
11 g	0	1	0	1	1
12 g	0	1	1	0	0
13 g	0	1	1	0	1
14 g	0	1	1	1	0
15 g	0	1	1	1	1
16 g	1	0	0	0	0
17 g	1	0	0	0	1
18 g	1	0	0	1	0
19 g	1	0	0	1	1
20 g	1	0	1	0	0
21 g	1	0	1	0	1
22 g	1	0	1	1	0
23 g	1	0	1	1	1
24 g	1	1	0	0	0
25 g	1	1	0	0	1
26 g	1	1	0	1	0
27 g	1	1	0	1	1
28 g	1	1	1	0	0
29 g	1	1	1	0	1
30 g	1	1	1	1	0
31 g	1	1	1	1	1

1 g の分銅を使用する重さ

A
1	3	5	7
9	11	13	15
17	19	21	23
25	27	29	31

2 g の分銅を使用する重さ

B
2	3	6	7
10	11	14	15
18	19	22	23
26	27	30	31

4 g の分銅を使用する重さ

C
4	5	6	7
12	13	14	15
20	21	22	23
28	29	30	31

8 g の分銅を使用する重さ

D
8	9	10	11
12	13	14	15
24	25	26	27
28	29	30	31

16 g の分銅を使用する重さ

E
16	17	18	19
20	21	22	23
24	25	26	27
28	29	30	31

図10 - 6　重さごとの使用する分銅の個数

ックを用いたウィンドウズ・カードを紹介し，最後に，「2進法のマジックは，はたして3進法でも可能だろうか」と次回への問いを投げかけて第1時を閉じた。

5　第2時「3進数では？——2進数を発展させる」

素朴な問いをもとに，数学がどのように発展，拡張，一般化されていくのか，を通して数学で「考える」とはどのようなことかを考えてみる。

> **問題**　２進数による数当てマジックカードやウィンドウズ・カードでたっぷり楽しんだ恵里子さんは，ふと「２進法で数当てマジックができるのだから，３進法でもできるのでは？」と思いつきました。あなたは，恵里子さんの思いつきをどう思いますか？
>
> 　予想　ア　恵里子さんの思いつき通り，きっと３進法でも数当てマジックカードが作れるに違いない。
>
> 　　　　イ　いやいや，数当てマジックカードは，２進法に固有なものでそれ以上の発展はない。

　この問題を考えるために，２進数と同様に，１g～26gまでの重さを1g，3g，9gの分銅を用いて天秤で量ってみる。ただし，今回は各分銅とも２個まで利用できるものとした。２進数での経験から分銅をモデルにしてスムーズに作業は進んだ（図10-7）。２進法と同様に，０，１，２の３つを使って表現した数を３進数ということを簡単に説明し（図10-7右），２進数のマジックとの比較で表をながめて気づくことはないかグループで話し合ってもらった。

　ある生徒は，「２進数はある・なしの二択だったから，３進数では三択にすれば？」と推察し，「実際表にしてやってみると，うまくいきそうです！」と発言。つまり，２進数の場合，各位が１と０の２種類だけで，それが「ある・ない」の二択に対応していることに気づき，その類推から３進数の場合は，各位とも０，１，２の３つの数が使われているので，「各位とも三択にすればよい」と気づいたのである。

重さ ＼ 分銅	3^2の位 (9g)	3の位 (3g)	1の位 (1g)	（3進数）
0	0	0	0	0
1	0	0	1	1
2	0	0	2	2
3	0	1	0	10
4	0	1	1	11
5	0	1	2	12
6	0	2	0	20
7	0	2	1	21
8	0	2	2	22
9	1	0	0	100
10	1	0	1	101
11	1	0	2	102
12	1	1	0	110
13	1	1	1	111
14	1	1	2	112
15	1	2	0	120
16	1	2	1	121
17	1	2	2	122
18	2	0	0	200
19	2	0	1	201
20	2	0	2	202
21	2	1	0	210
22	2	1	1	211
23	2	1	2	212
24	2	2	0	220
25	2	2	1	221
26	2	2	2	222

図10-7　３進法

　これを引き取って，1の位（X），3の位（Y），3^2の位（Z）の3つのカードを準備し，それぞれの位で，0の数を左，1を真ん中，2を右に配置すればよいことを確認し，カードを作成してもらった（図10-8）。

　遊び方は2進数の場合と同様，0～26の中から好きな数を1つ思い浮かべてもらい，3枚のカードX，Y，Zを順次示して，「あなたの思い浮かべた数はカードの左，中，右のどこにありますか？」と三択で聞けばよい。

X（1の位）

Y（3の位）

Z（3^2の位）

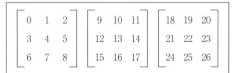

図10-8　マジックカード①

　例えば，「15」の場合，X→左，Y→右，Z→中にあるので，それぞれの左上の数を，$0+6+9=15$，と計算すればそれが相手の思い浮かべた数になる。実際にペアを組み交互にマジシャン役となって遊んでもらうと，「なるほど！」などの声が聞こえてきた。

　頃合いを見て，「ところで，2進法のカード同様，3進法のカードももっとシンプルにすることはできない？」と聞いてみた。すると，「各位のカードをバラバラにして9枚にすればいい！」ことに気づく発言が出た。実際に切り離したカードでペアでのマジック遊びを続けていった（図10-9）。

　さらに遊んでいくと，たし算の答えに0の有無は影響しないことに気づき，「0のあるカードは，なくてもマジックは可能」との発言が出て，それらを除いた最終的なマジックカードを，B，C，E，F，H，Iのシンプルなものにできた。実際6枚だけで，マジックが可能かペアを組んで確認してもらった。

　さて，これまでの学習から，2進数や3進数から10進数への変換は自然に学習され習得されている。冒頭でそれを整理して，その逆の10進数から2進数，

A		
0	3	6
9	12	15
18	21	24

B		
1	4	7
10	13	16
19	22	25

C		
2	5	8
11	14	17
20	23	26

D		
0	1	2
9	10	11
18	19	20

E		
3	4	5
12	13	14
21	22	23

F		
6	7	8
15	16	17
24	25	26

G		
0	1	2
3	4	5
6	7	8

H		
9	10	11
12	13	14
15	16	17

I		
18	19	20
21	22	23
24	25	26

図10-9　マジックカード②

3進数への変換は，タイル操作と対応させて説明した。そして，「2進数同様，各分銅1個だけで重さを量ることはできないか」と提起し次の課題を提示する。

問題　2進数および3進数での数当てマジックカードを作る過程から，

①1g，2g，4g，8g，16g，…，2^ng，…の分銅が<u>1個ずつ</u>あれば，天秤を用いてどんな重さでも測定可能

②1g，3g，9g，27g，81g，…，3^ng，…の分銅が<u>2個ずつ</u>あれば，天秤を用いてどんな重さでも測定可能

ということがわかりました。例えば，97gの重さは，

```
2 ) 9 7
2 ) 4 8 …1
2 ) 2 4 …0
2 ) 1 2 …0
2 )   6 …0
2 )   3 …0
2 )   1 …1
      0 …1
```

```
3 ) 9 7
3 ) 3 2 …1
3 ) 1 0 …2
3 )   3 …1
3 )   1 …0
      0 …1
```

より，97を2進数に変換すると，「1100001(2)」。すなわち

$$97 = 2^6 + 2^5 + 2^0$$

よって，64(2^6)g，32(2^5)g，1(2^0)gの分銅1個ずつで，97gの重さを量ることができます。

また，97を3進数に変換すると，「10121(3)」。すなわち

$$97 = 3^4 + 3^2 + 2 \cdot 3^1 + 3^0$$

となって，$81(3^4)$g，$9(3^2)$g，$1(3^0)$g の分銅を1個ずつ，それに $3(3^1)$g の分銅を2個用意すれば，量ることができるのです。では，

　③1g，3g，9g，27g，81g，…，3^ng，…の分銅が<u>1個ずつ</u>ならば，どうでしょうか。

1g，3g，9g，27g，…の分銅1個ずつでは，天秤の片方の皿だけに乗せてすべての重さを量ることはできない。7gの場合を具体的に考えることによって，「1g，3g，9g，…の分銅を両方の皿に振り分ける」というアイディアがすぐに出てきた。こうすればどんな重さでも量ることが可能になる。

これを式に表すと，

　$7 + 3 = 9 + 1 \rightarrow 7 = 9 - 3 + 1$

となる。

他の重さも同様にして負の重りを含めた表を作成したところ，これまでの

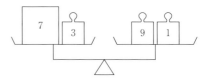

図10-10　分銅を両方の皿に振り分ける

学習の類推から，1～80の数を8枚（裏表に配置すれば4枚）のカードに振り分けた新しいマジックカードの作成はスムーズに進んだ（高橋，1999；土井，2006）。

6　生徒の感想文にみる変容

この3回の授業に対する典型的な感想をあげておこう。「まず初めに，こんなに数学が楽しいものだと人生で初めて知りました。同時に，こんなふうに，今までも勉強できたら良かったのにと思いました。この様に数学に親しみを持ちながら学習をすれば，頭の中によくその内容が入ってくると思うし，いつまでも頭の中に残すことができると思います。また，この授業の中で，自分たちで考えて行動したり，問題を解いたりする場面が多く，その活動もまた頭の中に記憶したり法則を深く理解していくのに非常に役に立つと思いました」。「これまで3回の授業を通して数学へのイメージが変わった。苦手でつまらないと

いうイメージから，奥深い面白い授業だと思った。参加型でやる気が出る授業
で，とても深く物事を考えることができた」。「第1回の時よりも数学に対して
の気持ちが変化したのがわかりました。授業の中での積極的な発言を繰り返し，
クラスのふんいきも明るくなり，そのおかげか，数学から固いイメージが減り，
やわらかくてあったかいものと思えるようになりました」。このように，数学
に対する肯定的な変容を記した感想が多く見られたのである。

　それは，「数字当てマジックのタネ明かし」という現実の課題と「2進数を
学ぶ」という数学の課題を結びつけることで，「情報の授業で2進数を取り扱
った際に正直ほとんど理解をすることができずに終わってしまっていただけに，
苦手意識はあった」2進法が，分銅モデルによる“行動”や“確認”によって，
「分銅を使った説明で理解することができ，2進法は普段10個の数字を使って
表している数を1と0のみで表しているだけなのだ，ということの意味に気づ
くことができた。すべての数は1，2，4，8，16，…の分銅を使って表すこ
とができ，どの分銅を使うか，ということを1と0で表しているのである」と
いう深い理解に進んでいるのである。

　また，1つの数学的現象の解明の後，「数学の考えるという部分を発展させ
た内容で，…（中略）…3進数ではできるんだろうかという問題に取り組んで
いきました。今までなら2進数で数当てゲームをしたらそれで終わりなんです
が，その先にこれではどうだろうか？　という疑問を実際に探究していくこ
と」で，「喜びや新しい発見がみつけられる大切さや数学についての興味が増
して」いく様子も多く記されていた。いわく，「授業では，“学んでいる”とい
う感覚ではなく，“遊んでいる”という感覚で，2進法や3進法の概念を獲得
することができた。遊びの中で，数学を学ぶという授業を，今まで想像したこ
とがなかったため，とても斬新であった。また，授業の中で，自然に“な
ぜ？”という疑問が生み出され，それを解決するために夢中になっていた時，
とても楽しさを感じていた」，「2進数は0，1で表すので分銅で表すとどうし
ても1個しか使うことができないけど，3進数は2個まで使うことができる。
さらに，1つだけしか使わないという条件はとても考えさせられました。最終
的な話，図にしてみて大きい数（かたまり）をつくってそこから数を引いて調

整していく考えには驚きと納得でした。そして，それは2進数や3進数の理解を深め，モデル化することでより分かりやすくなったと感じました。初回の授業からここまで複雑な考えや数が発展していく中でどんどん理解が難しくなる中で，ここまで "あぁー!!" と思うことはすごい授業だったと思います」などなど…。

7　数学と現実世界との交流の中で対話的に考える授業を

　一般的に，問題解決のプロセスは，現在の状況（初期状態）を把握し，目標（目標状態）に向けて，何らかの変換を行っていくプロセスととらえられるが，この変換を担う様々な「資質・能力（コンピテンシー）」を形成していくことが教育の役割である。数学教育においては，数学的問題解決の図式の各プロセスの中で数学的コンピテンシーを育んでいくことになる。とりわけ，数学という抽象的世界を《まわり道》することで得られた解決が，実際にもとの課題の妥当な解決になっているかどうかを「確認」する過程の経験は，数学的モデルの限界やその改良，精密化を考える上でも重要（深い学び）だが，数学的問題解決の図式そのものの正当性が信じられるようになる（主体的に学びに向かう力）という意味でも重要である。数学の世界と現実の世界との豊かな交流をもった教育内容を準備し，数学の授業にも積極的に〈実験〉を取り上げ，子ども相互の協働（対話的な学び）を通して，学ぶことの意味が顕在化されるような文脈を設定した授業の創造が求められよう。

　さらに，数学の世界と現実の世界との交流の中から生まれてくる生徒自身の自然な内的思考のプロセスを大事にしつつ，教師の「問い」から出発したにせよ，徐々にその「問いを内化」していき，生徒自身が「問い」を持てるようにすることも重要である。数学的な現象を一旦解決したあと，それが，どのように発展・展開していくのか，数学者の思考プロセスを擬似的にたどることによって，数学で「考える」とはどういうことかを明示しながら指導するのである。「2進数で遊ぼう！」とその発展課題による授業の感想文を読めば，受動的にしか数学を学んでこなかった生徒が，能動的な変容を見せていることは明らか

であろう。それこそ現在叫ばれているアクティブ・ラーニングの表層的な学び（活動あって学びなし）に対置しうるものと考えている。

　数学的リテラシーが、「多様な文脈の中で，定式化し，使い，数学を解釈する個人の能力」であるのなら，数学的問題解決の図式全体を扱い，その中で，対話的に「考える」ことの楽しさを伝えることが，「世界で数学が果たす役割を認め，建設的で関心のある思慮深い市民」を育てることにつながるだろう。

文　献

土井幸雄（2006）．『数とパズルの18話』日本評論社，1-13．

銀林浩（1984）．「数学教育の基礎」銀林浩監修『算数・数学教育の最前線―問題点早わかり―』明治図書出版，7-21．

銀林浩（1987）．「人間行動からみた数学」『岩波講座　教育の方法6　科学と技術の教育』岩波書店，109-138．

伊禮三之（2011）．「事例研究：2進数で遊ぼう！―新学習指導要領における『数学活用』に向けた教材開発―」『第44回数学教育論文発表会論文集（第1巻）』日本数学教育学会，141-146．

伊禮三之（2012）．「2進法の発展教材としての3進数による数当てマジックカード―新学習指導要領における『数学活用』に向けた教材開発―」『北陸地区数学教育協議会40周年記念誌』北陸地区数学教育協議会，244-249．

小寺隆幸・小田切忠人・井上正允（2014）．『数学的コンピテンシーを伸ばし民主主義の担い手を育むデンマークの数学教育』（JSPS科研費23501034）

松下佳代（2015）．「ディープ・アクティブラーニングへの誘い」松下佳代・京都大学高等教育研究開発推進センター編著『ディープ・アクティブラーニング―大学授業を深化させるために―』勁草書房，1-27．

文部科学省（2015）．「教育課程企画特別部会　論点整理　補足資料（1）」http://www.mext.go.jp/b_menu/shingi/chukyo/chukyo3/053/sonota/1361117.htm（2017年1月8日閲覧）

文部科学省（2016）．「幼稚園，小学校，中学校，高等学校及び特別支援学校の学習指導要領等の改善及び必要な方策等について（答申）（中教審第197号）」．

佐藤学（1995）．「教室のディレンマ―生成の構造―」佐藤学編『教室という場所（教育への挑戦1）』国土社，15-43．

高橋寛（1999）．『新編バイパス　確率のる・う・る』三省堂，53-54，167-168．

第Ⅲ部

対話を軸に数学的コンピテンシーを育てる

デンマークの教育

第Ⅲ部は，2009年から数学的コンピテンシー育成の視点をカリキュラムに組み込み，対話を軸に授業を創っているデンマークの取り組みについての３つの章と資料から構成する。デンマークの数学教育を理想化するものではないが，コンピテンシー育成を重視する日本の数学教育改革にとって，検討すべき理論と先行実践であることは間違いない。その検討の一歩となることを願う。

　第11章では，デンマークの子どもの数学観を問題意識の出発点におき，デンマークの教育制度を概観した上で，近年のデンマークの数学教育改革を進めてきたニス（Niss, M.）の数学的コンピテンシー論を紹介する。

　第12章では，日本の学習指導要領に相当する「共通目標2009」の分析や８年生の授業の検討を通して，数学教育の理念や授業創りの面で日本が学ぶ点を考察し，今後，数学的コンピテンシーに着目して授業を創ることを提起する。

　第13章では，ニスの数学的コンピテンシー論の背景として，デンマークの市民性教育の伝統の上に批判精神を含むコンピテンシー概念が受容されたことがあることを明らかにし，それが近年の競争重視により揺らいでいると指摘する。

　最後に資料として「共通目標2009」の一部の翻訳を付した。

第 11 章

デンマークの教育とニス(Niss, M.)の数学的コンピテンシー論

小寺　隆幸

1　数学への意欲や関心が高いデンマークの子どもたち

　日本では PISA でトップだったフィンランド教育への関心は高かったが，成績中位のデンマークに注目する数学教育研究者はほとんどいなかった。しかし私たちはデンマークの子どもたちの数学に対する意欲や関心が2003年 PISA 調査以来一貫して先進国の中で最も高いことに注目した。途上国の子どもたちにとっては，学校に行き数学を学ぶこと自体が喜びであり，またその後の自分の人生の成功や社会の発展へのつながりも目に見えるため学習意欲は総じて高い。しかし先進国では学習が強制されていたり，受験の手段として子どもたちにとって外在的なものになっていたりするため学習意欲はそれほど高くなく，とりわけ日本は最も低い国の一つである。また同じ北欧でもフィンランドは，成績はトップクラスだが意欲はそれほど高くない。その中でデンマークだけが異なる様相を示しているのはなぜだろうか。

　それを考えるために，PISA2012で実施された15歳の子どもたちに対する質問紙調査の結果からいくつか取り上げてみよう（国立教育政策研究所，2013）。以下，デンマークをD，フィンランドをF，日本をNで略記する。

　まず，数学への興味や関心について，下記のそれぞれに肯定的にとらえている子どもたちの割合を示そう。

- ・数学の授業が楽しみ　　　　　　　　　　　D52%，F25%，N34%
- ・数学で学ぶ内容に興味がある　　　　　　　D64%，F44%，N38%
- ・将来就きたい仕事に役立つから数学を頑張る　D88%，F73%，N52%

　もちろんこういう調査は主観的な意識の反映にすぎない。また授業のレベルを下げて，みんなができるようになれば授業は楽しくなるという面もある。この調査の次の設問を見てみよう。

・3x + 5 =17という等式を解く自信がある　　　　　D77%，F84%，N91%
・数学の授業についていけないのではと心配になる　D39%，F52%，N71%

　この一次方程式は日本では中学1年で学ぶ基本であり，それに自信がない子が日本の2.5倍もいるにもかかわらず，授業についていけないと思う子は半分しかいないということは，授業のレベルが低いことを物語るのだろうか。しかし次の結果はそうではないということを示唆する。

・新聞掲載のグラフの理解に自信がある　　　　　D87%，F59%，N54%
・自動車のガソリンの燃費を計算できる　　　　　D62%，F46%，N28%

　形式的な計算にそれほど自信がなくても，現実の問題の「計算」はできると考えるデンマークの子どもたちが多い。これはどういうことだろうか。
　現実の問題を数学で考えることは，その文脈の中で必要な量の意味を理解し，量の関係を式で表し，形式的な計算をし，その答えを解釈するという一連の過程をたどることである。デンマークではその全過程を授業の中で取り上げることが重視されるが，その一部としての計算の習熟にはそれほど時間をかけない。一方日本では，一次方程式を解くことは基礎・基本とされ，それを徹底してから現実の問題を扱う構成になっているが，限られた授業時間の中で，最後に置かれた現実の問題を扱う時間が十分とれない。上記の子どもたちの意識には，このような授業のあり方が反映しているのではないだろうか。
　最初の設問が意味することを改めて考えてみよう。数学の「楽しさ」も，学年が上がるにつれ，「できる楽しさ」から「わかる楽しさ」，「考える楽しさ」へシフトしていく。思考の主体性が育つ中学生になると，形式的な操作で正解が得られても，「なぜそうなるのか」，「なぜこういうことを考える必要があるのか」と問い，その意味や意義がわからなければ楽しいと感じられない子どもたちが増えてくる。デンマークの子どもたちが数学を楽しいと思うのは，授業が，考

えること自体の楽しさを感じられる場になっている反映であるように思われる。

　実際に第12章で具体的に見ていくが，デンマークの授業はゆったりしており，反復練習の徹底もなされないが，数学ができる子もできない子も主体的に知的探求に取り組む姿が見られる。そしてこのような授業の結果，15歳時点でのPISAの成績は高くはないが，大人になると知的レベルは他国と比べても高くなり[(1)]，その彼らが「幸福度世界一[(2)]」のデンマーク社会を支えている。

　日本では，近年教育をPDCAサイクルでとらえることが強調され，今年の教育実践を翌年の全国学力テストの結果で評価するような風潮が強まっている。だが教育の成果はペーパーテストの結果で短期的に評価しうるものではない。子どもの成長はもっと長い目でとらえるべきものだろう。

　日本の数学教育が，今後本当に「主体的・対話的で深い学び」を目指すのであれば，日本とは異なる歩みをしてきたデンマークから学ぶことも多い。そのデンマークの数学教育を考えるために，次節ではまずデンマークの教育制度や最近の改革の動きを概観しておこう。第13章も併せてお読みいただきたい。

2　デンマークの教育

（1）デンマークの教育制度

　デンマークは福祉国家と言われる。政府は子どもたちに対してその意味を「平等性を保証する努力がなされる国家」と説明している[(3)]。医療費とともに教

（1）　科学技術政策研究所が17か国で行った成人の科学技術基礎的概念理解度調査ではデンマーク67点（4位），日本54点（13位）（平成16年版科学技術白書）。またOECDによる国際成人力調査（PIAAC）の数的思考力の結果は日本288点（1位），デンマーク278点（7位），OECD平均269点。

（2）　国連「持続可能な開発ソリューション・ネットワーク」による世界幸福度ランキング2016年でデンマーク1位，日本53位。これは1人当たり実質国内総生産，社会的支援，健康寿命，人生選択の自由度，寛容さ，腐敗認知の6指標を基に出している。

（3）　デンマーク政府による The Official Website Denmark に掲載されている Denmark for the Kids, The Welfare Society の記述から（2014年3月5日閲覧）。

育費も大学まですべて無料であるのも平等性を保証するためである。そのため，政府総支出に占める教育費の割合は15.1％と日本8.9％の2倍近い。その代償として税負担は重いが，累進課税で所得再分配を行っているため，貧富の格差は世界で最も小さい（経済協力開発機構，2012）。

　2009年から幼稚園年長（5歳）が義務化され10年制義務教育となった。6歳からは9年制の公立国民学校（フォルケスコーレ）あるいは私立独立学校（15％ほど）に入学する。国民学校は9年間クラス替えがなく，上限28名の仲間がずっと一緒に過ごす。幼馴染という信頼関係と親同士の一体感に支えられ，9年生の教室にもなんでも言い合えるアットホームな雰囲気が漂っている。

　初等教育での教師一人あたりの生徒数は11.5人で日本の18.4人より手厚い。20名ほどのクラスにも複数の教師がついている。授業はグループ学習中心で，時には取り組む課題も異なる。教室の隅で個別指導を行うこともよく見られる。

　国民学校の教師は3科目を担当する。教師を目指す学生は3教科を選び，その教育法を学んで教師の資格を取る。担任も自分のクラスで教えるのは3科目だけで，その代わり他学年でも教える。私がお会いした4年生担任は担任クラスの数，社，仏語とともに8年生の数，社を教えていた。

　国民学校は自治体設置だが，運営は学校理事会が責任を持つ。私が訪ねた国民学校では父母代表7，生徒代表2，職員代表2，市代表1で理事会が構成されていた。9年生の生徒代表も同等の発言・議決権を持っている。校長は教員採用の人事権を有し，教員は教育方法を自由に決める権利を有する。日本の学習指導要領にあたる「共通目標」が定められているが，教科書検定はなく，自由発行で学校ごとに採択する。

　伝統的にデンマークには「テストの文化」がなく，7～9年生でも日本の中学で行う定期考査のような試験は存在しない。日本の全国学力・学習状況調査に相当するナショナルテストが実施されるまでは，子どもたちが初めて体験する試験は9年最後の全国一斉卒業試験だった。これは各教科あわせて1週間続く。数学では1時間の基本問題，3時間の活用問題（電卓使用可），口述テストで構成されている。

　9年を終えると卒業して進学・就職することができるが，国民学校には10年

クラスが併設され，学び直しや納得のいく進路選択のために自分の意思で約4割の子どもたちが10年生として残る。

　卒業後，58％が高校に，34％が職業別専門学校に進む（2009年）。職人の社会的地位と収入が高いため専門学校希望者も多い。なお以前は希望者全員が高校に進めたが，2014年以降，卒業試験の成績が低いと進学できなくなった。

　高校でも校内の定期考査はないが，毎年全国統一試験が行われ，その成績で入れる大学が決まる。高等教育は2012年時点で総合大学8，単科大学14，高等専門教育機関11，単科専門学校80。総合大学は学士課程3年，修士課程2年だが，5年連続して履修する学生が多い。教員養成は高等専門教育機関で行われる。

　また誰でもいつでも学べる生涯学習の場として，様々な分野の71の国民高等学校フォルケホイスコーレがある。これは19世紀のデンマークの教育者グルントヴィ（Grundtvig, N. F. S.）[4]の理念に基づく学校で，授業は教師と生徒が対等に話し合って進める。知識を身につけさせることよりも批判的思考力を培うことを重視し，社会を担う責任ある市民を育成することを目的としており，卒業しても資格は与えない。ここで学んだ人々が社会の隅々で活躍し，デンマークの教育のあり方にも大きな影響を与えている。

（2）近年の改革とそれへの批判

　デンマークでも2000年のPISA調査を契機に改革が始まった。2001年に発足した自由党保守党連合政権は，教育支出は世界最高レベルなのに成績が中位ということを問題にし，ナショナルテストを2007年から導入した。ただ日本と異なり，一人ひとりの知識と技能の習熟度を把握することだけを目的としたコンピュータ対面テストである。回答状況に応じて質問の難易度が変わり，すべての子が正答率50％になるように出題される。またその結果は秘密とされ，子ど

（4）　グルントヴィ（Grundtvig, N. F. S. 1783-1872）：デンマークの牧師であり，作家・哲学者・教育者。「デンマーク近代教育の父」と言われる。彼は当時の学校を刷り込みを行う「死の学校」と呼び，試験などの強制を排し，自由，協同，発見の精神が生きる「生のための学校」を構想した。それは生きるための希望や能力を目覚めさせ，様々な人と向き合い仲間意識を創る場と考えられた。

もの順位付けではなく，教師の生徒指導と授業改善のためにのみ用いられる。テスト実施科目は2年国語，3年数学，4年国語，6年国語・数学，7年英語，8年国語・地理・生物・物理または化学であり，数学は9年間で2回だけである。

　それでも改革への批判は根強い。2007年，コペンハーゲン大学の自然科学教授法研究所のドリン（Dolin, J.）所長は次のように述べている（Dolin, 2010）。「デンマークの学校では，周囲と協働する，問題の所在を明らかにする，教科・分野を超えてものごとを文脈に位置づける，それを生徒たちの日常生活と結びつける，そのための能力を育てることを大切にしてきた。こうした生徒たちが知識社会で活躍していくために必要とされる力は，PISA 調査で測ることはできない。…例えば生徒の省察能力といったより複雑なコンピテンシーを試すためには，PISA とは異なる評価の形式が必要だ。コンピテンシー[5]を測るのは難しいが，だからこそデンマークでは，お金のかかる試験形式であっても口述試験をする伝統があるのだ」。

　また私がお会いした校長も，「学力とともに自立する力を育むことが学校の役割だ」と語られ，テスト重視に反対していた。「学ぶ時は内から来る動機がなければならない」と考え，学ぶ自主性を重視した教育を提唱したグルントヴィの考えは，今もデンマーク社会に根付いている。

3　「コンピテンシーと数学学習」（KOM）プロジェクト

（1）数学教育が直面していた課題

　このようにデンマークの教育は伝統的に子どもの自主性や協同，民主主義を重視しており，それが数学の授業のベースにある。だが，第13章で鈴木が指摘するように，近年，デンマークでも直接，労働市場で役に立つことを重視し，市民としての教養を矮小化する傾向が強まっていた。その中で，世界の数学教

（5）　このコンピテンシーがデンマークでどうとらえられているかについては第13章に詳しい。

育の中心的指導者の一人モーンス・ニス（Mogens Niss）は，高校教育は大学
への基礎をつくるとともに人間としての教養を育むという両面を重視すべきだ
という立場で数学教育改革に取り組んできた。そのニスを代表とする教育省の
「コンピテンシーと数学学習」（KOM）プロジェクトが2000年から始められた。
ニスはこの取り組みを報告した論文の冒頭で，次のように記している（Niss,
2003）。

　　このプロジェクトは教育省とその他の公共機関によって，小学校から大学
　　までのデンマークの数学教育の徹底的な改革のための基盤を立案するため
　　に開始された。プロジェクトの基本的な考えは，「数学的コンピテン
　　シー」という概念を基盤に数学のカリキュラムを記述することである。こ
　　れは伝統的な考え方であるトピック，基本概念および成果のリストからな
　　るシラバスとは異なる。これはいかなる教育レベルにおいても数学教育と
　　学習に対する総体的な見方を表現する包括的な概念の枠組みを念頭に入れ
　　ている。
　　『人は誰の知識が最良であるかを問うべきで，誰が最も知っているかでは
　　ない』　　　　　（モンテーニュ，「教育について」エッセイ，第1巻25章26節）

　なぜニスは「徹底的な改革」をしなければならないと考えたのだろうか。こ
の論文ではまず彼が直面したデンマークの数学教育の課題が列挙されている。
　①人々の数学離れ。社会は数学的な知識，洞察力および技能を活用する人々
を求めているが，若者たちは数学が自分たちにかかわりがあると考えていない。
　②「すべての人のための数学教育」という理念の危機。数学教師は，数学の
知識，洞察力および技能を育むことに成功していない。一部の数学者や教育者
から，全体のレベルを下げる一方で少数の子どもたちに本格的な数学教育を実
施するという提案がなされ，それに賛同する政治家も現れている。
　③校種間の接続と教師の問題。数学を専門とする国民学校の教師は少ない。
高校・大学の教師は学術的数学の専門家だが教育法は十分理解していない。こ
の両者の文化的相違が，国民学校から高校への移行の不連続を生み出す。例え
ば，数学的モデルや論証のとらえ方もかなり異なる。その結果，子どもたちの

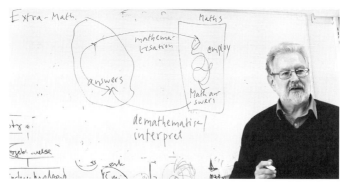

図11－1　ニス教授（ロスキレ大学にて　2012年9月12日）

数学の学びの過程を一貫してとらえられない。

④評価の問題。何を数学習得の重要な要素とし，どのような評価方法を選択するかについて，世界でもデンマークでも，信頼性を重視するあまり正当性を犠牲にして，間違った結果を生み出している。

これらは日本にも共通する問題である。1節でみたように日本の子どもたちの数学離れはより深刻である。教育行政は，上位層を伸ばすことに力を注ぐべきだという方向にシフトしている。小・中・高の接続も，中等教育学校，さらに義務教育学校が新設される中で，問題はより複雑化している。評価についても，新たな試みは始まっているが，依然として計算力など数値化できるものの評価に偏っている。

2012年9月，私たちはロスキレ大学にニスを訪ね，このような数学教育の課題に取り組む際に，コンピテンシーを軸にすると考えた経緯を直接伺うことができた。前節でみたように，デンマークは伝統的に職業別専門学校に進んで社会に出る子どもたちが多かったが，近年，高校進学率が6割に増え，それに伴い高校での学力差の拡大が大きな問題となっている。教師はどこに焦点を置いて授業を創るかが問われていたのである。そしてニスと現場の教師たちは，上位ではなく中位レベルに焦点を当て，それを下位につなげる授業を構想しようとした。そのためには，その授業で身につける内容を理解したか否かという結果だけで授業を考えるのではなく，一人ひとりがどのような力を伸ばすのかを

考えて授業を創る仕組みをつくることが必要だと考えた。

　また進学率増加に伴い，国民学校と高校の教師の間に，子どもができないことへの責任を押し付け合うことも起きていた。だが子どもの能力はテストの回答欄だけで測られるわけではない。チームワークで問題を解決する力も大切である。計算力などにだけフォーカスするのではなく，様々なコンピテンシーとそれを測るより洗練された方法を考える必要があった。国民学校と高校の教師の数学観のギャップを埋め，国民学校1年生が学ぶ数学と大学生が学ぶ数学に共通するものは何か，どうとらえればよいのかを考えてつくったフレームワークが「数学的コンピテンシー」であったとニスは語った。

（2）KOM プロジェクト

　このプロジェクトは数学者，数学教師，数学教育研究者，他分野の計12名の委員と20数名のコメンテーターで進められた。トップダウンにならないように，全国の教師と数十回も討論を繰り返したとニスは語った。このプロジェクトは問題を分析し，数学の授業の発展のためのアイデアを供給するもので，カリキュラムや構造的改革を決める権限はない。決定はそれぞれの公共機関が行う。

　まず問われたのは，「数学を習得するとはどういうことか」だった。ニスらは言語習得と対比して考えた。言語を習得するとは，聞く，読む，語る，書く，のすべてができるようになることであり，リテラシーの主要な構成要素は1年生でも文学の教授でも同じである。ただそれらはかなり異なった現われ方になる。言語習得は綴り方，語彙，文法などにかかわる事実に基づく知識と技術が必要とされる。

　では数学で言語習得に対応するものは何か。それをニスたちは「数学的コンピテンス」を持つことであるととらえた。ニスは次のように記している。

　「数学を習得することは数学的コンピテンスを持つことである。個人的，職業的，または社会的生活の分野でコンピテンスを持つということは，その分野で生活に不可欠な側面を習得することである。数学的コンピテンスとは数学が役立つ，あるいは役に立った様々な内的および外的数学的文脈や状況の中で数学を理解し，判断し，解き，そして使用する能力を意味する。語彙や綴り方や

文法が，リテラシーに必須ではあるが充分な条件ではないように，数学的コンピテンスに必須ではあるが充分な条件ではないのが，多量の事実に基づく知識と専門的技術である」。

　そしてニスは数学的コンピテンスの明確な主要構成要素を数学的コンピテンシーと呼ぶ。

（3）数学的コンピテンシー

　ニスは8つの数学的コンピテンシーを規定し，次の2グループに分けた。

Ⅰ　数学の範疇で，数学を用いて，数学に関して，質問をしたり答えたりできる

　　1　思考コンピテンシー

　　2　問題処理コンピテンシー

　　3　モデリング・コンピテンシー

　　4　論理づけコンピテンシー

Ⅱ　数学の範疇の言葉やツールを操る

　　5　表現コンピテンシー

　　6　記号・形式化コンピテンシー

　　7　コミュニケーション・コンピテンシー

　　8　補助教具コンピテンシー

　この8つは互いに関係し重なり合う連続体を形成すると考え，ニスは「コンピテンシーの花」の図で表している。

　それぞれのコンピテンシーについてニスは次のように例示している。

1．数学的思考（思考の数学的方法の習得）

・問いを提示する，数学が示すある種の答えを知る（答えそれ自身やその求め方を知ることは必要ではない）

・与えられた概念の範囲や限界を理解し，処理すること

・概念の範囲を拡大すること

・異なった種類の数学的陳述の仕方の相違を見分けること

2．数学的問題を提示し解決すること

・異なった種類の数学的問題を見つけ，提示し，そして規定する

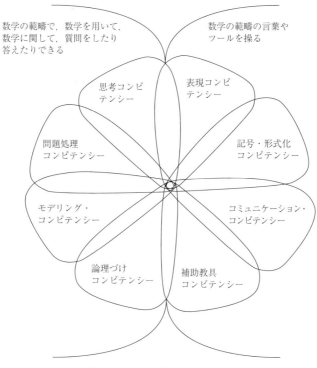

図11-2　コンピテンシーの花

・異なった種類の問題を異なる方法で解く

3．数学的なモデル化（すなわちモデルの分析と作成）

・その範囲や妥当性の評価を含め，既存のモデルの基礎と特性を分析する

・既存のモデルの解読，'現実性'の文脈でモデルの要素を翻訳し解釈する

・与えられた文脈においてモデル化を行う

　　　場の構成　数学化　モデルを働かせ問題を解決する　内的および外的にモ
　　　デルの妥当性を証明する　他のモデルと較べモデルを分析し評価する　モ
　　　デルとその結果の伝達　すべてのモデル化の過程の監視と管理

4．数学的推論

・他者によって提案された一連の議論に関心を持ち，評価する

・数学的証明とは何か，発見的解決法など他の数学的推論との違いの認識

・与えられた議論（特に証明）の筋道の基本的な考えを見出す
・形式的または非形式的な数学的議論の考察と，発見解決的議論から妥当性の
　ある証明への転換

5．数学的実体の表現（対象と状況）

・数学的な対象・現象・状況の，異なった種類の表現の理解と活用
・同じ実体についての異なった表現の強さや限界や関連性の理解と活用
・表現の選択と転換

6．数学的記号と形式の操作

・記号化と形式的な数学的言語の解読と解釈，自然言語との関連性の理解
・形式的な数学体系（統語論と意味論の両方）の性質と法則の理解
・自然言語から形式的な記号化された言語への言い換え
・記号や公式が含まれた文言や表現の扱いと操作

7．数学の中での，数学を用いた，数学についてのコミュニケーション

・数学的内容のある事柄について，様々な言語形態で書かれた文書や，視覚的
　あるいは口頭での情報の理解
・その事柄について口頭，視覚，または文書形式での自己表現

8．補助教具や道具（IT を含めて）の活用

・数学的活動のための様々な道具や補助教具の存在と特性，その有効範囲と限
　界についての理解
・そのような補助教具や道具を熟慮して使用できること

　これについてのニスのコメントを要約しておこう。
・8つすべてのコンピテンシーは精神的または身体的な過程，活動，そして行
　動と関係がある。焦点は個人ができることにある。このことはコンピテン
　シーを行動的なものにする（行動主義ではない）。コンピテンシーはお互いに
　密に関係し連続体を形成するが，それぞれが別のものである。
・すべてのコンピテンシーは分析的面と生産的面を持つ。前者は，数学的現象
　と過程を理解し，解釈し，考察し，評価することに焦点を当てる。後者は，
　ある状況の中で議論し数学的表現を使用する活動的な構造に焦点を当てる。

・コンピテンシーの言葉は厳密に数学的感覚で理解されるべきである。例えば
　証明を含め数学的推論について述べているのであって，一般的な論理ではな
　い。これらのコンピテンシーは数学特有のものだが，数学の中のトピックや
　カリキュラムや教室に依存しない。ただ言語習得の場合と同様，異なったレ
　ベルや異なった国ではかなり異なった表現になる。

・数学的洞察力や創造力，そして抽象概念を扱う能力は８つのコンピテンシー
　のいくつかに，またはすべてに組み込まれている。創造性はコンピテンシー
　のすべての生産的な面の結合として認められる。抽象概念を扱う能力や数学
　的洞察力はすべてのコンピテンシーの一部となっている。

・コンピテンシーは他に選択の余地がないわけではない。数学的コンピテンス
　は違った構成要素の集合により概念化されることもありうる。ただこの８つ
　は数学の習得に不可欠な面をかなりうまく表現していると思える。

・数学的コンピテンシーは数学のテーマにかかわる中でのみ発展し，用いられ
　る。コンピテンシーと数学的トピック領域はそれぞれ独立であり，それを組
　み合わせたカリキュラムを考えるべきである。

・数学的コンピテンシーがあるということは「知識と洞察を基盤として数学的
　に活動する用意があり，活動できること」である。どのような数学的活動を
　達成するにもいくつかの数学的コンピテンシーの行使が必要になる。そこで
　様々な数学的活動で必要とされるコンピテンシーと必要としないコンピテン
　シーを識別することが不可欠な課題となる。

（4）学問としての数学

　ニスは「数学的コンピテンシーは現実的課題や数学の課題にかかわる状況で
活性化する。８つのコンピテンシーに加えて，学問としての数学に焦点を当て
ることも不可欠である」とし，次の３つの視点を提起する。ここではニスが私
たちに語った言葉を紹介しておこう。

　「数学を学問としてどうとらえるか。１つ目が現実に根ざす数学。学問とし
ての数学の世界の外に実在する『数学』がどのように学問としての数学に使わ
れているのか。２つ目が学問としての数学。３つ目が歴史上どのように数学が

発達していったか，歴史や社会とのかかわりの中で発展する数学です」。

　そしてこれらの視点は「数学的コンピテンシーを持つことと密に関係するが，それらから数学的コンピテンシーを得ることはできない」と指摘する。

（5）数学教育での活用

　ニスはこの「コンピテンシー」と「学問としての数学の視点」を数学教育で次のように活用することを提起している。

　①数学教育をどのように機能させたいかを明確化するための道具として。カリキュラムや学習の到達目標の記述に活用できる。

　②教育実践で何が起きたか，生徒の学習の実際の成果を記述する道具。異なったレベルの数学教育を比較するためにも使われる。

　③教師と生徒がそれぞれ，授業や学習を明確化し，掌握するのを促進することで，彼らのメタ認識の支援の道具として使うこともできる。

　ニス自身が言うように，ここでのコンピテンシーは汎用的なものではなく，数学固有のものである。ニスは国民学校１年生から大学生までの学びをコンピテンシーの発達という視点で見ることで，校種間の教師の数学に対する考え方の相違を乗り越えようとした。それはまた，数学の内容を理解できたか否かという結果だけではなく，それぞれの子が各自のコンピテンシーをどう発達させたのかという視点で見ることでもある。ニスが論文の冒頭に引用したモンテーニュの言葉をかみしめたい。

　私が最も共感したことは，ニスができない子のためにコンピテンシーという道具を考えたこと，その中で《問うこと》（思考コンピテンシー）こそが最も重要だと考えていること，そして「コンピテンシー」と「学問としての数学」を２つの軸としておさえることだった。それは，ニスが「知性を作り上げ，思考するための筋肉を鍛えること」（第13章３節参照）を数学教育の目的ととらえているからに他ならない。数学を問題解決に活用するための道具として学ぶだけではなく，数学を通して批判的に問う姿勢や世界を視る目を育むことを目指しているように思われる。

　2002年の KOM の報告を受け，デンマーク教育省は《共通目標2009》（日本

の学習指導要領に相当）にこの考えを取り入れ，新たな数学教育が始まっている。1節でみたデンマークの子どもたちの授業や数学に対する見方は，基本的には自主性を尊重するデンマークの教育のあり方に，そして現実の文脈の中で数学を考えるデンマークの数学教育の伝統に根ざしているが，このKOMの考えを受けた授業つくりの結果でもある。次章ではそのカリキュラムや授業について詳しくみていこう。

文　献

Dolin, J.（2010）. PISA er et farligt succesmål. *Asterisk,* 53 juni – juli 2010.（「PISAは危険な成功目標」鈴木優美訳）

経済協力開発機構（2012）.『図表で見る教育― OECD インディケータ2012―』明石書店.

小寺隆幸・小田切忠人・井上正允（2014）.『数学的コンピテンシーを伸ばし民主主義の担い手を育むデンマークの数学教育』（JSPS 科研費23501034）.

国立教育政策研究所（2013）.『生きるための知識と技能 5 ― OECD 生徒の学習到達度調査2012年調査国際結果報告書―』明石書店.

Niss, M.（2003）. "Mathematical competencies and the learning of mathematics: The Danish KOM project". (3rd Mediterranean Conference on Mathematical Education-Athens, January 2003.)（金山敬訳）

澤渡夏代ブラント（2005）.『デンマークの子育て・人育ち―「人が資源」の福祉社会―』大月書店.

鈴木優美（2010）.『デンマークの光と影』リベルタ出版.

高田ケラー有子（2005）.『平らな国デンマーク―「幸福度」世界一の社会から―』日本放送出版協会.

第12章

デンマークのカリキュラムと授業を通して
「主体的・対話的で深い学び」を考える

小寺　隆幸

1　デンマークの「共通目標」

　デンマークでは，前章で見たニス（Niss, M.）の考えをもとに，子どもたち
の数学的コンピテンシーの発達を目指し，対話と協力を重視した数学の授業が，
すでに10年近く行われている。本章では，2009年に定められた国民学校のため
の「共通目標2009数学編」（日本の学習指導要領に相当）を紹介し，今後，日本
で「主体的・対話的で深い学び」に取り組むうえで考えるべき課題を提示する
（「共通目標2009」の一部を巻末に資料として掲載しているので，それと照らし合
わせながらお読みいただきたい）。

（1）数学教育の目的
　「共通目標」の冒頭に数学授業の目的が掲げられている。その要旨を記して
おこう（全文は巻末資料参照）。
　①授業の目的は，生徒が数学的コンピテンシーを発達させ，知識・能力を習
得することで様々な状況で適切な対処ができるようにすることである。
　②授業は，生徒の自立的な，また対話と協力を通じた数学との取り組みが，
創造的な活動になるように構成される。
　③授業は，生徒が様々な文脈で数学の役割を経験し認識することに寄与する。
そして生徒が行動に責任を負い，民主主義の共同体の中で影響力を発現してい
くために数学をどう応用するかについて，自分の立場を決めることに寄与すべ
きである。

　まず授業の直接の目的を記し，その目的を実現するために授業をどう構成すべきかを提示し，最後に生徒が民主主義の担い手として成長していく過程に数学の授業がどのように寄与するべきかを示している。

　これは義務教育段階の目標である。そこで対比のために，日本の中学校の新たな学習指導要領（2017年3月告示）を見てみよう（以下，要約。p. 65）。

　　数学的な見方・考え方を働かせ，数学的活動を通して，数学的に考える資質・能力を次のとおり育成することを目指す。
　　⑴概念や原理・法則などの理解と，事象を数学化し，解釈し，数学的に表現・処理する技能
　　⑵論理的に考察する力，統合的・発展的に考察する力，簡潔・明瞭・的確に表現する力
　　⑶数学を生活や学習に生かそうとする態度，評価・改善しようとする態度

　⑴～⑶は中教審答申が規定した資質・能力の三本柱（①生きて働く「知識・技能」②「思考力・判断力・表現力等」③「学びに向かう力・人間性等」）の数学教育での具体化である。

　両者を比べると，日本では国が子どもたちに「資質・能力を育成する」という視点から書かれているためか，数学を学ぶ意味がはっきり記されてはいないが，デンマークでは，主権者として様々な状況で「適切な対処」をし，「民主主義の共同体の中で影響力を発現していく」ために数学を学ぶことが明記されている。また授業は，教師が「資質・能力を育成する」というよりも，「生徒が数学的コンピテンシーを発達させる」場としてとらえられている。そして，日本で言われている「主体的・対話的で深い学び」と重なるようにも見えるが，デンマークでは数学の学びは「自立的な，また対話と協力を通じた創造的な活動」として構成されると考えられている。日本でも以前から「数学的活動を通して」数学を学ぶとされてきたが，過密なカリキュラムの中では短い時間しかかけられず，教師が提示する活動の枠組みの中で取り組むことになりがちだった。今後日本で「主体的・対話的で深い学び」を実現していくためには，「創造的活動」をどのように保障するかが問われる。

　言うまでもないが，日本の数学教育も，「人格の完成を目指し，平和で民主的な国家及び社会の形成者」（教育基本法第1条）を育むという教育全体の目的を担う。授業を，子どもたちが主体的に考え，そうして得られた多様な考えを突き合せる中でお互いが納得できる数学を創り出していく創造的な活動として構成することは，民主主義の精神を育むためにも重要なのである。

（2）カリキュラムの内容

　デンマークの「共通目標」も以前は内容中心だったが，この2009年版から，①数学的コンピテンシー②数学的テーマ③数学の応用④数学的な取り組み方の4つで構成されている。日本でも，新学習指導要領は，前項で見た目標に基づき，学年・領域ごとに①知識及び技能②思考力，判断力，表現力等③学びに向かう力，人間性等の三つの柱を示すように変わった。ただ，指導要領の枠組みは変わったが，小中学校については内容は以前とそれほど変わっていない（なお，高校については序章第2節（3）で見たように内容の追加や組み換えがなされた）。だが，何を教えるかとともに，どのような力を伸ばすのかという点を重視するならば，授業のあり方も大きく変わるはずではないか。それを追求したのがデンマークの取り組みだった。

　なお，学年・領域ごとに細かく記す日本とは異なり，デンマークでは9年終了時の到達目標，および1～3年，4～6年，7～9年それぞれの段階目標が示されるだけである。3年ごとの目標なので，教師はかなり自由にカリキュラムを組み立てられる。

　以下，上記の①～④について，「共通目標」の考え方を紹介する。到達目標全文は巻末資料に掲載したが，紙数の関係で段階目標は省略せざるをえなかったので，本文中にその一部を示した。

①数学的コンピテンシー

　ニスのコンピテンシー論（第11章参照）を導入し，8つのコンピテンシーそれぞれの目標が記されている。一例として思考コンピテンシーについて見てみよう。9年終了時の到達目標は次の1行だけである。

数学的質問を投げかけ，予期される回答がどんなものか見当がつく。

それに向けた各段階目標は次のように記されている。

3年：数学の取り組みに特徴的な質問と回答に関する対話をする。

6年：数学的な主張や質問を記述や口述で自分なりに表現することができ，
　　　どんな形式の回答が予期されるか見当がつく。

9年：定義と定理を，また単発のケースと一般化できるケースを区別し，
　　　そうした洞察を応用して様々な数学的な概念の範疇や限界を調べ，
　　　これらに関する対話に参加する。

　ニスは，思考コンピテンシーの核心は「問うこと」であると私たちに語った。そのコンピテンシーを発達させるためには，子どもたちが自分の感じた疑問を自由に問いかけ，それをめぐって仲間や教師と対話する経験が欠かせない。そこで上記のように，それぞれの段階で教師が働きかける視点を簡単に示している。

　今後，日本でも「思考力，判断力，表現力等」を身につけることが重視される。だが「思考力を育てる」というだけでは何をどのように育てるのかはっきりしない。それを具体化し，例えば中学3年で，「概念の範疇や限界を調べる」力を伸ばすことをその日の授業の柱に位置付ければ，それにふさわしい教材を意図的に選ぶことや，授業で子どもたちの「活動」が創造的に展開されるためのゆとりを保障することが鍵になる。知識や解法を学ぶ授業では，最初は個々が考えるとしても，最後は教師が説明し，それを全員が理解すれば一応の目的は達成される。しかし一人ひとりの思考コンピテンシーを発達させるためには，その子が自分の方法とペースで調べること自体が重要なのである。

　ここでは8つのコンピテンシーすべてについてふれる余裕がないので，それぞれについて資料を見て考えていただきたい。

②数学的テーマ

　日本の学習指導要領は各学年の指導内容を領域ごとに細かく示しているが，デンマークでは「数と代数（関数を含む）」「幾何」「統計・確率」の3領域に

ついて，指導内容ではなくテーマをごく簡単に示すだけである。

　例えば9年生の到達目標の「数と代数」の中で，日本の中学校学習指導要領での「数と式」に対応するものは次の記述だけである。

　　・実際的，理論的な文脈で数を用いる
　　・自分自身の理解に根差すと同時に，計算規則や公式を選択し，用いることで適切な計算方法を学ぶのに参加する

　それについての段階目標も簡潔である。

　　　3年：自然数の成り立ちや十進法の体系を知る，自分自身の理解に基づき，
　　　　　　足し算・引き算の方法を学ぶのに参加する，自然数の範囲で足し
　　　　　　算・引き算・簡単な掛け算・割り算を用いる。
　　　6年：有理数を知る，数字の順序・数直線・十進法を知る，自分自身の理
　　　　　　解に基づいて掛け算，割り算をする方法を学ぶのに参加する。
　　　9年：実数を知り，それらを実際の，および理論上の文脈で適用する。

　これでは何をいつ教えるのかわからないと戸惑うかもしれない。だが1年ごとに指導内容を規定する日本の学習指導要領の問題点を私たちは以前から指摘してきた。内容の具体化や学年配当を数学教育研究者と教師の自由な実践に委ねれば，多様なカリキュラムや教科書がつくられ，その実践を検証する中でよりよいものが生み出されるはずである。

　ここで注目したいのは，計算方法を学ぶのに参加することが重視されていることである。計算のやり方をただ教わるのではなく，自分たちで方法を考え創り出していくことが重視されている。第7章の山野下実践はこれに連なるものといえよう。

③数学の応用

　デンマークでは数学を現実の文脈の中で考えることが重視され，「共通目標」でも数学の応用が別に掲げられている。その到達目標は，「問題を数学化

（1）　「提言　開かれた多様な数学教育を」（汐見・井上・小寺，1999）

し数学的モデルを解釈する」，「現実の表現や予測のツールとして数学を利用する」，「数学の可能性と限界を認識する」ことなどを重視している（全文は巻末資料参照）。

その段階目標を掲げておく。小学校段階から数学的モデル化の指導を徐々に行っていることがわかる。

3年：日常の状況の関連ある場で数学を用いる，様々な実際の文脈の中で計算の種類を選び用いる，数学を記述の手段として理解し始める

6年：日常生活・身近な社会生活・自然にある簡単な問題群と取り組む，記述の手段としての数学の可能性とその限界を知る

9年：家計・住宅・交通等と結びついた日常生活とのかかわりのある問題群と取り組む，経済・技術・環境などのかかわった社会の発展と結びついた問題群の例に対処する，ITを用いてシミュレーションを行う，記述手段や決定に際しての基盤としての数学の可能性と限界を認識する

日本でも中学の新学習指導要領の目標に「事象を数学化し，解釈し，数学的に表現・処理する技能」と明記された。技能というと計算力と考える人もいるだろうが，それはごく一部であり，数学的モデル化過程を自分でたどることこそが身につけるべき技能であると明確に示された。小学校算数の学習指導要領目標にも「日常の事象を数理的に処理する技能を身に付ける」ことが掲げられた。ただ，それを低学年から徐々に進めていくことや，数学的モデル化の限界をしっかり考えさせることなど，日本がデンマークから学ぶべき点も多い。

④数学的な取り組み方

子どもたちが数学にどのように取り組むかについての目標である。9年到達目標には5つのことが記されている。その中で，日本で提起されている「主体的・対話的で深い学び」にかかわる2項目について見てみよう。

・一人で，および他と協働して取り組む。

・対話，および異なる前提や素質に根差した過程の中で問題解決に取り組む。

これにかかわる段階目標は次のようになっている。

3年：一人で，および他と協働して，実際の問題群と数学的な課題の解決
に取り組む。生徒の様々な考えを取り入れた数学に関する対話を行
う。

6年：一人で，および他と協働して，実際的な問題群および理論上の問題
群を解いたり，練習したりする。周囲の人の様々な前提や考えを過
程に取り入れて，問題を解く。

9年：プロジェクトに根差した授業の展開の中で，実際的な問題群および
理論的な問題群に，一人でおよび他と協働して取り組む。一人，お
よび他と協働して，口述および記述式で問題解決に取り組む。

前項でふれたように，数学の授業を通して民主主義を体得させていくという
理念から，授業の基礎に対話が位置づく。そして低学年から自立学習と協働学
習を積み上げ，中学段階でのグループによるプロジェクト学習へと発展させる。
プロジェクト学習は学外でのフィールドワークも含め，2〜3週間かけて行わ
れる。今後，「主体的・対話的で深い学び」を日本でつくりだすうえで，ゴー
ルとしてのプロジェクト学習の導入も検討すべきではないだろうか。

（3）授業をどうつくるか

デンマークの「共通目標」の後半は，日本の学習指導要領解説とも重なる
「指導の手引」である。その一部を巻末資料として掲載した。授業で教える内
容（数学的テーマと応用），そこで発達させるコンピテンシー，子どもたちの取
り組み方の3つの軸を関連させて授業を創ることが目指されている。デンマー
クでも以前は内容だけから授業を考えていたが，現在は，どのようにテーマに
取り組み，どう理解を深め洞察を得るのかに焦点を当てるべきだとされる。

そこで「戦略や方法を学ぶのに参画する」ことをすべての学年の目標の中心
においていることに注目したい。子ども自身が，問題が何であるかわかり，そ
れを解く戦略や方法を見つけることを何よりも重視する。決して難しいことを
するわけではない。私たちが見た小学校の授業では，ゲームを行う中で勝つ戦

略をみんなで議論しながら考えていた。一方，高校の授業では，遊園地の様々な遊具の構造を数学的にとらえる方法について議論していた。それは，翌日に遊園地に行って必要なデータを測定し，その後モデル化し検証するという流れのプロジェクト学習の第一時限だった。

　数学を自分のものにし，さらに使ってみようという意欲は，ゲーム・数学的事象・現実の課題などに，自分たちで様々にアプローチし，試行錯誤し，議論し，徐々に戦略を見出す経験を通じて培われる。そこで「共通目標」は「ひとりで，そして他と協力し」，「実験的に，調べるように」取り組むことを重視する。教師の役割は，生徒をさらなる挑戦に誘う問いを発することとされる。

　また一人ひとりのコンピテンシーを伸ばすためには，差異化を図らねばならないという考えにも注目したい。それは差別とは異なる。「一人ひとりの前提や素質の違いに配慮し，クラス全体に向けた大きな目標と幅広い内容を選択する一方で，一部の生徒にはその子に即した期待に結びつける」ことは，日本でも実際には多くの教師が行っていることだが，できない子に対するほどほどの指導と否定的にとらえられがちである。だが，一人ひとりを発達させるという視点に立てば，できない子を他の子との比較で見るのではなく，その子の中に潜むコンピテンシーの萌芽を見出し，磨き発達させることが教師の役割となる。内容を理解したか，習熟したかという結果だけの視点では，結局テストでの画一的基準での評価に収斂してしまう。能力（コンピテンシー）という視点を組み込むことで，一人ひとりの発達を認め評価することが可能になる。

　日本の新学習指導要領が，授業方法まで規定することについては様々な批判がある。日本では指導要領に拘束性があるとされ，そこに記すことは教師の自主性を損なうことに直結するからである。デンマークでは上記の記述も3年ごとの大枠で，しかも授業方法は教師の専門性に委ねるという前提がある。そういう中でニスの考えが定着してきたのは，現場が受け入れたからであろう。学ぶべきは，ニスとそのグループの優れたリーダーシップの下で，強制ではなく現場教師の自由な試行を通じて根付かせていく授業改革のあり方である。

2　デンマークの授業から学ぶ（8年生の授業）

（1）授業の様子

　この「共通目標」をベースに授業はどのように行われているのだろうか。私が見たいくつかの授業から，コペンハーゲン郊外グラドサクセ市のスーボー国民学校（Søborg Skole）8年生の授業を紹介する（訪問日2013年9月8・9日）。この学校は数学の研究指定校ではなく，デンマークの一般的な公立国民学校の授業の様子がうかがえる学校である。各学年50名弱，2クラス。近年90分授業が行われている。ここで紹介するクラスは24名，若い女性の数学科主任のハンセン（Hansen）先生が教え，担任はティーチング・アシスタントとして個別指導に当たっていた。ハンセン先生は4～6年までこのクラスの担任で，子どもたちと強い信頼関係で結ばれていることが感じられた。なおこの授業は8年生になった直後の授業である。

　まず2枚のプリントが配られ，男女のペアで自由に取り組むよう指示された。
〈調べよう3〉　4点があれば何本の直線が引けるか？　37点では？　n点では？
〈調べよう4〉　周りにコインを並べ三角形をつくる。一辺が3，4，5の場合…10の場合は？　57枚あれば一辺がいくつの三角形ができるか？　（図は省略）
　どちらから始めてもよく，さらに両方終わった子のために十角形の辺と対角線の数や多角形の内角の和などを考える〈調べよう1〉も配布された。

　〈4〉に取り組む子の中には辺の数とコインの数を表にして3ずつ増えていくことに気づくなど様々な取り組みが見られたが，私たちが観察したペアでは男の子がすぐに$3S-3=57$と方程式を書いた。そして移項で解くのではなく暗算で$S=19$とした。しかし巡視したハンセン先生は方程式を解く指導はせず，子どもにどう考えたか言わせ，ていねいに聴きとり，問いを投げかけて子ども自身に気づかせる指導をしていた。

　30分後から一斉授業となった。まず先生は子どもたちに"コンピテンシーの花"の図（図11-2，p. 199）を見せ，今日は「自分の力で考えて論理を見つける」「数式を理解する」の2つが目的だと語った。そして先生が「どの問題か

ら始めましょうか」と言うと，すかさず前列の女の子が「コインの問題については私が言います」と挙手。座ったまま「3×長さをして2を引くんです」と発言。先生は黒板に（3・長さ）−2と書き，一辺が2の場合コインは何枚になるかと尋ねた。女の子は「いらいらするような嫌な問題を出しましたね。もしも横の長さが2の場合3×2で6になって，そこから2を引くと4になって，あれ，おかしいなあ。違うなあ，どうしよう，

図12-1　間違っても屈託なく発言する生徒

だめだ，どうしたらいいんでしょう」と発言。みんなの前でも臆することなく自分がわからなくなったことをさらけ出していた。そこで隣の男の子が「3を引くんだよ」とアドバイス。さらに他の子から，（　）は必要かなどの発言も出る中で，先生はそれらをまとめて3・長さ−3の式を導いた。

　だがここですぐに文字を用いた式で表現させようとはしなかった。別の子から「式n＋（n−1）＋（n−2）を見つけた」と発言があり，「nは何ですか？」と問う他の生徒とのやり取りなどを経て，最終的に3n−3にまとめていった。

　次に内角の和の問題について議論したが省略する。その後〈3〉の直線の数についての議論に移った。後ろの女の子が表をつくって差が3，4，5，…と増えることに気づいたと語った。それを先生は嬉しそうに聞きとり，他の子どもたちのために黒板に1辺がコイン2枚，3枚，4枚の三角数の図を描き，子どもたちに考えさせていった。

　最後に〈1〉のn角形の辺と対角線の総数の問題を取り上げた。

3	4	5	6	7	8
3	6	10	15	21	28

先生は子どもたちと「各点から引けるのは何本？」「n−1本」「点がn個あるから？」「nをかける」「それでいい？」「ダブっているから2で割って」…こうして $\frac{n(n-1)}{2}$ の式を導き，子どもがつくった表と照らし合わせて当てはまることを確かめた。そして「ここにいる25人が全員と握手してまわるとみんなで何回？」と質問。子どもたちが $\frac{25 \cdot 24}{2} = 300$ と答えると，「300回こんにちわと言わなくちゃ」と語り，それを受けた子どもたちの笑顔で授業は締めくくられた。

（2）この授業を振り返って

　初めに述べたように，これは海外の視察団に国が紹介するような特別の学校の授業ではない。だからこそ「共通目標」がデンマークでどの程度根付き，実践されているかを知る手がかりになる。また日本の公立中学で長い間教えてきた私にとっては，授業に対する固定観念を見直す契機となった授業だった。

①思考の主体性を大事にする

　何よりも感動したのは，子どもたちが本当に楽しそうに取り組んでいたことである。誰一人としてやろうとしない子はいず，どのテーブルでも男女のペアで話し合い，自分のアイデアを深めようとしていた。

　この子どもたちの姿はどうやって生み出されたのだろう。自分たちが考えたい課題を選べる自由。様々なレベルの取り組みを可能とする問題設定。間違っても誰も笑ったりしないという安心感とそれを認めてくれる先生への信頼。そしてペアでの対話や全体での発言を通して自分も授業に参画したという自己肯定感。このようなことが子どもたちの意欲を支えている。そして教師の授業にかかわる姿勢・温かいまなざしが，自分たちで考えたことは何であれ相手に伝え，話し合うことが授業だという教室文化を創り出している。

　日本でも，小学校では概ね子どもたちの発言を中心に授業が行われている。そして受験体制の下で教え込みが支配的だった中学・高校でも，「主体的・対話的で深い学び」が提起され，今後グループの話し合いなどが取り入れられるだろう。だがそこに，子どもたちが自由に発言できる教室と，子どものつぶや

きをじっくり聴きとることを可能にするカリキュラムのゆとりがなければ，結局，枠組みにそった発言だけを教師がすくいあげ，一見「活気ある」授業になるとしても，多くの子にとってはそれに同調するだけの授業になりかねない。

　思考が主体的になる中学・高校の時期は，興味を持てば取り組み始め，自分のペースで納得いくまで考えたことが仲間に認められることで自尊感情が育まれる。問い，考えることが本質の数学には，とりわけこの経験が必要である。

②一人ひとりのコンピテンシーの発達を目的とする

　授業のねらいをどこにおくかについても考えさせられた。日本でも課題〈3〉は中学1年の文字式の冒頭で扱う。文字を使う必要性やよさに気づかせるための課題で，そこからすぐに一般的な文字式の導入へ進む。それは緻密な計画に基づく目的意識的な「よい」授業であるが，点の数が一つふえると直線の数は何本ふえるかというように変化自体に注目する意見は切り捨てざるを得ない。取り上げれば後につながる関数的見方を育てることができるが，それでは文字の導入という予定した内容がこなせない。このようなジレンマは多くの教師の実感だろう。だが授業の目的に数学の知識・理解の獲得だけではなく，一人ひとりのコンピテンシーの発達という視点を組み込めば，子どもの学びを総体としてとらえることができ，授業のあり方をより自由に，より豊かに考える可能性が生まれるように思う。

　ハンセン先生は子どもたちに「自分の力で考えて論理を見つける」，「数式を理解する」の2つのコンピテンシーを各自が発達させることがこの授業の目的だと語った。ニスは，他者の議論に関心を持ち評価する力や発見から証明へ転換する力を「論理づけコンピテンシー」とし，自然言語から記号言語へ言い換える力や式を操作する力を「記号・形式化コンピテンシー」とした。この授業でも子どもたちは，発見した規則性を表現しようとそれぞれのレベルで取り組んでいた。この授業は発見から証明への第一歩を踏みだす場として，そして式表現の意味や必要性に気づく場として設定されていたのである。またハンセン先生はふれなかったが，この授業は，なんらかの方法で問題を解くことに着手する力「問題処理コンピテンシー」と「思考コンピテンシー」を発達させる意味も有している。

　そのコンピテンシーをどのように発達させるかは一人ひとり異なる。最初に発言した女の子にとっては，「3×長さをして」と表現したこと自体が，自然言語からの発達であり，それを認めさらに考えさせていくために先生は黒板にあえて「(3・長さ)−2」と記したのではないだろうか。

　また $n+(n-1)+(n-2)$ となることを見出した子は，$3n-3$ と変形すればほかの子の発見とつながることに気づいた。そのことを通してこの子は，形式的な式変形が二つの異なるアプローチの同値性を保証することに気づくとともに，異なる考え方の関係を論理的に問うことの出発点に立ったのではないだろうか。

　また課題〈3〉で差が3，4，5と増えることを発見した子の中にも，なぜそうなるのだろうかという問いが生まれたに違いない。すぐに解決はできなくても，考え始めること自体が「論理づけコンピテンシー」を，さらに「問いを持つ」という「思考コンピテンシー」を発達させる。

　一方，日本の子どもたちは，数学は公式を使って解くと考えがちで，定型的でない問題にチャレンジする意欲や力が十分ではない。PISA 調査でも，いろいろあてはめてみれば解ける簡単な問題の無答率が非常に高い。[2]それは日本の授業が，受験のために定型的な問題解決のスキルを育てることに偏った結果とも考えられ，子どもたち自身が試行錯誤しながら問題にアプローチする授業の必要性を示している。

③全員が戦略や方法を学ぶことに参画する授業

　教師の指導のあり方や授業の作り方についても考えさせられた。先生は，方程式を暗算で解いて誤った子に対して，その子が誤りに気づいた後では，今後のために式変形を書くほうがよいという指導はしなかった。言わなくても自分で気づくと考えられたのではないだろうか。課題〈3〉で階差を考えた子どもに対し，課題〈4〉でも階差を考えてその違いに注目させるような指導も行わなかった。

　30分間のペアによる探求の間，先生はそれぞれの子どもの考えをていねいに聴きとっていたが，教えることには抑制的だった。「共通目標」にあるように

（2）　小寺隆幸「市民のリテラシーとしての数学」（清水・小寺，2007，pp. 12-37.）

「生徒を早く結果にたどり着かせるよりも，問題解決に向けて支援」しようとしていた。

　後半は個々の意見をもとに全員で考えていったが，そこで出された様々な考え方をまとめることや，全員に理解させるために問題練習をすることはしなかった。日本でもし課題〈4〉を扱うとすれば，全員に理解させるために，さらにいくつかの場合について得られた式への代入や方程式を解く作業をさせるだろう。またこの授業で子どもたちが見出した「表にする」「階差を考える」「対応関係を式で表す」などの考え方を整理してまとめ，ノートさせるだろう。

　もちろんこのようなまとめや習熟はデンマークでも必要だとは思うが，この日の授業にとって，それは本質的ではないと考えられているように思う。

　日本でも20年程前から，「数学的活動を通して」数学を学ぶことが提起されているが，依然として，わかりやすく概念や方法を説明し，必要なことを覚えさせ，繰り返し練習させれば子どもは数学を自分のものにするという考えが根強い。一方デンマークでは，子どもたち自身が数学の世界の探求に参画することを何よりも重視している。子どもたちの外にある数学を効率よく身につけさせると考えるのではなく，時間がかかっても一人ひとりが自分の数学の世界を作り上げていくことが大切にされているように思う。

　数学で最も大事なことは問うことであるとする数学者ニスの考えをベースにつくられた「共通目標」は，「大切なのは問題が何であるかわかって，それを解く方法を見つけること」であり，前節で触れたように「戦略や方法を学ぶのに参画することをすべての学年の目標の中心におく」。私たちが見た授業は，図形を素材にした変化の規則性を探るという課題にどうアプローチするか，その戦略や方法を考えることに全員が参画すること自体が目的だったのである。

　「文字を用いて表現する力」や「論理的に説明する力」を一つの断面でとらえ，それを全員に獲得させるためであれば，一つの課題に絞り，出された意見を教師がまとめ，習熟させることが効率的である。しかしそれでは，類似した問題は解けても，新たな問題を考えられるだろうか。協働で，問題へのアプローチを考え合う経験こそが，将来，より複雑な問題を考える土台となる。

　このように子どもたちの主体的な参加を中心にすえることは，デンマーク教

育全体を貫く考え方の数学教育への反映でもある。学ぶ自主性を重視したグルントヴィの考え（第11章参照），異なる他者と対話し協同で何かを作り上げる経験こそ民主主義社会の担い手を形成するというデンマーク社会の価値観を土台にして数学教育も行われている。

　もちろんこのような数学教育はまだ始まったばかりであり，様々な問題点もあるに違いない。そしてこのように学んだ子どもたちが，どのような数学の力を獲得しているかという点についても，今後検証されていくだろう。

3　「主体的・対話的で深い学び」を創る手がかりとして

　日本ではこれから「主体的・対話的で深い学び」とは何かの議論が始まっていく。私たちはこの言葉を，字義どおり受け止め，子どもたちが主体的になり，仲間や教師や教材との対話を通して深く学ぶ授業をどのように創るかを考えていきたい。そのためにデンマークのカリキュラムと現場の実践は参考になる。もちろんそれはデンマーク社会の教育観に根ざすとともに，教師の教育への自由，カリキュラムのゆとり，少ない学級定員と手厚い教員配置などによって可能となっており，そのまま日本に移入することはできないし，そうすべきでもない。ただ，一人ひとりの数学的能力（コンピテンシー）の発達こそが重要だという視点は日本でも取り入れたい。

　その一例として，「三平方の定理を見出す活動」の中で育まれるコンピテンシーについて考えてみよう。

　日本の新学習指導要領は序章で述べたように各学年，単元ごとに「ア　知識及び技能」とともに「イ　思考力，判断力，表現力等」を身につけるための指導事項が明記されている。例えば中学３年図形領域「三平方の定理」の項を見てみよう。

　　三平方の定理について，数学的活動を通して，次の事項を身に付けることができるよう指導する。
　　ア　次のような知識及び技能を身に付けること。

(ア)　三平方の定理の意味を理解し，それが証明できることを知ること。

イ　次のような思考力，判断力，表現力等を身に付けること。

(ア)　三平方の定理を見いだすこと。

(イ)　三平方の定理を具体的な場面で活用すること。

　現行の学習指導要領にも「定理を見いだす」という文言はあるが，実際には三平方の定理自体を教師が教えてしまうことが多かったのではないだろうか。しかし，今改訂で「定理を見いだす」活動を，思考力を身につけるために行うと明記された以上，どのような授業を創るかが問われる。それについて新学習指導要領の解説（p. 150）は次のように例示する。

　「方眼用紙のます目を使って直角三角形をかき，その周りにできる正方形の面積の関係に着目し，観察や操作，実験などの活動を通して三平方の定理を見いだす」。

　実はこれは，現行の学習指導要領解説の文章とほとんど同じである。学習指導要領の枠組みが変わっただけで，指導内容は変わらないのだろうか。だがこの授業でどのような思考力が育つか吟味すべきだろう。

　三平方の定理を子どもたち自身が追発見する授業は様々に考えられる。その一つとして，方眼紙上に様々な直角三角形を描いてみるという枠組みを設定することはよい。しかし，そこでさらに「直角三角形の3辺の上に正方形を描いて，その面積の関係を調べよう」という課題を提示してしまえば，子どもたちは方眼を用いて面積を求め，三平方の定理を「発見」するだろうが，言われた通りやってみたにすぎない。確かにそれでも，「面積を工夫して求める」，「帰納的な関係に気づく」，「ほかでも成り立つか調べてみる」，「なぜ成り立つかと考え始める」，などの数学的活動は生じる。だがやはり敷かれたレールの上を走るだけで，本当に子どもたちのアイデアで見いだされたわけではない。

　ニスが考えるように，子ども自身が何らかの「問い」を持つことが，数学することの第一歩であり，そのためには教師は方向づけることに抑制的でなければならず，何よりも子どもに考える時間と，思いついたことを仲間と話し合う自由を保障しなければならない。そこで，ここでの課題を「たくさんの直角三

角形に共通の秘密を探そう」とすればどうなるだろうか。

　手がかりを与えなければ子どもたちには難しすぎる，と思われる方も多いだろう。だが，筆者がかつて公立中でこの授業をした時の経験では，子どもたちはしばらくすると様々に考え始める。方眼紙上の格子点をつなぐ線分の長さは，平方根の学習で扱っており，正方形を描いてその面積から辺の長さをルートで表す。一人がある三角形で三辺の長さが（1, 1, $\sqrt{2}$）であることを見つけると，ほかの子どもたちが（1, 2, $\sqrt{5}$），（1, 3, $\sqrt{10}$）などを見つける。それを誰かが表にし，それを見て「縦が 1 ずつ増えると$\sqrt{}$の中は 3，5，7…と増えるのはなぜか」と問う子が出てくる。また「縦や横をいろいろ変えて，$\sqrt{6}$ や $\sqrt{7}$ ができないのはなぜか」など様々な問いが生まれる。そして仲間と話し合う中で，「ルートの中の数が平方数の和になっている」，「この平方数は何を意味するのか？」，「正方形の面積だ！」，「では 3 つの正方形の面積の関係は？」，「なぜそうなるのだろう？」，「証明したい」，「文字を使って面積を表せないか」…と思考が深まっていく。

　この授業をニスのコンピテンシー論でみてみよう。自分の中に問いを持ち考え始めること，その過程で，縦と横の長さの片方を固定して他方を 1 ずつ増やすとどうなるかというように関数の重要な手法に自然に気づくことなどが「思考コンピテンシー」を発達させる。そして自分なりに考えたことを表現し，他者に伝え，対話することで「コミュニケーション・コンピテンシー」が発達する。その中で，「縦の長さの 2 乗と横の長さの 2 乗の和が斜辺のルートの中の数になる」といったん自分の言葉で表現し，さらに見直して「縦の長さの 2 乗と横の長さの 2 乗の和が斜辺の長さの 2 乗になる」とよりシンプルに定式化することが「問題処理コンピテンシー」を伸ばす。さらに一般的に考えるために縦，横の長さを x，y と表すことが「記号・形式化コンピテンシー」を伸ばし，式計算と証明を結び付けることが「論理づけコンピテンシー」を伸ばす。

　ニスのコンピテンシー論に依拠すれば，三平方の定理を知識として理解する以上に，それを見出す過程で様々なコンピテンシーが発達することこそ重要なのである。この発見に 1，2 時間を費やすとしてもそれは無駄ではなく，その中でこそ「主体的・対話的で深い学び」が実現する。子どもたちには，自分た

ちだけで発見しえたという自己肯定感と，様々な意見をつなぐことができたクラスの仲間への信頼感，探求自体の面白さを味わったこと，その方法でさらに考えようという意欲が育まれる。

　学習指導要領は「思考力，判断力，表現力等を身に付ける」と各単元で繰り返し言うが，その内実が見えてこない。ニスのコンピテンシー論も完璧なものではないが，そのようないくつかの視点を定め，より精緻に授業での子どもたちの思考過程をとらえ，それを発達させることを授業の目標に組み込んでいくことが必要ではないだろうか。

　そして，発達は教師が何かを与えて生じることではなく，子ども自身の内的営みであり，それを生み出すために対話が不可欠である。具体的なものや教材や現実事象などに子どもたちが興味を持つところから対象との対話が始まる。そして一人で考えるという自己との対話，仲間との対話，教師との対話，それらを媒介にして子どもの思考は深まっていく。教師はあえて教えず，むしろ聞き役に回り，時々問いかければよい。子どもたちの中から，荒削りであるが本質的なアイデアが出てくることがある。それを教師が性急に言語化・形式化するのではなく，子どもたち自身で煮詰めていく過程の中で，いくつかの事柄を論理的につなげたり，記号化して形式的処理を行うなどの取り組みが始まる。それが一人ひとりの中に「論理づけコンピテンシー」や「記号・形式化コンピテンシー」の発達を生み出す。

　まずはそのような試みを年に数回でも行ってみてほしい。課題学習として，子どもが考えたくなるテーマを取り上げ，3時間ほど時間をかけて子どもたちの対話に委ねる授業を行ってみてほしい。きっと様々な子の思いがけない思考を発見するに違いない。その授業は子ども自身のコンピテンシーを育むだけでなく，教師自身の子どもの思考を読み取る力，子どもを見る目を豊かにする。そして何よりも，様々な人々がいたから学びが深まったという実体験が，子どもたちに民主主義の理念を育む土壌となっていく。

文献

清水美憲・小寺隆幸編（2007）.『世界を開く数学リテラシー』明石書店.

汐見稔幸・井上正允・小寺隆幸編（1999）．『時代は動く！どうする算数・数学教育』国土社．

第 13 章

デンマークにおけるコンピテンシー議論の発展と「競争国家」での教育の役割

鈴木　優美

1　デンマークの教育の特性とその目的

（1）国民学校の目的

　2014年は，デンマークでは子どもたちのための義務教育課程である国民学校がスタートしてちょうど200年の記念の年であった。1814年にデンマークの王フレデリク 6 世はデンマーク国内のすべての子どもたちに 7 年間の義務教育を保障する一連の法律を定めた。いわば，デンマークの学校教育の歴史はここから始まったことになる。

　ヨーロッパ18世紀の啓蒙時代の伝統を通じて培われた，一般教養，個人の自律，深い知識と専門性，批判的思考力と倫理的な省察といった，自由・平等・民主主義的な価値の発展は，デンマークの教育の中でも常に大切に考えられてきた。デンマーク語では教育を uddannelse と呼ぶのに対し，陶冶は dannelse と呼ばれ，教育学の目標としてどちらも並んで大切なものとして扱われる。しかし，教育は教授によって上から与えることができる一方で，陶冶は時間と経験によって少しずつ培われるものである。これらがどのように教育の目的に掲げられているのか，その根拠法から見てみよう。

　デンマークの子どもの約85％が通う公立学校，「国民学校」は，国民の福祉

（1）　日本の教育学用語ではドイツ語の bildung の訳として「陶冶」が用いられるが，このデンマーク語と同意である。陶冶の結果として身についた「教養」を指すこともあるが，本章では働きかけそのものを指すため，「陶冶」という語を当てる。

のための最も重要な制度の一つであり，その目的を定めた国民学校法の第1条には，以下のように記されている。

　　第1項：国民学校は，保護者と協力しながら，生徒に対し，この先の教育課程の準備をさせ，さらなる学習意欲を与え，デンマークの文化と歴史に慣れ親しませ，他国と他文化を理解させ，人間と自然の相互作用への理解に貢献し，それぞれの生徒の全人的発達を促進するような，知識と技能を与えなければならない。

　　第2項：国民学校は，取り組み方法を発展させて，体験，実感，参加意欲への枠組みを整えることで，生徒が気づきと想像力を育て，自分の可能性，および自分の意見をもって物事に対処するため，根拠に自信を持つことができるようにしなければならない。

　　第3項：国民学校は生徒たちを，自由と民主主義に基づく社会における，参画，共同責任，権利と義務に備えさせなければならない。このため，学校は精神の自由，平等と民主主義に特徴づけられる。

　知識や技能を与える，いわゆる「教育」の部分が第1項に定められているのに対して，第2項と第3項はむしろ上記でいう「陶冶」につながる，自尊感情や自分なりの意見を備えた，社会の構成員を育てることに焦点が当てられていることが看取される。以下では，キーとなる「自由と民主主義に基づく」「参画，共同責任，権利と義務」「精神の自由，平等と民主主義」といった用語がどういった背景で語られ，どのように担保されているのかを見てみよう。

（2）市民性教育と陶冶

　近年ヨーロッパでは，欧州連合の拡大と国際化に伴って，国家あるいは国民をいかに定義するのかが大きな議論を呼んできた。イギリスで2002年に「市民性教育（citizenship education）」が中等教育で導入・義務化されたことも，デンマークでの議論を活発化させた。そしてこれを受けて，デンマークでも2006年の教員養成課程改革の結果の一環として，通称KLMと呼ばれる新教科が導入された。キリスト教（kristendom），人生の覚醒（livsoplysning），市民性

（medborgerskab）の3種類を合わせてその頭文字を取ったものであり，宗教・倫理・道徳などに近い。この教科の導入は，まさにデンマークの文脈のなかでの陶冶，そして市民性を培うためのイギリスと類似の試みといえる。

　この教科KLMの存在について，陶冶と人生の覚醒，キリスト教という価値観を子どもへ教える重要性は認識されているといえるが，教員養成課程の講師にとっても，教員を目指す学生にとっても，何をもってこの科目を習得したというのかが判然としないという問題がある。実際，2009年に教育省に提出された同教科の評価報告書では，「KLMの専門知識」や「市民性概念」が何を指すのか明確にする必要があることが指摘されている（Brandt & Böwadt, 2009）。それを受けて，2013年に行われた教員養成課程改革では，KLMのカリキュラムで求められる中心知識・技能領域として，①宗教と文化，②思想史と倫理，③民主主義と市民性，の3点が掲げられるようになり，そのコンピテンシー領域として以下のように定義された。

　　一般陶冶（KLM）は，国民学校の目的の解釈，専門職の倫理，さらに文化上，価値観上，宗教上の多様性に特徴づけられるようになったグローバル社会において，教員の職が向き合うことになる複雑な課題への対処を取り扱う。

　　（新教員養成法「教員の基礎的な専門性のためのコンピテンシー目標」より）

　そして，課程を通して獲得すべきコンピテンシー目標としては，「学生が，グローバル社会において，授業，保護者との協働，学校と結びついた倫理上，政治上，民主主義上，宗教上の課題に対してバランスをとりながら，深く考えられた自分なりの立場をとることができること」とされている。つまり，KLMのコンピテンシーは，学校とかかわる場の複雑な課題に対して，学生がバランス感覚を備えた自分なりの立場をとることができることを指していることになる。しかし，教員にとってまだ顔も見ぬ生徒のアイデンティティや知性の形成を助けるコンピテンシーが備わったかどうかを，教員養成課程のなかで確かにするのは難しく，メタ議論になっている感は否めない。

（3）専門家であること VS ひとりの人であること

　教員という職の専門性を突き詰めると，教育学的である（いわゆる，「教える
ことがうまい」）ことと，教科専門性を備えている（その教科に精通している）
ことと伝統的にとらえられてきた。しかし，それらを備えているだけでは，デ
ンマークの国民学校教育法で掲げられた教育の目的は達成されない。

　シュルツ・ヨアンセン（Schultz Jørgensen, P.）は，若者のアイデンティティ
形成という複雑な課題は，「ひとりの人である教員（The personal teacher）」を
通じて促進されるとする（Jørgensen, 2003）。ここでいう「ひとりの人」とい
う語は，専門的（professional）という語に対置したもので，授業で生徒を理解
させるという課題を完璧に行う教員を「プロ教員」とみるならば，そうではな
く，人として生徒にかかわる部分を指す。こうしてシュルツ・ヨアンセンは，
教員の専門性の議論に伝統的な「教授力」，「教科専門性」の2点に加えて，
「ひとりの人であること」をつけ加え，そこに新しく陶冶の側面を取り入れた。
教員が共感，好奇心，創造性，寛容性，包容力を備えることを，「ひとりの
人」であるとする（ibid：102）。つまり，教員自身が自分の好きなこと，夢中
になれることをもっていて，それについてワクワクしながら生徒に伝えられる，
そして生徒の独創的なアイデアを受け入れ，一緒に楽しみながらともに学んで
いく…教員自身が，そうした個性を備えた，ひとりの人としての魅力を持つこ
とが，教員としての重要な資質であることを指摘したのである。

　個性を見つける訓練というと奇異に響くが，社会的な関係に取り組むことが
個性を強めることを，彼は「個人訓練」と呼び，そこに3段階を見る（表13-1）。

　こうした3段階の個人訓練は，個人の陶冶の幅広さを物語っており，KLM
のコンピテンシー目標が定めるものとは反対に，ひとりの人である教員が生徒

表13-1　シュルツ・ヨアンセンの「個人訓練」モデル

レベル	目　　標	技　　術
個人的（personal）	自分自身を理解する	フィードバックを基盤とした振り返り
社交的（social）	グループの中での自分の役割を理解する	学校文化の中でのテーマワーク
社会的（societal）	学校生活の背景を理解する	周囲の社会との協働

（出所）　Jørgensen（2003）p. 102.

の陶冶を促進するものであることを示している。これによって，教員のコンピテンシーは生徒の，そして自分自身の陶冶をすることにあり，それには教員が「ひとりの人であること」が大きくかかわっているといえる。

　ノーデンボー（Nordenbo et al., 2008）らは，1998年から2007年までに出版された70の教育学関連の文献を系統的にレビューし，教員のコンピテンシーが，教授コンピテンシー，クラス指導力コンピテンシー，関係性コンピテンシーの3つに分類されると分析した。言い換えれば，「授業を遂行する力」，「生徒を引き付け，導く力」，そして上記の「ひとりの人であること」に集約されることになる。

　意外に思われるかもしれないが，プロに徹することと個人の感情を表出することは必ずしも矛盾しない。フィーベック・ラウアセン（Fibæk Laursen, P.）は，教員が個人的な正直な感情を出しつつも，プロとしてふるまうことができるのは矛盾ではないと見る（Laursen, 2003）。逆に，プロフェッショナルがひとりの人としてのコンピテンシーを備えることで，オープンかつ寛容で，包容力をもった資質を備えることができるとしている（ibid : 30）。現在の段階では，プロフェッショナルがひとりの人としてのコンピテンシーを伸ばすためにどうすればいいのかをはっきりと示した科学的データはないが，フィーベック・ラウアセンは以下の4つの提案を出している。1つ目には，プロとしての意図をはっきりと示すこと，2つ目は自分なりの方法を見つけること，3つ目は協働に取り組むこと，そして4つ目は普段から言っていることを行動に反映させること（言行一致）である（ibid : 34-36）。

　ただ単に成績を伸ばしてくれた教員が，教員養成課程の学生が目標にしたいと願う「師」として挙げられるのは稀だ。一方，教員がこうした関係性コンピテンシーを備えることで，ただの教育専門家ではない，心に残る「恩師」のような存在が生まれる。教員を志望する学生の間でライフヒストリーインタビューに基づいて行われた調査では，出自の社会階層や経験を問わず，教員のコンピテンシーとして，教科の教授能力よりもクラス指導力よりも，関係性コンピテンシーが大切と考えられていることが明らかになっている（Suzuki, 2013）。

2　デンマークにおけるコンピテンシー概念の受容と発展

（1）コンピテンシー概念と陶冶

　第1節では定義をすることなくコンピテンシーという語を使ってきたが，ここでコンピテンシーの議論とその概念のデンマークにおける発展を整理しておこう。

　「コンピテンシー」の概念は，限られた特権をもつ者の「専門性（エキスパティーズ）」に代わって，90年代のアメリカの人的資源開発の観点から出てきたものとされる。国際的にも知られたデンマークの教育学者イレリス（Illeris, 2011）は，既存の「知識」や「技能」といった伝統的な要素に加えて，自らの「立ち位置」を新たな要素とし，コンピテンシー概念を定義している。彼は，コンピテンシーを厳密に定義されるかっちりとしたものではなく，もっと広範で一般的，オープンな性質を備えた民主主義的なものとみる。そこには，いわゆる「空気を読む」ことや「様々な文脈で状況を素早く理解して応用できる能力」といった，文脈を判断する要素も含むとしている。一方，2008年からコペンハーゲンの職業大学で学長を務めるヘアマン（Hermann, 2005）は，コンピテンシーを歴史的に発展してきた概念としつつも，「異なる文脈で自由に応用できること」にあると見る。「コンピテンシーとは，解決策が明らかではない文脈に依存する課題や，決まった成功基準に事前に見られるようなものではなく，新しく，いろいろな可塑性をもった，いつも通りではない課題に直面した際に，それに対処する能力とツールである」と定義している。

（2）コンピテンシー概念と教育，および生きること

　教員養成の枠組みでは，教員のコンピテンシーを3段階に分けて考えるノルウェーの教育学者ダール（Dale, 1998）が知られている。第1段階は，（教員と生徒の連携により）授業を遂行すること，第2段階は（同僚教員との連携により）授業プログラムを作成すること，第3段階は，異なる教授法をものにして，自らの教授法を確立すること，としている。ダールもまた，ここで第3段階に

至るためには「批判的な要素」が不可欠だとしている。論議を進め，自らの立ち位置を明確にしたうえで，概念を議論するという正当化の過程こそが，きちんとした研究実践や議論に根差した実践が形成される第3段階への道となる（ibid：24）。

　クリステンセン（Kristensen, 2005）も同様に，コンピテンシーが「深いところでの承認と実際的な運用技能への人間としての希求が表れたもの」であり，「人間としての完成や，勤労生活・社会生活のなかでどのように用いるかに関わる，中心的な概念」とする（ibid：77）。これに加えて，ベン（Benn, 2006）はクリステンセンの定義にさらにリアルコンピテンスの概念[2]を取り入れ，勤労生活・社会生活だけでなく，日常生活・家庭生活も加えた，より広範な生活一般の中でいかにコンピテンシーが求められているかを強調する。さらに，ベンはドイツの教育者クラフキ（Klafki, W.）の陶冶概念に含まれる要素である「解放」，「自己決定」，「共同意思決定」，「権威」，「悟性」を援用することで，コンピテンシーと陶冶概念を結びつけ，これを批判的，かつ解放的な方向へ転換す

表13-2　ベンの生涯学習の4つの要素から見たコンピテンシー概念

学力における要素	目標コンピテンシー
知ること（to know）	文脈の理解（知識を持つこと）
できること（to be able to）	日常生活コンピテンシー（有能であること）
望むこと（to want）	市民性，責任，参画（したいという意思を持つこと）
あること（to be）	思い遣り（同情的，共感的であること）

（出所）　Benn（2006）p. 109.

（2）　ノルウェー発の概念といわれているが，生涯学習の文脈で判定・認証に使われる。2004年のデンマーク政府の定義では以下のようになっている。「リアルコンピテンスはその人の知識，スキル，コンピテンシーの集約である。それが正式な教育制度，あるいは就労，OJTへの参加を通して獲得されたものであろうとなかろうと当てはまる。生涯学習のなかでフォルケホイスコーレに参加したり，イブニングスクールでパソコンのコースを取ったり，各種援助組織でボランティアとして積極的に活動に参加したりすることで，人格的な成長を遂げたり，ソーシャルスキルを身に付けることも含まれる」（教育省，科学・技術・開発省，文化省，経済産業省，2004）。

ることができると指摘，これを生涯学習のための４つの要素から見たコンピテンシーと位置付ける（表13−２）。

　国際的な文脈でも，90年代から生涯にわたり（lifelong），生活の広き（life-wide）にわたっての学習という文脈で，コンピテンシーが議論されてきた。ベンによる学力の要素のとらえ方も，ユネスコのドロール（Delors, J. L. J.）を議長とする21世紀教育国際委員会から出された報告書，『学習：秘められた宝』（1996）から影響を受けているのは明らかである。

（３）求められるコンピテンシーを育てるには

　議論をまとめると，既存の概念の「知識」や「技能」とは異なり，コンピテンシーは，課題が新奇で知られざるものであっても，素早く状況を判断し，これまでに身に付けた知識や技能を適切に応用する力ととらえられている。そのためには，物事を批判的にとらえ，自らの悟性で考えて判断することが不可欠であり，人間が生活を送るうえでの生涯学習概念と絡めてとらえることができる。こうしたデンマークでのコンピテンシーの議論は，職業の専門性（professionalism）とも関連性を備えつつ，各領域に影響を及ぼしている。教育の目的を，知識を身に付けることだけではなく，陶冶にも強く置いてきたデンマークの伝統により，こうしたコンピテンシーの理解も，物事を自分の頭で考え，批判的に見る姿勢を含むものになっていることは重要な点である。

3　高等学校の目的と自然科学への期待

（１）高等学校の教育の目的

　デンマークでの後期中等教育への修了率は高いものではない。進学しても，途中でドロップアウトしてしまったり，進路変更をしたりというケースが非常に多いため，例えば義務教育課程である９年生を修了して10年経過した25歳の青年コーホートの学歴を見た場合，後期中等教育の修了者は83.9％にすぎず，16.1％は義務教育修了にしかなっていない（デンマーク統計局，2013年）。このデータの後期中等教育に進学・修了した83.9％の中で，専門学校のような職業

学校で手に職をつけた者がそのうちの23.3%，のちの高等教育への進学を前提とした高等学校（普通高校，工業高校，商業高校）を修了しているのはそのうちの65.3%（コーホート全体でいえば，約54.8%）である。政府の政策の影響もあり，高校・大学への進学率はだいぶ高くなり，以前に比べれば一般化してきたものの，高等学校に進学することがいまだにそれなりのプレスティージを備え，無事に終了し大学卒業資格を備えると，アカデミアに入る資格が与えられたとみなされる土壌がある。

　そのため，特に高等学校教育では，一般陶冶（almendannelse）と呼ばれる，いわば一般教養を備えた大人に成長させることが主目的として語られてきた。高等学校法の第1条では，その教育を「勉強の準備をさせ，一般陶冶的なものであり，その後の高等教育への基礎を固めさせるもの」と定義している。数学者のニス（Niss, 2000）はこの「高等教育への基礎固め」という側面と「一般教養を備えさせる」という側面を備えた二面性が，まさに高等学校教育を特徴づけるものとする。しかしながら，「一般教養」という言葉が矮小化されて理解され，「社交的な場でふるまうべきマナー，常識的な教養」とされている現状を嘆き，これを高等教育への準備と結節することを提唱している。ここでは具体例は挙げられてはいないが，想像するに，少し前の世代であれば人文学を基礎とした古典の知識，ギリシャ・ラテン語といった自分たちのアイデンティティを築いたヨーロッパの歴史を理解し，自分たちの発祥を知るといったものが，一般教養とされてきたのだろうが，こうした就職してから役に立つことがない知識を不要なものとして切り捨ててきてしまったことを指摘しているのだろう。直接，労働市場で役に立つ，あるいはエンプロイヤビリティーを増し，国際競争に勝てる効率性を高めるといった成果主義，効率主義に駆逐されて，しっかりとした教育を受けた層の国民が，教養と品格を身に付けられないままになっていること，すなわち陶冶の視点が矮小化されてきたことを憂いている。

　ニスは陶冶を「形式陶冶」と「実質陶冶」に分け，形式陶冶を，それぞれの一般人格の形成とし，論理的に物事を考えたり，系統立ててシステムを分析したりするための「知性を作り上げ，思考するための筋肉を鍛えること」ととらえる（知性の形成とアイデンティティの形成）。その一方で，実質陶冶が高校生

に教養を備えさせ，その後の高等教育への準備をさせるものとする。この両者を目的とする高等学校が，若者に，これからやってくる成人市民としての社会生活への準備をさせる潜在的可能性を備えることを指摘している。

　数学をはじめとする自然科学の知識が，現在の社会において特に産業界の要請から重要性を増してきているが，それはただ暗記できる知識だけではなく，第11章で紹介されているニスによる批判的に問題に取り組むコンピテンシーが，高等教育の目的である「陶冶」とかかわって意味を増していくことともつながる。

（2）2005年の高等学校改革と今後の改革

　これまでの100年間で最も大きな高等学校教育改革とされた改革が2005年に実施され，これによって高校生の学力の強化，大学進学への準備，複数教科にまたがった相互作用，特に自然科学科目における現在の状況に即した理解の促進といったものが強化された。それから10年がたち，再び高等学校の改革が2015年夏にも予定されていた。その主な争点となっていたのが，入学に関する成績要件の導入である。これまでは高等学校入学に際して成績に関する要件がなかったため，中学校までの理解度が不十分な学生も入学し，授業についていかれず，結局ドロップアウトしてしまうという問題があった。そのため，2015年夏以降には，成績に関しても入学基準を設け，特にデンマーク語と数学が一定以上の成績の生徒だけを入学させることが合意を得ていた。しかし，この基準をどこに設けるかの主張は政党によって大きく異なり，交渉は長引いた。野党政党は，現在の高等学校がこの先どうしてよいかわからない若者のとりあえずの行き先になっていて，結果として高等学校を卒業しても大学に進学しないケースもあり，社会からの投資として無駄が多いため，高い基準を設けて成績の良い生徒だけが行かれるようにすることを提案する一方，政権与党（当時）の社会民主党や急進自由党は成績基準を比較的低く設定して，負の社会遺産を打ち破るための突破口としての若者に対する教育の機会を殺がないように提案をしていた。この与野党の議論は長く続いていたが，結局2015年4月にどうしても互いに歩み寄りができずに，妥協交渉は決裂してしまった。ようやく2016

年夏に決着し，入学のための要件が定められた。普通高校，工業高校，商業高校への進学の場合，8年生の段階で学力，人格的能力，社会的能力から教育準備ができているかどうかを判定され，学力に関しては，現在4とされる最低の平均成績が5であることが求められるようになった。この8年生の段階でまだ準備ができていないとされた生徒は，卒業成績で最低6以上を取る必要がある。これらを満たせない場合には，高校の入学試験と面接を受け，そこで再評価された場合に限って入学が許されるといった具合である。

　今回の改革では，高校課程での試験のあり方についても議論されており，新しい試験形式の導入が望まれている。これまでのただ知識だけを問うものから，知識だけではなく，他の人と協力をする能力や問題を解決する能力といった，特に産業界で必要とされてきた技能を定着させるような試験方式である。2005年に行われた前回の高等学校改革でプロジェクト指向の授業が導入されたが，それを適切に評価する試験形式がついていっていなかったため，これをフォローアップするためにも必要な変更だとされている。近年大学進学を前提とした高等学校への入学が，より多様な若者にアピールするようになり，それによって幅広い層の入学者を受け入れた結果，いろいろな状況下にある若者を抱え込むようになった。そこで，教員が一人ひとりの生徒とより個人的な関係を築き，それぞれの生徒をしっかり受け止めドロップアウトさせないように，社会的，教育的な配慮をすることが期待され始めた。このようにコーチングやメンタリングの素養を必要とするような，関係性コンピテンシーを備えることが教員の重要な資質に入ってきたのは近年の傾向である。しかし研究者の間では，このことによって，ここまでで議論したように，若者が本来一般陶冶を通じて自らの立ち位置を確立するはずの高等学校課程を，受動的な「教えてもらう」姿勢の国民学校レベルに落とすものになるとの懸念もされている（Dagbladet Information 2014.12.2.）。

　同記事で，南デンマーク大学文化科学学科の講師，ベック（Beck, S.）は，これまでの高等学校で一般陶冶の重要な側面を担っていたのは言うまでもなく歴史，文学，古典知識といった人文科学であったが，今後の高等学校での教育が産業界の意向を反映するかたちで，数学を中心とした自然科学をさらに重視

していくという見通しを述べている。コペンハーゲン大学教授のドリン（Dolin, J.）は，数学や自然科学も教養の大切な一側面を担うため，政府や産業界による数学を中心とした自然科学重視の傾向をそれなりに前向きに，高等学校教育の時代の要請に合わせた最適化ととらえている。高等学校の教育の責務として，一般陶冶の側面は変わらず重要性をもつが，現代の社会で必要な陶冶や教養が時代の要請とともに変化しており，人文科学だけではなく自然科学にも広がってきたというのが彼の見方である。しばしば「改革」の語を掲げてフットワーク軽く現状見直しを行うデンマークだが，今回高等教育改革が翌年度まで引き延ばされたことを機に，何をもって現代の教養とするのかという議論はもっと深められてよいだろう。

4　近年のメディアでの若者をめぐる議論と日本への示唆

（1）教育をめぐる近年の動き

　デンマークの教育においては，1958年から1993年にかけては，国民学校の目的として生徒間の協働やソーシャルスキルを育てることが重視されていたが，90年代に入るとより確かな学力を身に付けることへの要請が強まってきた。2000年に初めての PISA の国際比較調査が行われ，2001年にその結果が公表されると，結果の振るわなかったデンマークでは，教育のあり方をめぐる議論が活発化した。2001年に政権を獲得した中道右派の自由党・保守党の連立政権は，2009年までの間に国民学校法を28回も改正し，うち2003年と2006年の改正は教育現場に特に大きな変化を与えた。2011年に社会民主党連立政権となってからも，さらに2013年にまた新しい国民学校改革が決定され，これまでの半日制から終日制への移行，第2外国語の授業の早期導入といった学力向上を目指した試みが2014年夏から施行されている。

（2）競争国家の始まり

　コペンハーゲン商科大学の教授，ペーダーセン（Pedersen, O. K.）はその著『競争国家』（2011年）において，デンマークが福祉国家から競争国家に変わ

ったことを政策的なアジェンダから証明している。ペーダーセンは，デンマーク国家を 3 つの時期にカテゴライズし，1850年から1950年までを国民国家，1950年から1990年までを福祉国家，1990年以降を競争国家，と定義する。競争国家の言説の下では，ペーダーセンが「社会における経済観念」と名付けたものが支配するようになり，最小の投資で最大の効果をあげることが期待されるようになったと見る。同書は幅広い一般向けの学術書といった範疇に入る書だが，メディアでも広く語られ，現代デンマーク社会の解釈にインパクトを与えた。

　これによって，競争国家以前に重視されていた陶冶という視点が教育から抜け落ち，のちに労働市場にいかに統合されていくかということに必要以上の焦点が当てられるようになった。このことに不安を感じる研究者も少なくない。哲学者のケンプ（Kemp, 2013）は政府による「新・北欧学校」というアジェンダ[(3)]が競争国家における「兵士」を作ることを目的としていると批判し，教育学者のリュマー（Rømer, 2012；Rømer, Tanggaard, & Brinkman, 2011）は，この「新・北欧学校」が教育の中で陶冶を大切にしてきた北欧の伝統をまさに葬り去る正反対の価値で，むしろ自分たちは「非純粋教育学」というべき，曖昧な価値を大切にしていくべき，と主張する。シンクタンクのマンデイ・モーン（Mandag Morgen）は，自由化と政治上の優先順位によって今後10年のうちには国民学校という制度そのものが消滅すると予測する（Kamil & Strand, 2011）。今後，学校は独自のセールスポイントとなるプロフィールを備えなければ入学

（3）　世界一のレストランに数回連続して選ばれている NOMA などを中心として，「新・北欧フード」というコンセプトが世界からも注目を集めた。これにかける形で，「新・北欧学校」というコンセプトを打ち出し，2012年当時教育相だった社会民主党のアントリーニ（Antorini, C.）が積極的に推奨した。日中の保育施設から後期中等教育の学校までを含めた，就学前から18歳までの教育関連の施設をネットワーク的につなぐことで，1．すべての子どもたちにチャレンジを与えることで，個々人ができる限り賢くなること，2．社会的背景による学力格差を小さくすること，3．専門的な知識と実践に敬意をもって接することで，保育や教育に対する信頼を強める，の 3 点を目的としている。2015年現在，360を超える教育機関がこの教条に賛意を示し，参加を表明している（Ny Nordisk Skole ホームページより）。

希望者を獲得できなくなり，経営の努力不足という刃で閉鎖を余儀なくされる。学校選択を含む個人の自由が，競争国家のロジックとなったのである。

　客観的で計測できる結果を数字で示し，科学的な事実で突き詰める。効率化とエビデンスに根差した知識を得るために，ベンチマーキングと国際比較調査を行い，到達目標を設定する。国民学校の目的は50年代の「しつけ」から70年代の「陶冶」へ変わり，90年代には統合／包摂へと変化した。自由化の波に乗り，教育と労働市場に緊密に結びついた概念である「資格」を超えた，「コンピテンシー」の概念が大きな注目を集めだしたのはちょうどこのころであった。

（3）社会民主党のテーゼの変質と教育への期待

　2011年から2015年まで社会民主党政権になったデンマークだが，それまでの10年間の保守党・自由党政権による中道右派路線を離れたことで，市場原理が弱まったという事実はない。社会民主党政権といっても，グローバリゼーションや市場原理や競争のなかで，これまでの福祉を変質させていくことが求められるようになったからである。それを「変容」あるいは「変節」と見る者もいれば，社会民主主義の「発展」と見る者もいる。メディアを通じて見えてくるターニングポイントは，2012年と2013年にあった。まず，2012年には，社会民主党の4人の影響力の大きい議員（全員が閣僚職）が新しい社会民主党のテーゼとして，教育機会の保障が結果的に経済的な平等をつくりだす要因である，と大きく打ちだし，全国紙ポリティーケン紙の意見欄で大きな特集記事を載せた（Politiken, 2012.8.20）。さらに，2013年8月には，社会民主党のコーリドン（Corydon, B.）財務大臣が，「競争国家とは福祉国家を現代的にしたもの」，と競争国家である現在を肯定する発言をし，大きな話題となった。これをもって一般の人々の間にも，ペーダーセンが表現した「競争国家」という概念が広まった。

　これによって，社会民主党の旧来のテーゼであった，「最も肩幅の広い者が重荷を背負う」という連帯と再分配の原則が変質し，「義務を果たしてから権利を主張せよ」，「福祉の恩恵を受ける前に社会に貢献せよ（ギブアンドテイク），ひいては「働かざる者食うべからず」が原則となった。2014年1月実施の生活

保護改革では，ただ福祉手当を与えるのではなく，中等教育課程を修了していない30歳未満の若者には就学を義務付け，2014年夏以降に漸次実施されている[（4）]奨学金改革では，早く学業を修了する者にボーナスを出し，修了が遅れると罰則が科される[（5）]ようになっている。2014年夏以降の国民学校改革は，コンサルティング会社のマッキンゼーが600万クローネ（約1億2000万円）で請負って学力の強化を進め，[（6）]2015年夏以降の職業学校改革では，進学者を増やすと同時に修了を確かにする[（7）]ようにする。

　こうした数々の政策群から明らかになるのは，富める者から貧しい者への富の再分配という社会民主主義の大原則が変えられ，格差の下の部分にいる者に対しても教育の機会を与えることで，本人の努力に根差した平等を与えることができるという原則へと論理の転換を行っていることである。こうした社会民主党の教育の効果への「期待」は極めて特徴的で興味深い。しかし，そこで教育に向けられている視点は，人間を改造するメカニズムという極めて機械的な

（4）　30歳未満の若者に対する生活保護手当の支給を廃止し，その代わりに中期高等教育を修了していない場合には，教育援助という名の奨学金を出して，教育を義務化した。

（5）　大学入学資格取得から2年以内に入学する場合のみ，就学期間に加えて12か月の猶予期間を上限とした奨学金が受給可能。就学の事実がない場合，早期に支給停止。後期中等教育の転学は最大で5回まで。就学中のアルバイトを推奨。早く修了するとボーナス支給，など。

（6）　放課後の「宿題カフェ」を提供（学校にとっての設置は義務であるが，生徒の参加は任意）。デンマーク語，数学，自然科学，音楽は各学年で授業数増加。さらに，英語は第1学年から導入。第2外国語は第5学年から導入。選択科目は第7学年から。運動に関しては毎日定期的に導入することを目的とし，毎日45分間体を動かすようにする。「工作とデザイン」が，今後は木工を代替。科目ごとの最低時間数ではなく，低学年（28時間）・高学年（30時間）・中学生（33時間）の3段階ごとに週ごとの最低授業時間数を設置。次回の国会総選挙以降は，それぞれの3段階で30時間，33時間，35時間ずつに引き上げることとされた（選挙は2015年6月に実施された）。

（7）　2020年に25％，2025年に30％が職業学校へ進学することを目標としている。毎年6万2000人が進学するが，半分しか修了しない（2012年の修了率51％）。このうち，30％はすでに別の職業教育に進学して中退した経験がある。何度も別の課程を試せば試すほど，修了率は低くなる。2025年には67％が修了するようにとされている。

理解であり，啓蒙時代に築かれたような深く人間を成長させる「陶冶」やその結果としての「教養」とは程遠いものとなっている。ここで考えられているのは，まさに「スキル」にあたるような「ここに材料となる×をいれ，処理すると〇という製品が製造される」，そしてここで考えられている「×」が「失業給付や生活保護で生活する公費によって養われた成人であり，これを働き納税してくれる勤労者「〇」にする，というプロセスを語ることになるわけである。この製品製造が簡単に効率的に進めば進むほど，政権運営としては成功したことになる。

（4）プレッシャーとストレスにさらされる若者

　日本から見ると，ただの受験勉強のための暗記ではなく，デンマークの学校での授業がグループワークや他の生徒の前でのプレゼンテーション，プロジェクトに取り組んでのプロジェクトワークなどが多いことを新鮮に感じ，生徒の自立した学習姿勢に対し感心する傾向がある。これは，特に2005年の高等学校改革の後に育った若者たちに言えることで，確かに社会人になって就職してから実社会で必要となるスキルを育てるうえでもこうした技能が有用である。

　その一方，若者たちはこれまでになく常に優れた成績パフォーマンスを求められるプレッシャーにさらされ，大きなストレスと不安を抱えて悩まされているという現状が当人たちの声，そして精神疾患などの統計からも散見され，しばしばメディアにも登場するようになっている。2007年から2011年までの間に精神疾患によって特別支援を要する高等教育機関の学生は4倍以上になったとされる（Dagbladet Information, 2015.1.19）。彼らの世代は，トヨタ方式のリーン（LEAN）になぞらえて，リーン世代と呼ばれる。無駄なく効率的に最大のパフォーマンスをあげることを要求され，短い期間で成果を上げ，常により良い成績をとることを求められる。学力だけではなく，ソーシャルメディアに載せる履歴書も見る人にアピールするものでなくてはならないし，友人の数も多く，ソーシャルスキルも十分でなければならない。高校を卒業したら，すぐに大学に進学してできる限り短い期間の奨学金を受けて，すぐに就職するように…。こうした社会から，政治家から，周囲から，そして自分自身から与えられ

るプレッシャーが「自立」のみならず，厳格な「自律」を求め，高校生や大学生を精神的に追い詰めているという議論が，しばしばメディアを賑わしている。

（5）政治的なツールによって高等教育にも降りかかる効率化

　若者への政治的なプレッシャーは，当時のカーステン・ニールセン（Carsten Nielsen, S.）教育大臣の下で2014年夏から行われていた「勉学推進改革」でも明らかである。彼女の提案した，学科専攻ごとに卒業生の就職率を調べ，卒業後に就職につながっていない学科には，数年後に学生の入学数を制限するようにする「割当制」は特に人文科学の軽視につながると現場での大きな批判を招いた。しかし，現場の人々の反対もむなしく2014年の秋には合意に達し，2015年から4年間にわたって漸次入学者数を減らすことが合意された。

　また，職業とそのために必要となる教育課程や条件などを詳細に記した「教育ガイド」は，教育省によって整備されインターネット上で見られるようになっており，高等教育の進路決定の参考にするためによく参照される。この教育ガイドは最近刷新されたが，ここで学科ごとに，新卒，そして卒業10年後の平均給与の差が露骨に記されていることがメディアでも指摘された。考古学，文化史，文学といった学科は平均給与が修士号取得者のなかでは最低である一方，歯科学は新卒でも平均給与がその2倍以上であり，高給取りとなる。こうしたデータ公表の政治的意図をデンマーク学生共同評議会の会長のダヴァリ（Davali, Y.）は，「学生に最も将来的に稼ぎの良い教育課程を選ばせようという政治的な試みだ」と批判している（Dagbladet Information, 2015.5.2.）。「何が割に合うのか」…ニューパブリックマネージメントによる費用対効果分析といったツールが，知りたい，学びたいといった好奇心を満たすことによる学習の喜びを奪い，現代のデンマークでも教育の目的であった人間としての陶冶を無意味なものに変えようとしている。

（6）日本への示唆

　本章の議論は，デンマークでのこれまでの教育の歴史と伝統が基盤となり，学生たちに自分なりの思考を持った批判的な姿勢を備えさせようとしてきたこ

とを追うと同時に，1990年代以来の新自由主義的なツールがいかにデンマークの教育界に浸透し，若者の健やかな勉学への情熱を歪めつつあるのかを明らかにしてきた。

　こうした政治的な動きは枚挙にいとまなく，「競争国家」への移行はもはや止めることのできない潮流である。競争国家のレジームの下に育ち，「兵士」となった若者たちは，自分を苦しめつつ，自分をコントロールしながら，周囲に期待されるように生きるしかない。共同体の参加者であった市民は，「消費者」，「顧客」になり，自らの思考力を失い，無力化されていく。

　この姿は，日本の私たちから見て，画一化された教育で生産された，「指示待ち人間」を育ててきた経験を見ているようではないか。デンマークのこうした近年の動きは，決して特殊なものではなく，多くの西側諸国で見られるものだと確信する。こうした競争国家の論理に対抗する論理として教育関係者から必ず出てくるのが，教育における陶冶の伝統の側面だ。自ら考え，批判的な知性を備えた人間は，競争国家にとっては面倒な存在かもしれないが，これがデンマークの誇るべきリソースであり，忘れてはならないと警鐘を鳴らす。これまでの啓蒙時代の歴史からの伝統と蓄積が今後のデンマークでどのように守られるのか，日本への示唆は十分に大きいように思われる。

文　献

Benn, J. (2006). *Hjemkundskab, dannelse og kompetence*, i *Cursiv nr. 1. Kompetence og curriculum*, Institut for Curriculumforskning, Danmarks Pædagogiske Universitet, DPU.

Brandt, A. K., & Böwadt, P. R. (2009). *Medborgerskab i læreruddannelsen Rapport til Undervisningsministeriet*, Folkeskolen.dk. http://www.folkeskolen.dk/~/Documents/154/59354.pdf（2012年8月17日閲覧）

Dagbladet Information, *Gymnasierne tilpasser sig samfundet*, 2. december 2014. http://www.information.dk/517540（2015年4月25日閲覧）

Dagbladet Information, *Pres på uddannelsespræstationer gør studerende syge*, 19. januar 2015. http://www.information.dk/521807（2015年5月2日閲覧）

Dagbladet Information, Nye tal afslører massivt løngab mellem nyuddannede kandidater, 2. maj 2015. https://www.information.dk/indland/2015/05/nye-tal-afsloerer-massivt-loengab-mellem-nyuddannede-kandidater（2018年3月24

日閲覧)

Dale, E. L. (1998). *Pædagogik og lærerprofessionalitet*, Århus, Klim.

Hermann, S. (2005). *Kompetencebegrebets udviklingshistorie: mellem håndsæbe og stål*, Kvan, årgang 25, nr. 71.

Illeris, K. (2011). *Kompetence: Hvad, hvorfor og hvordan?*, Frederiksberg, Samfundslitteratur.

Jørgensen, P. S. (2003). *Den personlige lærer – set i et uddannelsesperspektiv*, i Weicher, I. og Laursen, P. L. (red.) *Person og profession: en udfordring for socialrådgivere, sygeplejersker, lærere og pædagoger*, Værløse, Billesø & Baltzer.

Kamil, C., & Strand, I. (2011). *Folkeskolen forsvinder i de næste 10 år*, i *Mandag Morgen* 08.08. 2011. https://www.mm.dk/folkeskolen-forsvinder-i-den%C3%A6ste-ti-%C3%A5r (2013年4月20日閲覧)

Kemp, P. (2013). *Krigen mod barndommen*, i *Dagbladet Information*, 22. januar 2013.

Kristensen, H. J. (2005). *Didaktik og pædagogik i en lærerkompetence* i Kvan: et tidsskrift for læreruddannelsen og folkeskolen, nr. 25, ss.75–84.

Laursen, P.F. (2003). *Personligheden på dagsordenen* i Weicher og Laursen (red.) (2003) *Person og profession*, Billesø & Baltzer.

Niss, M. (2000). *Gymnasiets opgave, almen dannelse og kompetencer*, i Undervisningsministeriet, *Uddannelse, nr. 2*. http://udd.uvm.dk/200002/udd02-4.htm (2013年6月7日閲覧)

Nordenbo, S. E., Larsen, M. S., Tiftikçi, N., Wendt, R. E., & Østergaard, S. (2008). *Lærerkompetencer og elevers læring i førskole og skole: Et systematisk review udført for Kunnskapsdepartementet*, Oslo, København Dansk Clearinghouse for Uddannelsesforskning.

Pedersen, O. K. (2011). *Konkurrencestaten*, Hans Reitzels Forlag.

Rømer, T. A.(2012). *Ny nordisk skole, nyliberalisme og ny sprog*, i *Politiken* d. 2. september 2012.

Rømer, T. A., Tanggaard, L., & Brinkmann, S. (red.) (2011). *Uren pædagogik*, Klim.

SASS LARSEN, H., Corydon, B., Frederiksen, M., og Hansen C., *Socialdemokraterne er bedst for Danmark*, Politiken, 20.8.2012. http://politiken.dk/debat/kronikken/ECE1725070/socialdemokraterne-er-bedst-for-danmark/ (2015年4月5日閲覧)

Suzuki, Y.(2013). *Lærerkompetencer, læreruddannelser og frie skoler*, Nationalt Videncenter for Frie Skoler.

教育省，科学・技術・開発省，文化省，経済産業省（2004）．「教育におけるリアル
　　コンピテンスの承認——国会への報告（anerkendelse af realkompetencer i
　　uddannelserne: redegørelse til folketinget）」http://static.uvm.dk/
　　Publikationer/2004/realkompetencer/realkompetencer.pdf（2013年6月13日
　　閲覧）

〈法律関係〉

Bekendtgørelse af lov om folkeskolen.（国民学校法）https://www.retsinformation.
　　dk/FORMS/R0710.aspx?id=145631（2013年6月5日閲覧）

Bekendtgørelse af lov om uddannelsen til studentereksamen (stx) (gymnasieloven).
　　（高等学校法）https://www.retsinformation.dk/Forms/r0710.aspx?id=132542
　　（2013年6月22日閲覧）

巻末資料

デンマーク 2009年共通目標 数学科

「共通目標」は日本の学習指導要領に相当する。なお，後半の指導の手引は日本の学習指導要領解説に相当する。

数学科の目的（原文 p. 3）

①授業の目的は，生徒が数学的コンピテンシーを発達させ，知識と能力を習得することによって，日常生活，社会生活，自然との関係における数学に関連した状況で，適切な対処ができるようにすることである。

②生徒が自立的に，そして他の生徒との対話と協力を通じて，数学と取り組むことが創造的な活動を求め，それを伸ばしていくものであること，さらに，数学が問題解決，論証，コミュニケーションへのツールを含むものであることを体験できるように，授業は構成される。

③授業は，生徒が文化的・社会的な文脈における数学の役割を経験し，認識すること，そして生徒が自らの行動に責任を負い，民主主義の共同体の中で影響力を発現していくために，数学の応用に関して自分自身の立ち位置を決めることができるように寄与すべきである。

9年生終了時の数学科の到達目標（原文 pp. 4-5）

（訳者注：「授業は，生徒が以下の項目を適えるための知識と技能を習得できるように構成されるべきである。」という文章が各項目の冒頭にすべて記されている。以下この文は省略する。）

数学的コンピテンシー

・数学に特徴的な質問を投げかけ，そこで予期される回答がどんなものか見当がつく（思考コンピテンシー）
・数学的問題を認識して自分の言葉にし，まとめたうえで解をだし，その解を評価する（問題処理コンピテンシー）
・数学的モデリングを行い，数学的モデルを解読し，解釈，分析，評価する（モデリング・コンピテンシー）

- よく考えて数学的主張の根拠づけのための自分なりの論理を導くと同時に，他人の数学的論理を理解したり，評価したりする（論理づけコンピテンシー）
- 数学的事物，概念，状況や問題といった様々な表現を構成し，理解し，応用する（表現コンピテンシー）
- 記号や公式を理解しその意味を解読し，日常の言葉と数学の記号言語を相互に言い換える（記号処理コンピテンシー）
- 数学的質問や活動について様々な方法で自分なりに表現し，対話に加わり，他人の数学的コミュニケーションを解釈する（コミュニケーション・コンピテンシー）
- 数学に取り組むにあたって，IT を含む補助教具を知り，選択し，応用し，それらの可能性と限界に見当をつける（補助教具コンピテンシー）

数学的テーマ

数と代数においては
- 実際的，理論的な文脈で数を用いる
- 自分自身の理解に根差すと同時に，計算規則や公式を選択し，用いることで適切な計算方法を学ぶことに参加する
- 計測と計算によって大きさを決め，それらを絶対的および相対的に比較する
- 数の変化を含む数学的表現を理解し，用いる
- 関数概念を用いて相関関係を表現する
- 代数と幾何の結びつきに取り組む

幾何においては
- 日常の事象を描写するのに幾何の概念と手法を用いる
- 平面図形および立体図形を調べたり，描いたり，計算を行う
- 様々なタイプの描画と取り組む
- 定義，定理，幾何学的議論，単純な証明に取り組む
- 他の数学的テーマの文脈において，幾何を応用する

統計や確率においては
- 定量的データの描写，分析，解釈に統計的概念を応用する
- 様々なメディアにおいて，統計や確率を読み解き，理解し，評価する
- 統計，簡単な組み合わせや単純なモデルを用いることによって，確率と数を結びつける

数学の応用

- 日常生活，社会生活，自然にある問題群を数学化し，数学的モデルによる現実の描写を解釈する
- 日常生活，社会生活，自然と関連した数学的問題群を解決するのに，教科特有のツー

ル，概念，コンピテンシーを用いる
・今後の展開や出来事を表現したり，予測したりするためのツールとして，数学を利用
　する
・現実描写の際の，数学の可能性と限界を認識する

数学的な取り組み方
・数学的テーマと関連した戦略や方法を学ぶことに参加する
・数学的問題群との取り組みでは，調べ，系統立て，論理づけ，一般化する
・教科特有の文章を読み，数学科のテーマに関するコミュニケーションをとる
・数学的課題や問題群に対処するに当たって，一人で，および他と協働して取り組む
・対話，および生徒の異なる前提や素質に根差した過程の中で問題解決に取り組む

３年生終了時の数学科の段階目標（原文 p. 6）略

６年生終了時の数学科の段階目標（原文 pp. 7-8）略

９年生終了時の数学科の段階目標（原文 pp. 9-10）略

10年生終了段階の数学科の到達目標（原文 pp. 11-12）略

数学の到達目標と段階目標―概要的ラインアップ（原文 pp. 13-18）略

数学科のカリキュラム （原文 pp. 19-31）

第１期（１年生から３年生）（原文 pp. 19-21）

　授業は，教科が分かれていない幼稚園学級のころから生徒が身につけている多くの前
提や素質に根差して構築されるべきである。例えば，生徒は日常生活の出来事と関連し
て数字を使う。絵を描いたりして物事や体験を描写する豊かな経験を持ち，数学的な表
現を含む情報を理解できる。数えたり，分けたり，合体できるブロックで組み立てたり，
逆に合体できないブロックを組み立て（ようとし）たりする。様々な形や図形を知って
いるし，コンピューターゲームもする。
　生徒は，教師の支援によって，遊びやゲーム，学校や周辺環境での探索に参加したり
しながら，様々な数学が関連した体験を豊かにしていく。生徒一人ひとりが備える直感

的な数学理解を数学的な概念形成へと次第に発達させていくことを目指し，授業を計画し実施するのが教師の任務である。

　計画においては，教師は内容，コンピテンシー，取り組み方を同時に検討しなくてはならない。このようにすることで，同じ授業の展開の中で，複数の「主要な知識・技能領域」から目標を目指すことができる。そのため，設定された目標が「一緒に機能する」ことが大切なのである。例えば1学年から3学年の授業の展開において，内容に関しては生徒が足し算の方法を学ぶのを念頭に置くと同時に，問題処理および記号・形式化コンピテンシーを発達させ，さらに生徒が数学を用いて問題を解く際に他と協力する能力を育てるようにする，という具合である。

数学的コンピテンシー

　コンピテンシーに根差した数学の学力を表記することは，すべての学年における授業の計画，実施のための総合的なツールである。計画においては，コンピテンシーの表記は授業の目標のなかで，数学的コンピテンシーにかかわる部分を明らかにする機能を果たすと同時に，*内容の選択*にも機能する。

　実施においては，コンピテンシーの表記は同じ内容への異なるアプローチを選択する際に機能すると同時に，その内容を発展させる視点を広げる機能も果たす。

　教師の*目標と内容の計画*，そして授業状況における内容への*アプローチと発展的視座*に対するコンピテンシー表記の意味について，以下で詳述する。

　授業の目的と内容は，生徒が入学時から備えており，これまでの学校生活を通じて伸ばしてきた数学的コンピテンシーをさらに伸ばすものであるべきである。同様に教師は，計画の中で目標と内容がどうしたら生徒一人ひとりの前提や素質の違いに配慮できるか検討すべきである。クラス全体に向けた「大きな」目標と「幅広い」内容を選択する一方で，一部の生徒に対してはその人に即した期待に結びつけるようにするのが，多くの場合，望ましい。

　多くの場合，複数のコンピテンシーが同時にかかわる活動を選ぶのが望ましい。そうした活動は，例えば調査，遊び，ゲーム，問題解決型課題などの形を取りうる。活動は生徒が身近にある素材やそのほかのインフォーマルな表現様式を取り込むことができ，同時に数学に関する，あるいは数学を用いた対話の契機となるような問題群を含むべきである。このようにして，生徒の*問題処理，表現，コミュニケーション・コンピテンシー*の発達が目指される。

　コンピテンシーの表記は，同じ内容への異なるアプローチ，発展的視座ととらえることができる。例えば，検算のやり方を学ぼうとしている生徒に，教師が異なるコンピテンシーを念頭に置いた開かれた質問をすることによって問題処理，表現，コミュニケーションのそれぞれのコンピテンシーが試される。教師は，その生徒独自の前提や素質を

出発点として質問をすることができる。

　生徒が，教師の支援を得て，思考，論理づけコンピテンシーを次第に伸ばしうるのは，特に対話を通じてである。1学年から3学年までで，教師が生徒一人ひとりの思考，論理づけコンピテンシーに焦点を当てるとき，その素地を固めるのは「もし，こうなら？」とか「こうなるんじゃない？だって…」「違う解き方をいくつ見つけることができる？」「どうしてそうだとわかるの？」といった質問である。

　生徒が次第に記号・形式化コンピテンシーを発達させるのは，インフォーマルな表現形態と数学的記号のつながりの取り組みからである。1学年から3学年まででは，生徒は例えば，身近にある素材，イラスト，数字の並びの変化の仕方，引き算の記号が含まれた状況や計算表現といったものの関連に取り組む。

　問題処理，コミュニケーション，表現の総合的な応用は，数学的文脈の探求を念頭においても，そして生徒のモデリング・コンピテンシーを発達させることを念頭に置いても，授業の出発点ととらえられる。

　1学年から3学年では，生徒の補助教具コンピテンシーを発達させるために，授業でたくさんの具体的な素材が用いられ，次第に計算機やITといったさらに多くの補助教具が使われるようになる。

数学的テーマ
数と代数に関して

　このテーマでの学習の初めの方で，生徒は自分なりの数字理解や数，数を示す言葉，数を表す記号のつながりに関する知識を広げていく。これは，教師の発表，生徒の普段の経験，お話やファンタジーの世界といったものを出発点とする活動を通じて起こりうる。活動は，調べもの，遊び，ゲーム，問題解決課題といった形を取りうる。そうした活動には，次のものが含まれる。
・数を数えること
・数え歌
・たし算とひき算の際の検算
・「最大」「最小」という概念
・「2倍」「半分」という概念
・数の分割
・文章題
・列
・生徒が日常の生活で目にする，非常に単純な分数と小数
・実際的で，現実に近い問題群
・日常的な状況での数学

適宜，計算機とITの利用も含む。

　検算のやり方を学ぶ取り組みでは，たし算とひき算にメインとなる重点が置かれる。ここでは，インフォーマルな表現形態の総合的な選択が含まれる。この取り組みの全体としての目的は，数字理解を高めることである。暗算と筆算の両方を含んでいる。

　出発点となるのは，教師に能力を試されたり，他の生徒と協力したりすることで伸びていく，生徒のインフォーマルな計算戦略である。この学びの過程で教師は，生徒一人ひとりが，数字，数字記号の特徴，四則演算への理解などへ洞察を深めることに焦点を当てる。同様に教師は，生徒が数学的問題群を解決するにあたって，並べ方や，計算過程そのものよりも，数字の理解に熱心に取り組むように一人ひとり支援することが肝心である。標準化されたアルゴリズムの訓練が目的ではない。

　生徒は，対話，そして適切な練習の取り組みを通じて発達する。そうした対話には，以下のようなものが含まれる。

・どこに最大／最小の…があるだろうか。
・いくつ…？
・…するためにはいくつたりないだろうか。
・もし…したら，いくつ残るだろうか。
・…の違いはどのくらいか。
・…の2倍／半分は何か。
・もし…なら，一人当たりいくつもらえるだろうか。
・どうやってそれ（解）を求めたのか。

　数字と十分に親しむことが，その後の代数との取り組みや，のちに出会う様々な文脈で数字の応用をするうえで具体的な基礎となる。

幾何に関して

　幾何は，日常的な事物や現象を観察したり，そうした話をしたりすることから取り入れられる。こうした取り組みは，生徒が幼稚園学級の科目ごとに分かれていない授業で身につけた知識や能力を出発点とする。

　生徒は次のものと取り組むべきである。

・描画による現実の事物のイメージの再現
・具体的な素材を用いた組み立て
・大きさ，形，対称といった幾何の概念
・形，大きさ，その他の特徴に応じた，物の整理
・距離，面，空間，重量の計測
・幾何の分野での調べもの，実験，問題解決
・幾何と数字のつながり

　こうした取り組みではITを取り入れてもよい。

　立体図形との取り組みは，生徒の空間に関する感覚を伸ばすことができる。

幾何の中心的な概念は，以下のような質問を用いた対話を通じてもたらされる。

・君の絵はどんなことを伝えようとしているのか。

・教室にある物はどんな形をしているか。

・君の描いた絵を2倍大きくすることはできるか。

・どうしてこの模様は対称になっているのか。

距離，面，空間，重量を標準化されたあるいは標準化されていない単位で計測するという導入的な活動は，単元の展開の中で重要な活動である。こうした活動が，長さ，面積，体積の計測や計算といった後の取り組みに際して，具体的な出発点となる。

幾何との取り組みは，具体的な素材をもとに調べたり，実験したり，問題を解いたりといったことを含む。授業では，解き方のみならず，生徒が何をし，何を考えたかを説明する機会としての対話を行うべきである。

長い目で見ると，幾何の範疇での調べものや実験は，生徒が体系化や一般化，論証等に取り組むことを目指している。生徒がどんな種類の質問が数学に特徴的なのかに気づく（思考コンピテンシー）のは，まさにこういった調べものとの取り組みのなかである。教師は調べもの学習活動との関連で，生徒の初歩の論証（論理づけコンピテンシー）を支援したり，能力を試したりしなければならない。

生徒は数字の並びと取り組み，それを通じて数字が点と結びつくこと，数字で長さを表現したり，長さで数字を表現したりすることができることに気づく。幾何は数字の理解の一助となるため，幾何と数字との取り組みは，概して，授業の中で一緒に扱われなければならない。例えば，長方形はかけ算を描写しうるが，これが高学年段階でかけ算を学んだり，中学生段階での代数に取り組んだりする際の基礎となりうる。

統計と確率に関して

生徒は，自分自身，周辺の環境，授業に関係のあるゲームや実験と関連したデータ収集に取り組む。収集されたデータは整理され，表記され，処理される。データの整理にあたっては，以下のことを含む。

数えること，分類，図表，簡単なグラフ

この取り組みではITも取り入れうる。

データの表記にあたっては，生徒の普段の言葉に近い言葉の使い方を観察しての対話を含む。

対話では，例えば以下のような概念を含むべきである。

最多，最少，最大，最小

それに加えて，生徒はどのくらいの異なるデータが観察されたか調べる。

データの解釈に関して，偶然とチャンス（運）に関する対話が含まれる。対話では以下のような日常的な疑問が含まれる。

・チャンス（運）は大きいか，小さいか。

・どうなる可能性が一番高い／低いか。

・偶然ではないか。

・どんな結果になると思うか。

・繰り返しやってみたら，どんな結果になると思うか。

　対話は生徒の直観的なチャンス（運）概念に根差しており，長い目で見て生徒の統計的確率の概念への理解の基礎となることを目的としている。

数学の応用

　授業は，以下のそれぞれを交互に出発点とする。

・*数学の応用が取り入れられた数学科の問題群*

・*数学がかかわる応用の文脈*

　同様に，数学の応用というのは，数学的テーマがかかわった分野とも，数学の応用が洞察と認知の基盤を築く分野ともとらえられる。

　生徒が日常生活で出会いうる数学の応用に焦点が当てられる。授業は，最初の段階から，数学を含む状況への取り組みに限定する。生徒の周辺の環境や普段の生活にある現実の状況でもありうるし，日常に類似した特徴をもつ状況設定でもありうる。

　取り組みを通じて，生徒は簡単な問題群を解く戦略を学ぶことができるようになる。例えば，生徒はおつりを渡すのと関連してひき算の戦略を学びうる。生徒の様々な戦略は，その後，対話の際の主題となりうる。

数学的な取り組み方

　数学的な取り組み方は，授業の内容と取り組み形態の両方にかかわっている。

　授業の内容は，生徒が方法を学ぶのに参加し，実験的に，調べるように取り組むことができるものが選ばれる。次第に授業展開するなかで，生徒は数学的な表現を含む簡単な情報に取り組む。

　取り組み形態は，生徒が他人と協力しながら数学を用いて問題を解くことを目的とした，グループワークを含む。

　数学的な取り組み方において，対話は重要なツールである。対話を通じて生徒は論理づけができるようになる。生徒は例えば，以下のような問題を処理することができる。

・もし…したらどうなるか。

・もし…しなかったらどうだろうか。

・こうじゃないだろうか，なぜなら…。

第2期（4年生から6年生）（原文 pp. 22-24）略

第3期（7年生から9年生）（原文 pp. 25-27）略

　これらの学年での授業は，なおいっそう生徒が学校生活の中で身につけた知識と能力の上に築かれるが，それだけではなく，生徒の毎日の中での数学と関連した経験が授業の中で役割を果たしうる。

　生徒は口述と記述のどちらでも，そして一人でも他人と協力しても，コンピテンシー，知識，能力を深めるように取り組む。生徒一人ひとりが備える直観的な数学的理解を数学的な概念形成へと継続して発達させていくことを目指し，授業を計画し実施するのが教師の任務である。この時期には，生徒は新しい教科分野を自分で身につけるようになったり，そしてすでに知っている教科分野を総合的に応用したりということが徐々に授業の中心となってくる。

　計画においては，教師は内容，コンピテンシー，取り組み方を同時に検討しなくてはならない。このようにすることで，同じ授業の展開の中で，複数の「主要な知識・技能領域」から目標を目指すことができる。そのため，設定された目標が「一緒に機能する」ことが大切なのである。例えば，7-9年生の授業の展開においては，内容に関しては生徒に方程式の解き方を身につけさせることを目指すと同時に，問題処理および記号処理コンピテンシーを発達させ，さらに生徒が数学を用いて問題を解く際に他と協力する能力を育てるようにする，という具合である。

数学的コンピテンシー

　コンピテンシーに根差した数学の学力の表記は，すべての学年における授業の計画，実施のための総合的ツールである。計画においては，コンピテンシーの表記は授業の目標のなかで，数学的コンピテンシーにかかわる部分を明らかにする機能を果たすと同時に，内容の選択にも機能する。

　実施においては，コンピテンシーの表記は同じ内容への異なるアプローチを選択する際に機能すると同時に，その内容を発展させる視点を広げる機能も果たす。

　教師が目標と内容を計画する際，そして授業状況で内容に対しての教師の取り掛かりおよび発展的視座を念頭に置いてのコンピテンシー表記の意味については，以下でさらに詳しく述べる。

　授業の目的と内容は，生徒が学校内外の文脈で獲得した数学的コンピテンシーをさらに伸ばすものであるべきである。同様に，教師は計画の中で目標と内容がどうしたら生徒一人ひとりの前提や素質の違いに配慮できるか検討すべきである。クラス全体に向けた「大きな」目標と「幅広い」内容を選択する一方で，一部の生徒に対してはその人に即した期待に結びつけるようにするのが，多くの場合，望ましい。

　多くの場合，複数のコンピテンシーが同時にかかわる活動を選ぶのが望ましい。

　そうした活動は，例えば調べものだったり，純粋に数学的だったり，応用を目指した

課題やプロジェクトだったりといった形態を取りうる。こうした活動は，生徒がインフォーマル，そしてフォーマルな表現様式，すでに確立された知識や能力を取り入れることができるような問題群を含むべきである。

活動は数学を応用して，数学に関するあるいは数学を用いての対話を行う契機を与えるべきである。このようにして，生徒の*問題処理，表現，コミュニケーション・コンピテンシー*の発達が目指される。

上に挙げたタイプの問題群と関連して，教師は同じ教科内容に取り組む生徒に対して，とくに対話を通して，異なる方法でそれぞれに課題を投げかけることができる。このことに関連して，コンピテンシーの表記は同じ内容への異なるアプローチと発展への視点を与えるものであるととらえられる。例えば，教師が様々なコンピテンシーを念頭に置いて開かれた質問をすることで，角度と側面の長さの間の関係を調べることに取り組んでいる生徒は，それぞれ*問題処理，表現，コミュニケーション・コンピテンシー*を試されることになる。

質問においては，教師はまさに一人ひとりの生徒の前提と素質を出発点とすることができる。

生徒が教師の支援を得て，定義と定理を区別したり，数学的論理づけを理解，実行，判定したりといったものを含む，*思考および論理づけコンピテンシー*を次第に発達させるのは，上で挙げたような活動の取り組みを通してである。さらに，生徒が次第に*記号・形式化コンピテンシー*を発達させるのは，インフォーマルな表現形態と数学的記号のつながりへの取り組みによってである。7，8，9年生の間に，生徒一人ひとりが数学的記号言語を正しく使用することが次第に重要視されるようになる。

問題処理，コミュニケーション，表現の総合的な応用については，変わらず，授業の出発点ととらえられる。7，8，9年生を通じては，生徒の数学的モデリングの応用と理解，問題の解法への批判的な評価はさらに厳しくなる。

計算機とITの利用に慣れることで，こうした補助教具が適切に生徒の数学との取り組みをサポートする。

数学的テーマ
数と代数に関して

生徒はその解が有理数では説明不十分である問題群への取り組みを通じて，実数を紹介される。こうした数の拡大は新しく数の特性や，四則演算における優先順位を含む四則の関係を調べる契機を与える。

7-9学年で調べるものには，次のようなものが含まれる。
・数の相互の大きさ
・計算規則の幾何的な表現
・累乗と平方根

・代数的表現の書き換えと簡略化

　生徒が実数の特性を探るうえで，定義が伴う規則と，計算優先順位や記述形式といった約束事は区別される。

　数字の歴史的な話が取り入れられる。

　生徒は，数理解を向上させる目的で，計算の方法を学び続ける。この展開では分数計算，百分率計算，方程式を解く方法を学ぶことに重きが置かれる。こうした取り組みは，暗算，筆算，計算機の利用のどれも含んでいる。

　分数は，自然に表れる流れの中で用いられる。どの程度分数計算を扱うかは，方程式の解法や，その他の代数的なテーマとの関連で実際に用いながら様子を見て，適宜調整される。

　代数との取り組みは，様々な方向性をもっている。

・数パターンの変化や構造を調べることと関連して，生徒が一般化を記述する際に代数が用いられることを目指す。

・方程式を解くのに，代数が問題を解くツールとして使われるようにする。

・関数との取り組みでは，代数が文脈の記述として用いられる。

・加えて，代数は公式の適用においても関与する。

　生徒にとって，座標は代数と幾何をつなぐツールとして現れるべきである。関数は代数では規則として，幾何では座標のグラフとして表現される。関数との取り組みでは，それに加え，表や日常の言葉での表現といった表現形態も扱われる。

　線形，そして非線形の文脈の記述は，関数の概念と関連して扱われる。それに加え，同概念は正比例と反比例を含む。関数概念との取り組みは日常生活，社会生活，自然との関係に存在する実際的な問題群に近いところで行われる。IT は，関数の規則やグラフとの間の関連性を探るにあたって用いるのに便利である。

幾何に関して

　幾何との取り組みは，現実の事物や事象，幾何的な形やその特徴，生徒がこれまでに築いてきた知識や能力を出発点とする。生徒に一定の条件を与えてスケッチや描画をさせたり，画（モデル）と事物のつながりを調べたり，判定したりできるようにすることで，大きさの関係性や直線の互いの位置といった幾何の手法や概念を用いた，あるいはそれらについての対話の背景を固める。

　幾何の図形を描いたり，それらを使って実験したりするのに IT が用いられる。

　周りの長さ，面積，体積を計算する方法を調べる取り組みは，4 〜 6 年生で開始され，7 〜 9 年生でも続けられる。この段階でも，生徒が自分のインフォーマルな戦略や教師の支援を得ながら，調べるように取り組んだり，計算方法を表現したりするのは変わらず大切である。ここでは，多くの表現が同時にかかわることになり，問題を解くことが取り組みの中心となる。生徒は，平行四辺形，台形，円の面積を計算する方法を調べることができる。

幾何では，一般的に調べ学習や実験への取り組みが重要視され，学年が進むにつれ，生徒が体系化したり，一般化したり，論じたりする能力がより高度に要求されるようになる。

縮尺，相似，合同との取り組みが，生徒が直角三角形における角度と二辺の長さとの関係を調べる際の三角法の背景を形成する。IT と計算機がこの取り組みに取り入れられる一方で，表を用いることは目指されない。

三角法との取り組みが具体的な活動と緊密に結びついている事実が大切であり，そのことによって，直角三角形の角度と辺に結びついた便利な計算方法だということが明らかになる。

4～6年生では，例えば旗ポールを使って，そこまでの距離や，頂上への角度を測ったりすることでポールの高さを求めようとし，それから適切な縮尺で絵を描いてみたりするが，この段階では三角法を用いることによって，同じ具体的な基礎データから出発して高さを求めることができる。

計測と計算への取り組みは，実際的および理論的な問題群の双方を解くこと，そして生徒がピタゴラスの定理を初めとする公式を理解することを目指している。こうした目標により，簡単な幾何的な論議や証明に取り組むことができるようになる。

代数的文脈との取り組みと関連して，幾何が表現として取り入れられる。この取り組みは代数的表現を書き換えたり，簡略化するための目的とされ，以下のものを含む。
・長方形の両辺を a と $(b+c)$ として，幾何的に $a(b+c)$ を作り出すこと
・正方形の一辺を $(a+b)$ として，幾何的に $(a+b)^2$ を作り出すこと

それに加えて幾何は，座標を用いることによって数や代数と結びつけることができ，この期間ではとりわけ関数の規則とそれに付随するグラフの関係を調べることに使われる。

統計と確率に関して

生徒は，メディアや他の教科で使われる統計的な記述を調べ，解釈する。なかでも，その結論が出されたやり方と，実際どんなふうに感じられるかの関連性に注目する。それに加えて，生徒は自ら簡単な統計的な調査を計画し，実施する。この取り組みは，プロジェクトを目指した総合的な授業の一部ともなりうる。

確率概念は，なかでもデータ素材の処理と関連して扱われる。同様に，統計的な確率概念に重点が置かれる。

チャンス（運）の状況と関連して，シミュレーションプログラムを利用することによって，生徒はプログラムの統計から情報を引き出して，課題に取り組むことができる。そうしたプログラムを使うことで，生徒は長期の実験による結果の安定性を経験することで大数の法則への洞察をも得ることができる。

授業では，偶然，運，危険，不安定性にかかわる現象の処理も取り扱う。生徒は，偶然や運に関する命題が，以下のようなものに起因する場合もあることを経験的に理解す

べきである。

・収集されたデータ

・同様に確からしいとされる場合の数

・個人的な判断

　集められたデータを背景に，確率を判断するのはいつでも可能なことではないし，いつも必要だとされるわけでもない。そんな状況では，生徒は同様に確からしいととらえられる場合の数を数え上げることで判定することができる。このようにすることで，生徒は組み合わせの考察も扱う。直接組み合わせの公式を利用することは目的としない。

　確率の計算と関連して，図，棒グラフ，樹形図といった簡単なモデルがよき補助教具になる。

　確率との取り組みは，正式な数学的な積み上げを前提としない。正確である必要はあるが，正式な言葉の利用は目指されない。

数学の応用

　授業は，以下のそれぞれを交互に出発点とする。

・数学の応用が取り入れられた数学科の問題群

・数学がかかわる応用の文脈

　同様に，数学の応用というのは，数学的テーマがかかわった分野とも，数学の応用が洞察と認知の基盤を築く分野ともとらえられる。

　この展開では，日常生活の中の数学の応用と，例えば生物，美術やその他の教科をまたがった文脈など，ほかの教科分野で生徒に新しい形の洞察を与えうる社会の発展と関連した問題群に重点が置かれる。

　授業は展開の初めの方では，日常生活の例から始まり，のちにより社会の発展に関連した問題群を出発点として扱うようにすることで，常に把握しやすいものとすべきである。生徒が次第により複雑な問題群に向かい合うにつれ，問題群と取り組む際に，ますます意識的に数学的コンピテンシーを用いるように要請を強めていく。

　授業は，生徒に日常生活，および経済，技術，環境といった社会の発展に深くかかわった問題群に対処するためのツールとして数学を使えるようにする。生徒は例えば公式や関数といった数学的モデルに取り組むと同時に，調査や社会における関係を描くうえでITを利用して，簡単な数学的モデルの応用に取り組む。

　生徒は以下のことに取り組むべきである。

・日常の買い物，交通，住宅事情

・給与明細と税金の計算

・貯金，ローンの組み方，クレジットカードの利用などと関連した利息概念

・環境，技術，エネルギー消費・ごみ・資源などの生活環境

・シミュレーションと統計的表記

数学的な取り組み方

　生徒は，数学の問題を解くことを通じて，やり方を学ぶのに参加したり，調べたり，体系化したり，数学を論理づけたり，実際的な考察と理論的な考察の間を行き来したりできるべきである。

　この取り組みにおいては，論理化や抽象化が徐々に重要性をおびてきており，思考を説明するために，そしてコミュニケーションのつなぎとして，より専門的に正確で，言語的な表現が用いられる。

　幾何との取り組みのなかでは，仮説を表現し，論理づけを実行する方法はたくさんある。

　法則や数学の関係性を証明するために，どうやって変数や記号が使われるかの例を取り上げる。取り組み方に関しては，目的の一つに生徒が他人と協力して，数学を用いて問題を解くということがあり，グループワークとプロジェクトワークを含まなければならない。こうした取り組み方はしばしば，獲得した数学的な洞察の結果を生徒が口述あるいは記述のプレゼンテーションで表現する機会となる。

　数学的な取り組み方を行うことは，特に対話を基盤とした取り組み形態に根ざしているが，同時に，生徒の自らの振り返りも基盤としている。

　数学的な読解と，数学に特有の表現を含む情報の応用は期間全体にわたって取り扱われる。

第4期（10年生）（原文pp. 28-31）略

数学科の授業指導の手引（原文pp. 32-80）

はじめに

　数学の授業の目的は何なのか，そしてそれがどんな範囲に及び，生徒は何を学ぶべきなのかを描くことがこのブックレットの課題である。そこで，当授業指導の手引では，これらを詳しく説明し，「一番肝心なのは何か」を明確にする例を示すことを目的としている。（以下略）

国民学校の数学科（原文pp. 34-43）

　これまでは何よりもまず，教えられるべき数学的テーマから国民学校の数学の授業を説明するというのが当たり前だった。もちろん，そうした説明も非常に重要な部分を占めている。しかし，もしカリキュラムが教科の分野，概念，技術的な方法論といったも

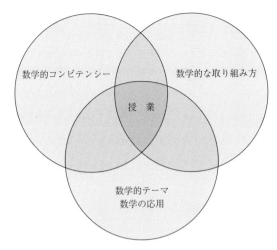

数学教員の3つの考えの図

のの要約だけで占められていたら，数学の授業は，ただ数学のうち選ばれたものだけを学習するのとそう変わらない。単なる目次の表記から，生徒が授業から得られると見込まれる学習成果がろくにわからないのと同様に，このようなやり方では数学の授業のエッセンスが十分につかめない。つまり，どんなテーマを教えるかだけではなく，どんなふうに生徒がそのテーマに取り組み，どう理解を深め，洞察を得るのかにもフォーカスする必要があるのである。

　そのため「共通目標」においては，4つの主要な知識・技能領域に沿って数学的学力を表記する。

・数学的コンピテンシー

・数学的テーマ

・数学の応用

・数学的な取り組み方

　これら4つの主要な知識・技能領域は，その内容において相互に補い合い，絡み合う。数学的テーマと数学の応用に関しては，伝統的には授業の内容と結びついたものにかかわっている。数学的な取り組み方は，生徒が内容に取り組むべきやり方に結びついた目標を示しており，数学的コンピテンシーはどんなテーマを教えるかにかかわらず，数学の特性に結びついた目標を示している。

　授業の現場では，内容，取り組み方，コンピテンシーの3つすべてが，同時に要素をなしている。

　つまり，教師は計画および授業のどちらでも，この3つの領域を用いて考えることが

できるわけである（上図参照）。

　以下，前述の２つの新しい主要な知識・技能領域（訳者注：数学的コンピテンシーと数学的な取り組み方）に主なフォーカスを当て，この３つの領域を丁寧に見ていく。３つの領域をそれぞれ説明すると同時に，これらが授業の中で緊密に関連していることに焦点を当てる。

授業の内容

　数学的テーマと数学の応用というのは，授業の内容ととらえられる。数と代数，幾何，統計・確率，数学の応用という範囲に及ぶ。

　それぞれのテーマと応用には緊密なつながりがある。こうした緊密なつながりによって，生徒は以下のようなことができるようになる。

１．数学への思考ツールを得ること。

２．数学が他から隔絶された教科ではないと実感すること。

　数学的テーマと数学の応用の間の相互作用については，すべての学年でカリキュラムに記載してある：

　授業は以下のそれぞれを，交互に出発点とする。

・数学の応用が取り入れられた，数学科の問題群

・数学がかかわる応用の文脈

　つまるところ，数学的テーマと数学の応用が授業の中で緊密に結びつけられなければならないのは明らかである。「現実の世界」にある問題を出発点として，数学を援用することで解決しようとすることはよくある。

　まったく正反対の状況もある。数学的テーマにフォーカスがあり，「現実の世界」が生徒にとっての思考ツールとして使われる。この状況ではつまり，数学の範疇の外にある問題を解決するために適用するものが数学なのではなく，「現実の世界」が考えのもととなり，それを用いて数学を形づける一種のツールとして用いられるのである。

　この二つのアプローチは多くの場合連関しているため，いつ「現実の世界」によって数学を学び，いつ数学によって「現実の世界」を学ぶのかを区別するのは難しいこともある。

「現実の世界」の問題を解決するのに，数学が使われる一例

　８年生がキャンプを自分たちで企画して，そのための現実的な予算を組むことになっている。クラスは，経済基盤となるすべての関連情報を集めたうえで，どんなことを体験したり，やったりしてみたいか，そしてそれがどのくらいのお金がかかるのかを調べる。計算シートが作られ，生徒が予算の様々な項目の一部を変えるとどうなるかシミュレーションできる式が立てられる。

　目標は，予算内で生徒の希望をできる限り多く適えられるようにすることである。キ

ャンプの後には，クラスとして収支が確認できるような会計報告を自分たちで作る。

　しかし，その目的が数学的理解を発展させるためであるにしろ，数学の範疇外にある問題を解決するためにしろ，肝心なことは，授業における数学の内容が，生徒が知っていることを十分に使って考えられる教科過程であることである。知っていることというのは，「外側の世界」の知識でもありうるし，話，状況，活動といったものからの知識でもありうる。

「現実の世界」で知っていることを，思考ツールとして利用する一例

　この例を用いた取り組みは，自然科学のフィールドワークで観察されるような，明らかに角度をなして飛んでいる鳥の群れの体験を出発点としている。あるいは，角度をなして飛んでいる鳥の絵を出発点とする。そうでなければ，例えば「ニルスのふしぎな旅」に出てくる鳥の列の話でもいい。

　数学科の内容としての目的は，偶数と奇数，暗算，数の変化，図形の変化に取り組むことである。つまり鳥の列は，よく考えさせ，外側から数学を発達させるツールである。鳥の群れの形状はこんなふうに描ける。

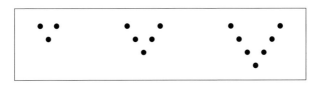

　教師が生徒に取り組ませる質問は，例えばこんなものがあるだろう。
・鳥の飛翔パターンを描いてみなさい。この次のものはどんなふうになるか。
・パターン3にはいくつ，点で表された鳥があるか。パターン5，パターン10ではそれぞれどうか。
・パターン100ではどうか。
・48の点では描くことができるか。
・2つのグループを1つのグループに一体化させることはできるか。
・ある数に2をたしたら，鳥のパターンの数字を1つ作ることができた。どんな数にたしたのだろうか。

　教師は各生徒について知っていることや，推測される生徒の課題の取り組み方に応じて複数の質問を用意する。つまり教師の準備は，かなりの程度，生徒がどのようにして考えるのかについての教師の前提に根差すことになる。そして，授業の状況では，生徒の言動や考えから，彼らにより一層チャレンジングなものに取り組むように促す。

　つまり，奇数と偶数，暗算，数の変化，図形の変化といった数学的内容と，生徒が絵を描いたり，考えたり，話し合ったりして調べることができる取り組み過程そのものの間に，緊密なつながりがあるのだ。教科の過程は，観察された鳥の列とよく結びついて

259

いる。

取り組み方

　生徒の数学との取り組み方は，身につける学力の質に大きな意味を持つ。そのため，教科ブックレットでも，授業を計画して実施する教師の日常の業務の中でも，取り組み方は大きな注意を払われてきた。例えば，以下の引用にその事実を見ることができる。

　1976年の教科ブックレットには「生徒の取り組み形態に関する目標」という標題が掲げられていた：この文脈では，それぞれの生徒が自分にとって新規の数学的分野に出会い，実験的な状態で着手するようにする，という目標だととらえられる。そして1995年の教科ブックレットでは，「主要な知識・技能領域」のもとに，このように記されている：生徒は，慣れたような類ではない問題に取り掛かるためのツールを身につけ，生徒はこうした実験的な取り組み方をすることに自信を持たねばならない。つまり，教科ブックレットにおいて取り組み方が重要な役割を担うのは，新しいことではない。数学の授業，そして教科ブックレットにおけるこうした伝統は，「共通目標」にも引き継がれ，取り組み方はそれぞれの到達度目標，段階目標においても独立した主要な知識・技能領域となっている。

　生徒が数学的テーマと関連して，戦略や方法を学ぶのに参画できるようにすることは，すべての学年の段階目標で中心となっている。生徒がひとりで，そして他の生徒と協力してという二通りで課題に取り組めることが大切であり，さらに実験的に，調べるように取り組めるようにする点が強調される。これらの目的のすべてで，中心的な取り組み方として対話が取り入れられる。どのようにしてこうした取り組み方を授業で実現していくかは，当然のことながら1年生から9年生まででまったく異なる。

　（訳者注：以下，2年生の大きな数をテーマとして，取り組み方に焦点を当てた計画の例が挙げられているが，割愛する。）

数学的コンピテンシー

　伝統的な教科書に依拠した考え方を用いずに数学の学力を表現することが，本格的に教科教授法の考え方に入ってきたのは，教育管理庁がテーマブックレットシリーズでコンピテンシーの概念を援用して数学の学力を記述しようと試みたレポートを刊行した2002年のことだ。このレポートは『コンピテンシーと数学学習　デンマークにおける数学の授業の発展へ向けてのアイデアとインスピレーション』という名称で，通称『KOMレポート』と呼ばれている。

　ここでは，数学的コンピテンシーは「数学がかかわる，あるいはかかわりうる文脈の多様さの中で，数学的な活動に関する知識を持ち，理解し，それを用い，応用して，自分なりの意見を持つことができること」と定義されている。そして，ここで「共通目標」で用いられている8つのコンピテンシーについて述べられている。

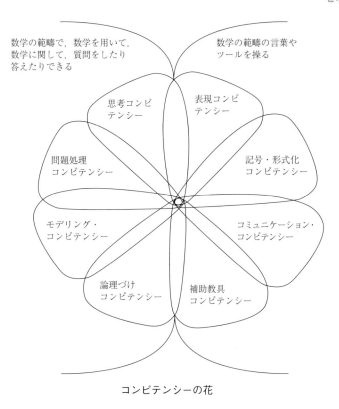

数学の範疇で，数学を用いて，数学に関して，質問をしたり答えたりできる

数学の範疇の言葉やツールを操る

思考コンピテンシー

表現コンピテンシー

問題処理コンピテンシー

記号・形式化コンピテンシー

モデリング・コンピテンシー

コミュニケーション・コンピテンシー

論理づけコンピテンシー

補助教具コンピテンシー

コンピテンシーの花

　それぞれの数学的コンピテンシーについて，『KOM レポート』は次のように述べている：

　「数学的コンピテンシーとは，一定の数学的チャレンジを含む状況において，適切に対応することができる，洞察力を備えた準備ができている状態である」。

　以下のように 2 つのグループに分類される，全 8 つのコンピテンシーが機能している：

数学の範疇で，数学を用いて，数学に関して，質問をしたり答えたりできる	数学の範疇の言葉やツールを操る
思考コンピテンシー	表現コンピテンシー
問題処理コンピテンシー	記号・形式化コンピテンシー
モデリング・コンピテンシー	コミュニケーション・コンピテンシー
論理づけコンピテンシー	補助教具コンピテンシー

コンピテンシーの花と呼ばれるものを用いて，これらのコンピテンシーの視覚化がされている：

このモデル図は，それぞれのコンピテンシーが厳密に分かれたものではなく，「重なり合い」，相互に役割を果たしていることなどを伝える意図がある。

3，6，9，10年生終了時の段階目標では，それぞれの学年で各コンピテンシーのどの部分に集中して取り組むべきかが述べられている。そしてカリキュラムでは，コンピテンシーが数学的内容および取り組み方と関連して，どのように働くのかが述べられている。KOMレポートにおける記号・形式化コンピテンシーは，2009年の「共通目標」では記号処理コンピテンシーと名称変更された。これら8つのコンピテンシーは，今日すでに授業の中心的要素として取り入れられている。

コミュニケーションと課題解決の二つは1995年に統合され，主要な知識・技能領域の一つとされて以来，数学の教科ブックレットでも中心に置かれている。それに加え，教師は常に数学的概念の多様な表現を見つけることに執心してきた。身近にあるものを使ったり，生徒がよく考えて具体的な表現のイメージができるような話をしたりしてきた。数えるための道具，1のブロック，10の棒，100のボード，センチキューブ，ジオボードはよくある補助教具である。*論理づけと記号処理*は，この教科の中心的な部分であり，これまでも常にそうであった。誰が「…だったら，どうなるか」といった仮定の文章を使わない数学の授業を想像できるだろうか。そして誰がa，b，x，yを使わない数学の授業を想像できるだろうか。

つまり，コンピテンシーと取り組むというのは，教師にとって新しいことではない。しかし，時折どれかのコンピテンシーが授業の中に現れるといった状態から，毎日の授業の一部としてコンピテンシーの考え方を取り入れて，コンピテンシーを援用することで教科目標を定める状態までもっていくのは，長い道のりだ。

コンピテンシーとの，そして教科のテーマとの取り組みが，互いにきめ細かく織り込まれることで，生徒が例えば分数を学ぶとともに，*問題を解いたり，論理づけたり，分数を表現したり，様々な方法での分数計算をしたりするのがうまくなる*というのが，この本旨だ。そして，生徒は分数を「*理解して応用*」し，「*様々な文脈で*」分数に取り組む準備ができることになる。

コンピテンシーは今，教科ブックレットの段階目標の一部とされているが，これは教科テーマとコンピテンシーへの取り組みを通じて，生徒が数学的思考，問題解決，論理づけにおいてより大きな視座を獲得し，それによって「*特定の数学的チャレンジを含む状況において，適切に対応することができる洞察力を備えた準備ができている状態*」にすることを意味している。

さらに，コンピテンシーへの取り組みに関して，カリキュラムには次のようにも書か

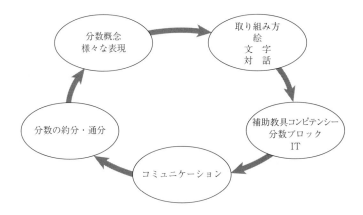

れている：

　コンピテンシーに根差した数学の学力の表記は，すべての学年における授業の計画，
実施のための総合的ツールである。

　計画においては，コンピテンシーの表記は授業の目標のなかで，数学的コンピテン
シーにかかわる部分を明らかにする機能を果たすと同時に，内容の選択にも機能する。

　実施においては，コンピテンシーの表記は同じ内容への異なるアプローチを選択のた
めに機能すると同時に，その内容を今後の展望に広げる機能も果たす。

　つまり，コンピテンシーの表記は，教師の準備，そして実際の授業の両方で念頭に置
かれることが大切なのである。そして，これらが教科テーマと連動することがまた大切
である。

　コンピテンシーは，数学の学力の表現であると同時に，数学的な取り組み方の表現で
もある。例えば，問題処理とコミュニケーションの二つのコンピテンシーを例にとって
みよう。教師が準備をしていて，授業のためにこれらを設定するのが大切な目標だと考
えたとすれば，その段階でその教師は取り組み方についても選択したことになる。数学
について，一緒に話すことができるようにすることが必要不可欠だ。そして，問題が何
から発生していて，どのようにしたら解決できるのかを対話のなかから見つけていくこ
とが欠かせない。コンピテンシーの考え方は，その取り組み方にも影響を与えるのだ。

　4年生の分数概念に取り組もうとする教師を取り上げよう。そしてその教師は同時に，
生徒が様々な方法で分数を表現し，それを通じて分数概念へのより深い理解を獲得する
ことを目標としていると想定しよう。この最初の二つの決定事項が定まれば，取り組み
方への目標というのはほぼ自動的についてくる。教師は多様な表現と取り組む意図で，
生徒に身近にある素材，IT，描画を用いて積極的に取り組むようにという。教師が授
業準備で表現コンピテンシーを目標に定める場合，取り組み方についても同時に指定し，
目標設定することになる。

そしてさらに複数のコンピテンシーがすぐについてくる。様々な表現が出てくれば，補助教具コンピテンシーがかかわってくるし，コミュニケーション・コンピテンシーは当然のこと，焦点を当てるべきものだ。

コンピテンシーの目標は，教科の要素の選択にさかのぼって効力を発揮する。教師や生徒が様々な表現を選べば，そのうちのいくつかの表現は，約分や通分，あるいは初歩の分数のたし算やひき算に向いているだろうし，別の表現はこうした文脈ではあまり使えないかもしれない。

教師はコンピテンシーを用いて計画する

教師のコンピテンシーを用いた計画について，もう少し詳しく見てみよう。教師が目標と内容を計画するうえでのコンピテンシー表記の意味について，カリキュラムは次のように述べている：

授業の目的と内容は，生徒が入学時から備えており，これまでの学校生活を通じて伸ばしてきた数学的コンピテンシーをさらに伸ばすものであるべきである。同様に教師は，計画の中で目標と内容がどうしたら生徒一人ひとりの前提や素質の違いに配慮できるか検討すべきである。クラス全体に向けた「大きな」目標と「幅広い」内容を選択する一方で，一部の生徒に対してはその人に即した期待に結びつけるようにするのが，多くの場合，望ましい。

多くの場合，複数のコンピテンシーが同時にかかわる活動を選ぶのが望ましい。そうした活動は，例えば調査，遊び，ゲーム，問題解決型課題などの形を取りうる。活動は生徒が身近にある素材やそのほかのインフォーマルな表現様式を取り込むことができ，同時に数学に関する，あるいは数学を用いた対話の契機となるような問題群を含むべきである。このようにして，生徒の問題処理，表現，コミュニケーション・コンピテンシーの発達が目指される。

つまり，授業の計画を立てる教師は，目標を考えるうえで，教科テーマ分野と教科コンピテンシー分野の両方を取り込んで計画を立てなければならない。

初級段階，中間段階，終了段階のすべてで用いることができる一例を見てみよう。

例：棒の表面積

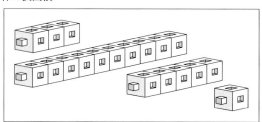

・5個のセンチキューブを使って，棒を作りなさい。表面積はいくらか。

・10個のセンチキューブを使ってできた棒の表面積はいくらか。
・n個のセンチキューブを使ってできた棒の表面積はいくらか。

課題について──テーマでの学力とコンピテンシーでの学力

　この課題は複数のことを一度に扱っている。全体として，解決すべきなのはただ一つの課題である：どうやってセンチキューブでできた様々な長さの棒の表面積を求めるのか。

　純粋に幾何としては，この課題は棒の表面積を扱っている。表面積とはどんな意味だろうか。表面積はどのくらいか。どうやって求めるのか。法則が作れるのか。

　同時にこの課題は，*調べることからはじめて，体系立てて，論理立てて取り組むもの*でもある。

　たくさんのセンチキューブの棒の表面積を求めようとしたら，表面積を求める*法則*を見つけることへの欲求を感じないわけにはいかないだろう。そこで，この課題は*一般化*することも扱うようになる。

　それに加え，法則を見つけたら，*記号処理*を取り入れることも言うまでもない。

教師の準備について──「教師の三つの考えの図」から

　授業準備のうえで，教師はどんなふうに，幾何，コンピテンシー，取り組み方について考えることができるか見てみよう。

　実際のところ，何が行われているのか。

・まず第一に，教師は問題に向き合い，課題解決に着手しなければならない。これが何よりの基本である：自分で課題を解決すると，ただ解決策が何かわかるだけではなく，どうやって解を求めるために取り組むかがわかる。問題群と自ら向き合うと，様々な学習戦略や可能性が見えてくるのだ。自分の楽しみのために課題と取り組み，その過程で出現する考えを掴まえることは授業準備の重要な部分である。

・課題に取り組むにあたって，教師は中心的な数学分野のどこに焦点を当てることができるか注意深く考えるだろう。計画を立てる段階での教師の*目標設定*の考えは，例えば次のようなものを含みうる。

　幾何の目標に関しての例では，例えば：

1．立体図形の表面積がいくらかを理解する。

2．表面積の大きさ，つまり立体図形の面積概念を求めることがどういうことなのかを知る。

3．表面積を求める。

4．どのようにして表面積を求めるのかの法則を見つける。

5．そのほかの立体にも広げて考える：箱，そのほかの多面体，円柱など。

コンピテンシーでの学力の例としては，以下のようなものがある：

1．投げかけられる質問の型を知る。例えば：

　　棒がセンチキューブ１個分大きくなると，表面積はいくつ大きくなるか。
　　センチキューブ１個のときの表面積が６なのに，センチキューブ２個の棒のときの
　　表面積が12にならないのはなぜか。（*思考コンピテンシー*）

2．「なんらかの方法で」問題を解くことに着手する：例えば

　　数えたり，結果を書いたりする
　　体系立てたり，一般化する：「毎回４ずつ増え，６で始まっている」（*問題処理と
　　思考コンピテンシー*）

3．日常の言葉を記号の言語に「翻訳」することができる。例えば：

　　５個のセンチキューブの棒は，４つの５個がつながった「お腹のベルト」のような
　　ものと，両端に１ずつある。これは５・４＋２になる（*記号処理コンピテンシー*）
　　n個の棒はn・４＋２だろう（*記号処理コンピテンシー*）

4．論理づけられる。例えば：

　　各ブロックの表面は６だから，もしもnのブロックがあったとしたら表面積は6n
　　になるだろう。だが，２個のセンチキューブをつけるたびに２つの表面が消え，こ
　　れは（n−1）回起こる，だから 6n−（n−1）・2 になる（*論理づけコンピテンシーと
　　記号処理コンピテンシー*）

5．異なる表現形態の間でのつながりに気づくことができる。例えば：

　　O=4n＋2　　O=6n−（n−1）・2　　　6で始まり，毎回４ずつ増えていく

センチキューブ	1	2	3	4	5	6
表面積	6	10	14	18	22	26

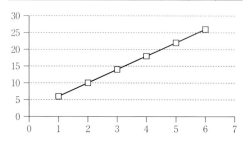

　　取り組み方に関した目標の例としては，以下のようなものがあり得る。

1．方法を学ぶために，調べることに取り組む。

2．身近にある素材やその他の表現を取り入れながら，調べ，体系立て，数学的に証明
　　する。

3．実際的，理論的な問題群に，他人と協働して取り組む。

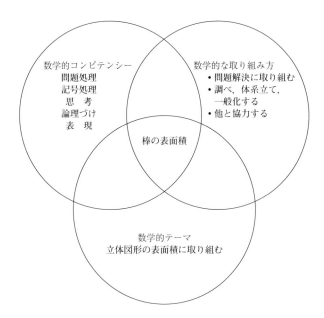

4．他の人の異なる前提や考えを取り入れる過程から，問題解決に取り組む。

　見てわかるように，取り組み方というのはコンピテンシーと緊密に結びついており，片方へフォーカスすることで，もう片方とつながってほぼ自動的に「降りかかってくる」ようになる。教師の三つの考えの図は次頁のモデルが示しているように，相互に絡み合っている。

コンピテンシーを用いての授業について

　これだけたくさんの目標を掲げられると，圧倒されてしまうかもしれない。しかし，自分のクラスをよく知っている教師は，まさに生徒一人ひとりに応じて差異化を図るのだ。

　つまり，同じクラスの生徒を対象としても，同時に異なる目標が存在しうるということである。何人かの生徒にとっては「表面積は毎回4ずつ増える」と記述するのが適切なチャレンジだ。一方で，別の生徒にとっては表面積を $4 \cdot n + 2$ と表記するのが適切なチャレンジなのである。他の様々な表現を探したり，比較したりというチャレンジを与えられるべき生徒だっているだろう。差異化を図るというのは，まさに教師が同じ問題，同じテーマに関連して複数の可能な目標を立てるよう求めることで，ここではコンピテンシーが優れた手助けとなる。授業のさなかで生徒をさらに伸ばすようサポートする教師は，たいてい別の表現を使うことができたり，別の方法で質問することができたり，

別の補助教具を使うことができたりする。

　そのため，教師が計画段階で生徒の目標としてコンピテンシーに着目することで，生徒の学習プロセスへの支援がさらに大きな可能性を備えることになる。その生徒にとって目標とされるコンピテンシーこそが，まさに教師がその生徒を助けるために用いることができるコンピテンシーなのである。

　教師が最初に考えたのとは違った方向に授業が行ってしまうことも，しばしば起こりうる。生徒の解決法というのは，教師が考えるよりも新しい可能性を生み出してくるためだ。

※以下の項目は紙幅の都合で割愛し，見出しのみ紹介する。

国民学校における数学教師（原文 pp. 44-51）
　設定目標　　活動の選択　　テキスト教材　　そのほかの教材　　編成形態　　その時々に行われる評価　　特別のニーズをもつ生徒　　数学の授業における第二外国語としてのデンマーク語　　保護者の協力

教科教授法領域（原文 pp. 51-67）
　数と代数　　代数，数式，等式との取り組み　　幾何　　統計と確率　　数学の応用　　教科リテラシー　　数学における過程を重視した記述　　数学の授業における IT

授業の展開（原文 pp. 68-80）
　掛け算の方法の学習—3－6年生の授業の展開　　小学校低学年のモデリング展開　　飲み物—短い授業展開　　対角—短い授業展開　　計測不可能な距離—8-9年生の授業の展開

（訳：鈴木優美）

《執筆者紹介》

小寺隆幸（こでら　たかゆき）編者，はじめに，序章，第11章，第12章
　　元 京都橘大学人間発達学部 教授／明治学院大学国際平和研究所 客員研究員

長崎栄三（ながさき　えいぞう）第1章
　　国立教育政策研究所 名誉所員

清水美憲（しみず　よしのり）第2章
　　筑波大学大学院教育研究科長

浪川幸彦（なみかわ　ゆきひこ）第3章
　　名古屋大学 名誉教授／椙山女学園大学教育学部 客員教授

松下佳代（まつした　かよ）第4章
　　京都大学高等教育研究開発推進センター 教授

増島高敬（ますじま　たかよし）第5章
　　数学教育協議会 会員／元 自由の森学園高校 教諭

小田切忠人（こたぎり　ただと）第6章
　　元 琉球大学教育学部 教授

山野下とよ子（やまのした　とよこ）第7章
　　元 小学校 教諭／元 福井大学教育学部 特命准教授

井上正允（いのうえ　まさちか）第8章
　　元 佐賀大学文化教育学部 教授／元 筑波大学附属駒場中学・高等学校 教諭

青木慎恵（あおき　のりえ）第9章
　　福井県立高志高等学校・中学校 教諭

伊禮三之（いれい　みつゆき）第10章
　　仁愛大学人間生活学部 教授

鈴木優美（すずき　ゆうみ）第13章，巻末資料
　　在デンマーク通訳・コーディネーター

《編著者紹介》

小寺　隆幸（こでら　たかゆき）

　　1951年　生まれ
　　1975年　名古屋大学理学部数学科卒業
　　2004年　東京学芸大学教育学研究科修士課程修了
　　1975年から2006年まで東京都公立中学校教諭，2007年から2017年まで京都橘大学
　　人間発達学部教授，京都大学教育学部非常勤講師（数学科教育法担当）
　　現　在　明治学院大学国際平和研究所 客員研究員
　　　　　　京都橘大学及び明星学園中学校 非常勤講師
　　専　門　数学教育学
　　主　著　『地球を救え！数学探偵団』国土社，1996年
　　　　　　『時代は動く！どうする算数数学教育』（共編著）国土社，1999年
　　　　　　『数学で考える環境問題』明治図書出版，2004年
　　　　　　『習熟度別授業で学力は育つか』（共編著）明石書店，2005年
　　　　　　『世界をひらく数学的リテラシー』（共編著）明石書店，2007年
　　　　　　『問題解決自由自在！「方程式」に強くなる!!』明治図書出版，2009年

　　　　　主体的・対話的に深く学ぶ算数・数学教育
　　　　　　　──コンテンツとコンピテンシーを見すえて──

　　　　　2018年10月10日　　初版第1刷発行　　　　　　　　〈検印省略〉

　　　　　　　　　　　　　　　　　　　　　　　　定価はカバーに
　　　　　　　　　　　　　　　　　　　　　　　　表示しています

　　　　　　　　　　編著者　　小　寺　隆　幸
　　　　　　　　　　発行者　　杉　田　啓　三
　　　　　　　　　　印刷者　　中　村　勝　弘

　　　　　発行所　　株式
　　　　　　　　　　会社　　ミネルヴァ書房
　　　　　　　　　　607-8494　京都市山科区日ノ岡堤谷町1
　　　　　　　　　　電話(075)581-5191／振替01020-0-8076

　　　　　　　　　ISBN978-4-623-08336-7
　　　　　　　　　Printed in Japan